JN123695

LE PETIT LIVRE DE MARIE-ANTOINETTE

ちいさな手のひら事典

マリー・アントワネット

LE PETIT LIVRE DE MARIE-ANTOINETTE

ちいさな手のひら事典

マリー・アントワネット

ドミニク・フゥフェル 著

ダコスタ吉村花子 翻訳

Marie Antoinette

目次

LONDON
Modes féminines 1780.

ヒロインに祭り上げられて……

フランス史上もっとも有名な王妃マリー・アントワネット。彼女の死後も、姪に当たるマリー・アメリーがルイ＝フィリップに嫁いで王妃となりましたが、それでも最後のフランス王妃と呼ばれるのはマリー・アントワネットであり、その悲劇的な死は人々の記憶に刻まれました。あの嵐のような結末を迎えなかったら、彼女の人生はこれほど人々の興味を引いたでしょうか。もっと地味な人生だったなら、彼女もルイ16世も本来の性格のままに人生を歩み、変化を迫られることもなかったでしょう。

無邪気な少女時代

オーストリア女大公マリア・テレジアと神聖ローマ皇帝フランツ1世シュテファンの夫婦は、16人の子どもに恵まれました。マリー・アントワネットは15番目の子どもで、10人の姉たち同様、マリー（マリア）と名付けられました。のちにマリー・アントワネットと呼ばれるマリア・アントニア・ヨゼファ・ヨハンナが生まれたのは1755年11月2日。おりしもその前日には大地震がリスボンを襲い、大きな被害を出しました。後年、これを不吉な予兆と考える人もいますが、ウィーンでの少女時代は凶事とは無縁で、冬はホーフブルク王宮で、春になると郊外のシェーンブルン宮殿で過ごしました。母マリア・テレジアはキリスト教の学びには妥協を許さなかったものの、宮廷作法にはさほど厳格ではありませんでした。

マリー・アントワネットは魅力的な女の子で、ウィーン宮廷を

訪れた天才モーツァルトも、当時6歳だった姫君に求婚したほどです。茶目っ気があり、よく笑い、陽気な性格は後年になっても変わらず、敏感なフランス宮廷人たちは特にからかい好きの面に眉をひそめました。マリー・アントワネットは音楽、ダンス、社交術には長けていましたが、外国語や科学には興味を示しませんでした。母は大国を治めていたにもかかわらず、娘に政治学の手ほどきをせず、フランス王太子との縁談が決まって初めて、我が子の教養の欠如に愕然とします。急遽フランスから教師が派遣され、皇女にフランス語を教授しました。1770年4月、わずか14歳の少女は涙ながらに家族に別れを告げ、母からの訓戒の書かれた手紙を携えて、安穏とした生活から運命の道へと足を踏み出しました。

宮廷でのしくじりと結婚生活の行き詰まり

方々で歓迎を受けながら、約3週間の旅の末、マリー・アントワネットは義理の祖父となるルイ15世のもとに到着しました。彼女は国王からは愛らしいと気に入られましたが、知らないうちに宮廷作法を破ってしまうことも。そのたびに、宮廷人たちから揚げ足を取られました。マリー・アントワネットは国王の公式愛妾デュ・バリー夫人を敵視しましたが、ここに彼女本来の性格が働いていたことは確かです。厳格なキリスト教教育を受けてきた少女の目に、あらゆる不貞行為は罪と映ったのです。王太子妃はデュ・バリー夫人に対して距離を置き、軽蔑を隠そうともしませんでした。彼女の不評はまだフランス国民の耳には届いていなかったものの、貴族たちはこの少女を非難しようと着々と準備しました。

将来のルイ16世、王太子も妻を抑えることはできませんでした。彼は早くも初夜から、夫婦の務めに消極的で、狩りに興じてばかり。周囲も最初のうちは若者特有の内気さの表れだろうと考えていましたが、事態は深刻さを増します。夫婦は何としても世継ぎ（男の子）を設けて、フランスとオーストリアの同盟関係を確実にしなければなりません。王太子は無能だと嘲笑され、マリー・アントワネットは母から絶え間なく急かされました。こうした状況は8年続きましたが、ある日マリー・アントワネットの兄、皇帝ヨーゼフ2世が登場してルイ16世と話し合い、奇跡的に問題が解決します。

安穏から断頭台へ

マリー・アントワネットはフランス宮廷に自分の位置を見つけられないでいました。けれどもその魅力や愛らしさが褪せることはなく、周りを忠実な者たちで固めていました。その1人がポリニャック公爵夫人です。王妃となったマリー・アントワネットのお気に入りたちは若く、王妃と一緒になって娯楽を追いかけながらも、利益を引き出すのも忘れませんでした。マリー・アントワネットは音楽や舞踏会やゲームが大好きで、彼女の催す祝宴は話題の的でした。マリア・テレジアは娘が政治に介入するようせっつきますが、ルイ16世はそうしたことを望まず、むしろ社交界での手腕を生かして好きなように催し物をさせていました。王妃の趣味のよさは、フランス宮廷の華麗さを世に示し、新進のクリエイターたちを起用して、一大変化を巻き起こします。ルイ16世から贈られたプティ・トリアノンは、親しい人だけと過ごしたいという彼女の内輪志向を助長し、さらに自然への愛情の表れとして、現実からかけ離れた農村、王妃の村里(アモー)が建設されました。こうして役割を分担することで国王夫妻の絆が強められ、穏やかでバランスの取れた関係が作られますが、王妃の浪費癖は相変わらずでした。国庫を圧迫していたのは、浪費よりもむしろアメリカ独立戦争でしたが、経済危機が深刻になるにつれ、王妃への非難は高まる一方でした。王妃は「赤字夫人」とあだ名され、アクセル・フォン・フェルセンへの好意が万人の知るところとなり、さらにレズビアンの疑いまでかけられて、不品行な女性と見なされるようになります。けれども現在では、王妃が貞節で、よき母、よき妻だったことがわかっています。

フランス革命勃発前から、誰が標的かは誰の目にも明らかでした。マリー・アントワネットはきわめて保守的で、ルイ16世が譲歩しようにも、絶対にこれをよしとしませんでした。けれども彼女は大きな政治的影響力を手にすることなく、頼りにしていた実家のオーストリア皇室も手を差し伸べてはくれず、あれほど軽蔑した「ならず者ども」の勝利を認めないわけにはいきませんでした。様々な罪をかぶせられ、侮辱され、傷つけられたマリー・アントワネットは、1793年10月16日に断頭台の露と消えたのです。

ルイ15世

領土征服よりも
女性征服に長けた国王

ルイ15世は1710年2月15日にヴェルサイユで生まれました。太陽王と謳われた曽祖父ルイ14世は幼い男の子の教育に心を砕き、将来の務めに向けて手ほどきしました。1715年にルイ14世が他界すると、ルイ15世として即位しますが、当時5歳と幼く、ルイ14世の甥に当たるオルレアン公フィリップ2世が摂政を務めました。国王と民の距離を縮めるため、宮廷はパリのテュイルリー宮殿へ移され、パリ市民は幼王に魅了されました。1722年には宮廷がヴェルサイユへ戻り、ルイも戴冠し、翌年成人して(と言っても13歳ですが)、正式に独立した君主となります。けれども彼の虚弱体質を心配した周囲は、世継ぎを確保するために、国王の結婚を急ぎました。1725年に輿入れしてきたマリー・レクザンスカは元ポーランド国王の王女(p26参照)で、ルイは彼女の控えめな物腰を好ましく思いました。

国王は宰相の役職を廃止して、師であるフルーリー枢機卿を補佐役に指名し、フルーリー枢機卿は17年にわたって国政を仕切ります。国王は自らの務めを果たしながらも、民を導いたり決断したりするのは苦手で、むしろ狩りの方に熱心でした。1734年以降は妻をおざなりにして、愛人との情事を重ねます。1770年に輿入れしてきたマリー・アントワネットは、国王の最後の愛妾デュ・バリー夫人(p48参照)に敵対する一派にけしかけられました。老王ルイ15世は初々しい孫嫁を可愛がりましたが、彼女がヴェルサイユ宮廷になじめるようにと骨を折ることはほとんどありませんでした。

LOUIS XV

ルイ15世時代のフランス

国の威光も国王の人気も
衰えた治世

ルイ15世時代になると啓蒙思想が花開き、ヴォルテール、ルソー、ディドロをはじめとする哲学者たちのもと、フランスの精神は輝きを増しました。しかしこうした哲学者とは縁のない民衆は、美貌の国王の肖像画を見る機会も少なく、火遊びに興じる王を誇りに思うこともありませんでした。とは言え、ルイ15世も即位当時は最愛王と呼ばれ、国民に愛されていました。ルイ14世の領土拡張政策により破綻していた国は、ルイ15世のような穏当な国王を喜んだのです。

しかし1733年、ルイ15世はポーランドの王位を追われた義父スタニスワフ・レシチニスキ(p26参照)を擁護するため、ポーランド継承戦争に介入。1741年に参戦したオーストリア継承戦争はほぼ8年も続き、さらなる出費を強いられました。1756年には7年戦争(p28参照)が勃発し、それまで野心的だったプロイセンについていたフランスは、オーストリアと同盟を組みます。国王の孫で将来のルイ16世とハプスブルク家皇女マリー・アントワネットの婚姻はこの新同盟の直接の結果であり、両国は関係強化を望みました。けれどもこれまでの紛争で多くの植民地をイギリスに奪われ、国政を牛耳ったポンパドゥール侯爵夫人が強い反感を買うなど、フランス王室の権威は徐々に衰退していきます。国民はヴェルサイユ宮廷の浪費や、国王の自堕落な生活に眉をひそめ、1774年にルイ15世が崩御しても、悲しむことはありませんでした。

ÉPOQUE LOUIS XV
Château de Valençay

ハプスブルク家

マリー・アントワネットを生んだ
ヨーロッパ屈指の名家

ハプスブルク家発祥の地はアルザス地方。11世紀、ラートボト・フォン・クレットガウは、弟ストラスブール司教ヴェルナーがスイスに建てたハビヒツブルク城から名を取って、ハプスブルク家を創設しました。1278年にはルドルフがハプスブルク家の一員として初めて神聖ローマ皇帝に即位し、以降、歴代皇帝の座は同家が占め、オーストリアを含むドナウ川地域を支配し、首都ウィーンを繁栄に導くことになります。14世紀には、スイスの原初同盟（ハプスブルク家とバイエルン公の争いで、ハプスブルク家はバイエルン公を支持したスイスに侵入した）の反乱者たち（かのウィリアム・テルもその一人）に押されて、ハビヒツブルク城とスイスを失いましたが、16世紀初頭に、ボヘミアやハンガリーへと勢力を広げ、第1次世界大戦まで支配し続けました。ハプスブルク家は16世紀のカール5世時代に最盛期を迎え、2世紀にわたりスペインと植民地、イタリアやネーデルラントを統治しました。その驚異的な支配体制の基礎となったのが武力、そして賢明な婚姻同盟。18世紀、マリア・テレジアがロレーヌ公（ロートリンゲン公）フランツ1世シュテファンと結婚したことから、ハプスブルク家はハプスブルク＝ロートリンゲン家となりました。しかし帝国は徐々に衰退・縮小し、プロイセンの圧力にさらされ、ついには1916年に皇帝フランツ・ヨーゼフ1世の他界と共に瓦解したのです。

※ 正確にはカール1世が1918年まで帝位に就きますが、実質的にはフランツ・ヨーゼフが最後の皇帝と考えられています。

Episodes historiques de villes célèbres.
Rodolphe de Habsbourg prend possession de Vienne (en 1276).

マリア・テレジア

勤勉で信心深く、夫を熱愛した
マリー・アントワネットの母

マリア・テレジアは1717年に、ハプスブルク家が冬を過ごすホーフブルク王宮で生まれました。神聖ローマ皇帝カール6世の長子でしたが、帝王教育ではなくごく初歩的な女子教育を受けただけでした。勉学に秀で、とりわけ、フランス語が得意で流暢に話しましたが、政治の手ほどきを受けることはなく、両親を観察するしかありませんでした。

支配者となったマリア・テレジアはその魅力で、それまで女性と渡り合ったことのない男性君主たちや、度重なる戦に動揺する国民たちの心をつかみました。しかしすらりとした体形は、16人もの子どもを産むに従い、年々がっしりとしていきました。1756年まで治世期間のほとんどを妊婦として過ごしましたが、母という立場をうまく利用したことも事実です。2世紀前のイギリス女王エリザベス1世や、20年後のロシア女帝エカチェリーナ2世とは違って、無二の女性権力者としてではなく、国母としてのイメージを打ち立てたのです。また情熱的な面も秘めていて、思春期にフランツに一目ぼれして恋を育み、政略結婚が主流だった当時にあって恋愛結婚にこぎつけ、統治パートナーとして共に歩みました。とても熱心なカトリック教徒で、家族の価値を熱心に擁護すると同時に、40年にわたり国を治め、名君主「女帝マリア・テレジア」として歴史に名を刻みました。

PRINCESSES CÉLÈBRES. 6

MARIE-THÉRÈSE.

Majestas et Amor

Impératrice d'Autriche, née le 13 Mai 1717, décédée le 29 Nov. 1780.

オーストリア継承戦争

娘を後継者に指名するカール6世と、猛烈に異を唱えるプロイセン新王

神聖ローマ皇帝カール6世には子どもが4人いましたが、男の子は1人だけで、しかも赤ちゃんのときに亡くなってしまいます。この男の子が亡くなる前の1713年、国事詔書が発布され、女の子もハプスブルク領を相続できるようになりました。ヨーロッパ各国はこれを承認し、カール6世が1740年に他界したときにも、マリア・テレジアが跡を継ぐことで後継者問題は解決するかのように見えました。しかし、その5か月前に即位したプロイセン国王フリードリヒ2世が待ったをかけます。若き国王はシレジア（シュレージエン）の領有を主張し、侵攻しました。プロイセン軍は中規模ながらも強力武装し、勝利を重ねて征服先を支配しました。その後、残りのオーストリア領については国事詔書を受け入れてオーストリアと講和を結びますが、他の参戦国は大した成果を収めることはありませんでした。

プロイセンについたフランスは、オーストリアについたイギリスと激しく敵対し、オーストリア領ネーデルラントでの戦いでは、勝利したものの、1748年にエクス・ラ・シャペル（現ドイツのアーヘン）で講和が結ばれると、ルイ15世はすべての占領地を手放しました。フランス国内では不満が噴出し、哲学者ヴォルテールはこの戦争は「プロイセン王のためのもの」すなわち、フランスには何の得にもならなかったと記しました。ルイ15世はオーストリア領を一切奪取しませんでしたが、これが近い将来結ばれるハプスブルク家との同盟の下地となったのです。

1712-1786
FREDERIC II

神聖ローマ皇帝フランツ１世

政治の才能には恵まれなくとも、
マリア・テレジアの心を射止め、利益を手にした皇帝

フランツ＝シュテファンはロレーヌ公およびバル公の息子として1708年に生まれました。ルイ15世の縁戚に当たり、ウィーンのカール6世のもとで教育を受けました。当時彼と出会った皇女マリア・テレジアは、9歳年上のフランツとの結婚を夢見るようになります。美男のフランツは、生涯容姿が衰えることはありませんでした。1729年に父の跡を継いでロレーヌ公になり、ウィーンからリュネヴィルに移らねばなりませんでしたが、ウィーンよりも格下のリュネヴィル宮廷は、贅沢好みのフランツにはもの足りず、母を摂政に立てて、ヨーロッパ旅行に出てしまいました。1736年のマリア・テレジアとの結婚は玉の輿婚でしたが、青天の霹靂のような出来事が起こります。ポーランド継承戦争の終結に向けて、ロレーヌおよびバル公領がポーランドの王位を追われたスタニスワフ・レシニチスキの手にわたったのです(p26参照)。フランツにはハンガリー副王とトスカーナ大公の座が与えられましたが、公領没収という予期せぬ仕打ちにひどく腹を立てました。それでも1745年に神聖ローマ皇帝に即位できたのは、妻の政治的影響力のおかげでしょう。マリア・テレジアは帝国の国事の大半を握っていましたが、夫の面子をないがしろにすることはありませんでした。フランツは妻の愛情には応えつつ、激しい感情を求めることはありませんでした。火遊びをすることはあっても、かりそめの関係だったため、妻は目をつむっていました。フランツは1765年にインスブルックで没し、マリア・テレジアは生涯喪に服しました。

C. Bettigelli dis. inc.

スタニスワフ・レシニチスキ

流浪に疲れ、芸術になぐさめを見出した
教養溢れる耽美主義者

スタニスワフ・レシニチスキは1677年、ポーランド名門貴族の家に生まれました。1697年、議会はザクセン選帝侯アウグストを国王に選出します。ピョートル大帝下のロシアの同盟国ポーランドは、カール12世の治めるスウェーデンに宣戦布告しますが、若く機転の利くカールは、1704年にアウグストを退位させて、自分に近いスタニスワフを王位に据えました。けれども1709年、2人はオスマン皇帝アフメト3世の宮廷への亡命に追い込まれ、トルコとロシアは対立を経て、講和を結びました。スタニスワフはカールからプファルツ＝ツヴァイブリュッケン(現在のドイツ西部)を与えられ、オリエントにインスピレーションを得た城を建設させ、芸術にのめり込みました。カールが他界すると、スタニスワフ一家はアルザスに追われます。それでも1725年には娘マリアがルイ15世と結婚してマリー・レクザンスカとなり、光が見えてきました。一方、ポーランド王に復位していたアウグスト2世の死を受けて、ルイ15世は義父の王位復帰を主張。しかし主張は通らず、スタニスワフにはロレーヌおよびバル公領が与えられました。この公領を取り上げられたのが、マリー・アントワネットの父フランツ・シュテファンだったのです(p24参照)。スタニスワフは文化と建築事業を通じて栄光を表そうと、様々な公共施設を建てました。ナンシーに現存する美しいスタニスラス広場もその一つです。スタニスワフはリュネヴィルで88年の波乱万丈の生涯を閉じました。

Stanislas LECZINSKI
Roi de Pologne
Duc de Lorraine

7年戦争

ヨーロッパのみならず
植民地まで巻き込んだ戦

1756年に調印されたヴェルサイユ条約により、フランスとオーストリアは正式に同盟を結びました。数世紀もの間敵対してきた両国ですが、ルイ15世は伝統的同盟国プロイセンのフリードリヒ2世がフランスの仇敵イギリスに接近するのに危機感を抱き、オーストリアとの同盟もやむなしと考えたのです。フランスとイギリスは、北アメリカの領有を巡って対立し、さらにインドでも衝突しました。ロシアのエリザヴェータ女帝はフランス・オーストリア側につき、力では劣る国々がイギリスにがんじがらめにされ、1756年5月に正式に戦線が布告されました。フランスは地中海でイギリスを攻撃し、プロイセンから解放するためにシレジアへ進軍。フリードリヒ2世はザクセンに侵入し、プラハを包囲しました。

ヨーロッパの戦局は一進一退でしたが、フランスは北アメリカで深刻な打撃を受けます。アメリカ先住民と協定を結んでいたにもかかわらず、カナダを含むほとんどの土地をイギリスに奪取されたのです。1763年のパリ条約でも、フランスはカリブ海の一部とインドの商館を辛くもつなぎとめることができただけで、同年のフベルトゥスブルク条約により、ヨーロッパでは1756年の戦争勃発時の国境線が戻りました。イギリスの植民地帝国は決定的に拡大し、ヨーロッパの政治におけるロシアの力が明らかになりました。

18世紀のウィーン

絶好の立地条件に恵まれ、
啓蒙の世紀で輝きを放ったヨーロッパの中心都市

古代ウィンドボナは商路の交差点であり、西方侵攻をもくろむ異教徒たちを抑える砦でした。ドナウ川を抱き、ヨーロッパの中心に位置し、バルカン半島へと開けたこの町は、古代から多民族性と切っても切れない関係にありました。ハプスブルク家はこの古都に根を下ろしてオーストリアを治め、16世紀、カール5世以降は神聖ローマ帝国をも手にします。17世紀には、ペストの流行とトルコ人による包囲という2つの厄災に見舞われますが、18世紀には重点的に再建・美化されました。夏の離宮シェーンブルン宮殿と冬の宮殿ホーフブルク王宮では、改修工事が絶え間なく進められ、たくさんの建物を擁する巨大建築物となり、ハプスブルク家の威光を一層高めました。

大公妃マリア・テレジアは、シェーンブルン宮殿をロココ様式の最高傑作に仕立て上げて人々を喜ばせ、ウィーン市民は充実した生活を楽しみました。一説によれば、トルコからコーヒーのレシピを盗み、ヨーロッパに初めてカフェを開いたのはウィーン市民だったとか。ウィーンは音楽の都でもあり、クリストフ・ヴィリバルト・グルックやフランツ・ヨーゼフ・ハイドン、ヴォルフガング・アマデウス・モーツァルトなど、そうそうたる作曲家たちが暮らしていました。人々が文化を重視し、渇望した当時にあって、まさにその文化を追求したウィーンは、18世紀ヨーロッパの輝ける都市となったのです。

AUTRICHE (VIENNE).

マリー・アントワネットの教育

誰をも魅了し、大好きな音楽や興味のあること以外は学ぼうとしない幼いアントニア

マリア・アントニア・ヨゼファ・ヨハンナは1755年11月2日にウィーンで生まれました。ハプスブルク＝ロートリンゲン家の15人目、末から2番目の子どもで、11人姉妹の末娘でした。末っ子といえど甘やかされず、母マリア・テレジアは国政で多忙ながらも、子どもたち全員の成長に目を光らせていました。

ヴェルサイユと違い、ウィーンでは厳格な宮廷作法はなく、幼いアントニアは当時の女の子の必須科目——礼儀作法、ダンス、音楽——を熱心に学びます。アントニアには抗いがたい魅力があり、1762年には御前演奏のために宮廷に上がった神童モーツァルトから結婚を申し込まれるほど。けれども残念なことに、努力が嫌いで、ラテン語やフランス語はおろか、母国語であるドイツ語さえ満足に読み書きできませんでした。しかしフランス語は、ヨーロッパ各国の宮廷で必須のたしなみです。1760年以降進めてきたフランス王太子との縁談がようやく実現するというのに何たること、とマリア・テレジアは危機感を募らせました。急遽、13歳のアントニアの家庭教師として野心的と噂されるヴェルモン神父が派遣されましたが、さほどやる気のない生徒を相手に苦心します。それでもアントニアから信頼され、のちには王妃マリー・アントワネットの秘書官に取り立てられました。

Mozart (1756-1791)
A.M.

皇帝ヨーゼフ2世

大胆な改革で
国民の反感を買った兄

ヨーゼフ2世は1741年にウィーンで生まれました。子だくさんながらも男の子のいなかった母マリア・テレジアは、長男の誕生を神の祝福と喜びました。オーストリア継承戦争が続く中、世継ぎとなる男の子の誕生は彼女の権力のさらなる裏付けとなりました。けれどもあれほど待ち望んだにもかかわらず、育てにくい子で、頑固でなかなか言うことを聞かず、人の意見に耳を貸しません。それでも、ルイ15世の孫娘マリア・イザベラ・フォン・ブルボン＝パルマと結婚して、ようやく落ち着きました。皇帝は世襲制ではありませんが、慣習に従ってヨーゼフが父フランツから推挙され、1765年には父の死を受けて皇帝に即位しました。マリア・テレジアは愛する夫の死に打ちのめされ、国事から身を引いてもおかしくありませんでしたが、あまりに自分とは異質な息子を信頼しきれず、共同で治めることにしました。けれどもこうした状況は、双方に不満の種をまくばかりです。

1780年にマリア・テレジアが崩御すると、ヨーゼフは帝国の唯一の君主となります。彼は帝国下のすべての国を統一して、ドイツ語を公用語にしたいとさえ考えました。けれども、オーストリア領ネーデルラントで不満が爆発して反乱が勃発。皇帝は妹であるフランス王妃マリー・アントワネットに働きかけましたが、フランスは慎重に介入を避けました。ヨーゼフ2世は1790年に他界しましたが、彼の死を悼む者はほとんどいませんでした。音楽好きの皇帝の庇護を受けていたモーツァルトだけは別だったかもしれませんが……。

FRANÇOIS-JOSEPH II
EMPIRE D'AUTRICHE
1
1894

皇帝レオポルト2世

兄ヨーゼフ2世よりも人気が高く生真面目で、妹を見捨てた皇帝

ペーター・レオポルトは1747年にシェーンブルン宮殿で生まれました。ハプスブルク＝ロートリンゲン家の三男に当たりますが、すぐ上の兄カールが1761年に他界したため、後年帝位に就くことになります。1765年にはスペイン国王カルロス3世の王女マリーア・ルイサ（マリア・ルドヴィカ）と結婚し、トスカーナ大公となりますが、マリア・テレジアは息子に無断で、フィレンツェに顧問官たちを送り込んで国事を担当させました。レオポルトは不満を抱き、1770年に単独統治権を手にし、1790年まで大公国を治めました。彼は手腕を発揮して、貴族たちの職権乱用にメスを入れ、公共事業を実施しました。トスカーナ大公国は繁栄を謳歌しますが、メディチ家の気前のよさの恩恵を受けていた者たちは不快感を募らせました。

1790年、兄ヨーゼフ2世が他界したため、ウィーンに帰京して帝位を継ぐことになり、税制・教会改革を全うすることはできませんでした。皇帝となった彼の最初の任務は、兄に抑えつけられていたハンガリーとフランドルの平定でした。オーストリア領を狙うフランス革命軍、殺到する亡命王党派、情勢に付け込んで領土を拡張しようとするロシアのエカチェリーナ2世など難問が続き、望んだような内部改革を進めることができませんでした。妹マリー・アントワネットの命が脅かされていることには心が痛みましたが、何よりもヨーロッパにおける覇権を保つことが先決です。彼はイギリスに接近し、あちこちに根回ししましたが、1792年に急死しました。

Pietro Leopoldo
Arciduca d'Austria
Granduca di Toscana &c. &c.

ヴェルサイユへ

ウィーンからヴェルサイユへ。
1か月の大がかりな長旅

マリー・アントワネットは1770年4月21日にウィーンを発ちますが、すでに出発前にフランス王太子妃になっていました。というのも、その2日前に代理結婚式が挙行されたからです。彼女は幼いながらも、自分の結婚は恋をするためではなく、仏墺同盟のための使命なのだと理解しており、母は娘に、必要不可欠な助言を惜しみなく与えました。

花嫁行列は2週間強かけてライン川へ到着し、国境を超える前には古くからのしきたりに従い、川の中州に浮かぶエピ島の小館で、衣類を含むあらゆる所有物を手放さねばなりませんでした。そこで彼女は自分の首席女官となる(そしてのちには批判者となる)ノアイユ夫人と出会います。ストラスブールでは王太子妃の到着が盛大に祝われ、父の出生地であるナンシーでは祖先のお墓参りをしました。宿泊する先々で観劇が催され、彼女はフランス演劇を知ることになります。村々の住民たちは路上に陣取って、興味津々で王太子妃を待ちました。5月14日にコンピエーニュで宰相ショワズールに迎えられる頃には、こうした熱狂も一段落し、一行は結婚式までの短い時間をラ・ミュエット城で過ごしました。

CHATEAU DE LA MUETTE (Passy)

王太子ルイ＝オーギュスト

ルイ15世の孫で、
内気な15歳の花婿

ルイ＝オーギュストは、1754年8月23日にヴェルサイユ宮殿で生まれました。ルイ15世の孫であり、当時王太子だったルイ＝フェルディナン・ド・フランスとマリー＝ジョゼフ・ド・サクスの三男に当たります。生まれながらにベリー公爵の称号が与えられましたが、王位を継ぐはずではありませんでした。兄グザヴィエは生後間もなく他界したのですが、その上には権高な長男、ブルゴーニュ公爵ルイがいたからです。ルイ＝オーギュストの下には、計算高いプロヴァンス伯爵ルイ・スタニスラス・グザヴィエ、強情なアルトワ伯爵シャルル＝フィリップがいました（それぞれのちのルイ18世、シャルル10世）。1760年に長兄のルイが落馬してけがを負うと、弟ルイ＝オーギュストが彼のもとに連れてこられました。当時王子たちは7歳になると養育係のもとを離れるのですが、ルイ＝オーギュストは早くに養育係から引き離されて、兄と共に育てられたのです。兄が翌年他界し、1765年に父が熱病で亡くなると、ルイは11歳で王太子になり、一層厳しい教育が課されます、しかしそれまでは気が弱いだけの男の子だったのが、賢く、まじめで、外国語も読み書きも一般教養ものみこみが早い上に、統治に関して自分なりの考えを持ち、それを説明するなど、優れた資質を見せました。馬術、時計作り、錠前作りなど、将来の国王が勤勉で、有能なことは明らか。けれども先人たちとは違って、魅力と自信に欠けており、生涯この点を指摘され続けることになるのです。

Louis XVI
1754
1793
Le Grand Trianon près Versailles (Seine et Oise)
Construction du XVIIe Siècle par Mansart

ルイ15世時代のパリ

国王はヴェルサイユに去り、主(あるじ)不在となった首都

1770年のパリには都市計画などありませんでした。通りは狭く、曲がりくねっていて汚く、建物がひしめいていました。市民たちは、こうした環境で積み重なるように暮らしていたのです。職人たちはモノを作り、修理し、店の主人たちは商売に精を出し、近郊の農民たちは作物や家畜を運び、移動しながら商売を営む人たちがあちらこちらを回っていました。誰もが押し合いへし合いしながら立ち働き、吐き気を催すような悪臭が立ち込め、騒音と悲惨さに満ちた都市。警察長官サルティーヌは、治安の維持に苦労しました。彼の仕事には水の供給や、照明設備の手配や、橋の上に建つ危険な建物の解体も含まれます。パリはまだ小さく、周辺地域は拡大を続けましたが、政府はそんな発展を問題視していました。都市整備を進めねばならないのに、莫大な資金調達が必要な上、国王はそうした事業を優先しようとはしません。

宮廷がヴェルサイユに移ると、パリはもはや政治の中心ではなくなりました。それでも貴族たちはパリの館を保持し、サン・トノレ街やサン・ジェルマン街は発展を遂げ、ショセ・ダンタンは流行の地区になりました。こうした地域では、幅が広くて均整の取れた新道が作られ、近代的な建築物が建設されました。テュイルリー公園の先端にはルイ15世広場（のちのコンコルド広場）が作られ、パリ市民たちはここで王太子の結婚の祝祭（p44参照）を楽しむことになります。

ロイヤルウェディング

祝婚花火が引き起こした
災禍

1770年5月16日に結婚した2人はまだ子どもでした。内気な夫はもうすぐ16歳。妻はわずか14歳で、フランス語は何とか話せる程度。宮廷のしきたりなどには全く通じていません。2人とも自分から望んだわけはない結婚の儀式をこなし、ルイ15世のとりしきる祝宴は数日間続きました。ウィーン宮廷を代表して出席したのは、大使フロリモン＝クロード・ド・メルシー＝アルジャントー。以降、彼はマリー・アントワネットのそばから離れず、オーストリアの利益のために王太子に働きかけるよう、絶えず彼女をせっつくことになります。

ヴェルサイユの王室礼拝堂でランス大司教が婚姻を聖別すると、王太子妃のもとにはありあまるほどの結婚祝いが届き、祝宴が始まりました。祝賀行事のほとんどは、新築された王室オペラ座で行われました。政府は市井のお祭り騒ぎはなるべく抑えたいと考えていましたが、ルイ15世広場での花火が企画され、5月30日、広場に数千もの人が集まって花火を楽しみました。しかし、打ち上げ花火がフィナーレ用の花火の上に落ち、火災が起こります。民衆はパニックに陥り、押し合いへし合いが起こって圧死者が出ました。政府は死者数130名と発表しましたが、おそらく400名には達したと考えられます。正確な犠牲者数が判明することは、今後もないでしょう。

※ ヴェルサイユ宮殿内の王室オペラ座は、祝宴用に床がせりあがって平らになる大がかりな設計です。このオペラ座では、現在でもオペラやコンサートが開かれています。

Le Palais de Versailles – aile Louis XV. — Chapelle.

マリー・アントワネットとヴェルサイユ宮廷

息苦しいルイ15世宮廷で
苦心する少女

幼い王太子妃は、手放しで歓迎されたわけではありません。宮廷人たちは彼女を助けるよりも、自分の派閥に取り込むことしか考えませんでした。彼女が心から信頼したのはロザリー・ド・ボーシャンという名の朗読係の女性でした。貴族たちは2つのグループに分裂して、激しく争っていました。一つは、デュ・バリー夫人派（p48参照）、もう一つは反対派です。それでも、愛らしく、優雅で、生き生きとし、感じがよく、美的センスに優れたマリー・アントワネットに、宮廷人は目をみはりました。簡素な環境で育った彼女にとって、宮廷作法は苦痛でしかありません。しかも宮廷人から見れば、彼女は油断のならない「オーストリア女（オートリシェンヌ）」（「シェンヌ」は「雌犬」の意）。母から次々に送られてくる訓戒にもかかわらず、マリー・アントワネットは自己流に振舞います。さらにカトリック教育を受けてきたために、国王の放蕩生活にも嫌悪を示し、政治的影響を無視して、老王に強制されるまで、デュ・バリー夫人に話しかけることを拒みました。王太子妃は「マダム」と呼ばれた国王の娘たちの派閥に引き込まれます。8人の娘のうち、当時4人が生きていて、ルイーズはカルメル会の修道女になり、マリー＝アデライード、ヴィクトワール、ソフィーは独身のままヴェルサイユ宮殿で暮らしていました。3人の「マダム」は宮廷に影響力を及ぼすことに汲々としながら、「デヴォ」と呼ばれる信心深い一派を支持し、父に愛人ができるたびに執拗に攻撃していました。

Du temps de Louis XVI. XVIIIe siècle.
LOUIS XVI.
Scènes de l'Histoire de la Civilisation.

デュ・バリー夫人

美貌と機転で
最高の地位に昇りつめた女性

デュ・バリー夫人ことジャンヌ・ベキュは、1743年にロレーヌ地方に生まれました。母はお針子、父は修道士でした。彼女のような婚外子が、生まれを重んじる社会の中で成功するには、機転と抜け目のなさが必要です。ジャンヌは修道院で教育を受けたのち、帽子店に務めます。そこで自分に美貌という最強の武器があることを発見するのです。彼女は名うての放蕩者ジャン＝バティスト・デュ・バリー伯爵の愛人となり、破廉恥な伯爵は彼女の魅力を出世のために利用しました。彼女は25歳のときに、国王と出会います。当時彼女の倍以上も年上だったルイ15世は、ポンパドゥール夫人を失った悲しみに沈んでいましたが、新たな愛人はそんな国王に安らぎをもたらしました。伯爵夫人という称号は偽りではなく、愛人の弟ギヨーム・デュ・バリー伯爵と結婚して手に入れたものです。しかし宮廷人たちの怒りは収まりませんでした。彼らはポンパドゥール夫人が亡くなって、ようやく寵姫の天下から解放されると期待していたのです。1774年、国王は病に臥し、腹心たちにも見捨てられますが、デュ・バリー夫人だけは献身的に看病しました。新国王ルイ16世は王妃の影響もあり、夫人を宮廷から追放しました。彼女はその後、郊外のルーヴシエンヌで平穏に暮らし、慈善事業に励みますが、1793年に逮捕され、断頭台の露と消えました。

※ 彼女は中年を過ぎても美貌が衰えず、新たな愛人ブリサック公爵を虜にしました。しかしブリサック公爵もフランス革命中に、ヴェルサイユの市中で虐殺されました。

エリザベート・ド・フランス

陰謀渦巻く宮廷で、
義姉を支えた王妹

エリザベート・フィリッピーヌ・マリー・エレーヌは1764年にヴェルサイユに生まれました。のちの国王ルイ16世の末妹で、姉クロティルドと共に育てられましたが、姉は1775年に結婚し、エリザベートは一人ぼっちになってしまいます。彼女は求婚者たちを退け、兄の勧めるルミルモン大修道院長職も断りました。エリザベートは信心深くはあっても、楽しいヴェルサイユ生活が好きだったのです。兄から贈られたヴェルサイユ宮殿近くのモントルイユの領地では、一人の時間を楽しみました。マリー・アントワネットより8歳ほど年下でしたが、慕い合い、お互いへの信頼が揺らぐことはありませんでした。エリザベートはモントルイユの領地に手をかけながらも、時間を惜しまずに兄夫婦に政治的助言をし、その良識と明るい性格で和ませました。

1789年に国王一家がパリに連行されると同行し、誰に強制されるともなく、自ら兄一家とテュイルリー宮殿に移り住み、強い信念をもって王政と王族を支えました。兄よりもさらに強硬な王政支持者で、決して譲歩しないようにと助言し、議会が国王一家のタンプル塔への移送を決定したときには、影響力の強い彼女も幽閉することにしたほどです。マリー・アントワネットがコンシェルジュリー牢獄へ移された後も、姪であるマダム・ロワイヤル（国王夫妻の長女）とタンプル塔で暮らしました。義姉の処刑を知ったのは1794年5月。自身も断頭台へ向かう直前でした。

王妃を狙った誹謗文書

次から次へと流される
悪意に満ちた風刺画や詩

フランス到着直後から、マリー・アントワネットはとかく批判の的で、無礼で嘲笑的な内容のものも珍しくありませんでした。貴族たちは、きわどいほのめかしがちりばめられた卑猥な攻撃文書にショックを受けるどころか、軽薄で露骨な小冊子を楽しみました。それにしても、「オーストリア女（オートリシェンヌ）」への攻撃は悪意に満ちていました。王太子夫妻の夫婦生活が暗礁に乗り上げていたことは公然の秘密だったので、夫の性の乱れが攻撃されることはありませんでしたが、「不能」とされ、物笑いの種となりました。夫からかえりみられないマリー・アントワネットは、ひどく不道徳な妻と批判され、とりわけ親友ガブリエル・ド・ポリニャック夫人とはレズビアン関係だと噂されました。王妃はポリニャック夫人を寵愛し、彼女の一族に便宜を図ったため、その浪費が非難されることになります（これには一理あります）。実際、王妃は望みをかなえるためには、お金のことなど二の次で、親友の借金の肩代わりまでしました。

王妃はおしゃれ好きなことでも知られていましたが、風刺画家たちは王妃専属の髪結い師とモード商人の考え出す奇抜なファッションに飛びつき、恐ろしく高く結い上げた窮屈な髪形の風刺画が次々に描かれました。こうした攻撃文書の作者たちは、彼女がオーストリア出身であることを決して忘れず、不信感を煽りました。フランスの衰退、ルイ16世の失策なども王妃のせいにされ、フランス革命が勃発すると、国民から疫病神と罵られたのです。

que d'apprets
Et que de
Maleurs font
nos dames En
se
Couchant
CHEVAUCHET SC.

国王のスパイ、ボーマルシェ

フランス革命への動きを支持した、
宮廷の多才な人気者

『フィガロの結婚』の作者として有名なピエール＝オーギュスタン・カロン・ド・ボーマルシェは、1732年に生まれ、波乱万丈の人生を歩みました。父の後を継いで時計職人になりますが、もっぱらまじめさに欠けると言われました。それでも新しい時計のメカニズムを発明したのですから、才能に恵まれていたことは確かです。しかし国王の時計職人が、この発明は自分のものだと主張したため、若きボーマルシェは初めて法的訴訟に踏み切り、勝訴します。彼の人生において、訴訟騒ぎはこれきり、というわけにはいきませんでした。あっという間に財を成したボーマルシェは、国王の諜報活動を担う秘密警察の一員となり、1775年にはルイ16世の性的障害を嘲笑する小冊子の普及を阻止すべく、ロンドンに派遣されました。さらにウィーンにまで足を延ばし、マリア・テレジアとも会見します。彼は女帝の娘マリー・アントワネットの名誉を守ったのだから感謝されて当然だと考えていましたが、逆に投獄されてしまう羽目に。けれどもこうしたささやかな失敗にもめげず精力的に活動を続け、アメリカ独立戦争が近づくと、アメリカ軍のための武器商人に転身しました。ボーマルシェは根っからの改革派で、その作品の上演には困難がつきまとい、『セビリアの理髪師』は1775年に数回上演されただけでした。しかし『フィガロの結婚』は成功を収め、人々は新進の思想に共鳴しました。王妃はこの扇動的な作品を支持しますが、国王はいい顔をしませんでした。ボーマルシェが没したのは、1799年のことです。

BEAUMARCHAIS

清らかな夫婦

王家の世継ぎを生まねばならないのに、
欲望とはほど遠い若夫婦

マリー・アントワネットと王太子ルイが結婚したのは、仏墺同盟を確かなものにするためでした。愛があるかどうかは二の次で、夫婦生活を成就して、子ども(できれば男の子)を生むのが2人に課された使命だったのです。しかし新婚初夜早々、この使命の達成が危ぶまれます。14歳と15歳という年齢では、まだ官能に目覚めていなかったのかもしれません。しかし周囲はそんなことに構いもせず、世継ぎを要求しました。マリー・アントワネットは、「名誉を受ける」すなわち真の妻となることに決して積極的ではありませんでしたが、夫とはそれなりに気が合い、夫婦生活についても話し合いました。ルイは改善を目指すと約束しますが、約束が守られることはありませんでした。性的方面では旺盛なことで知られていた国王の系譜にあって、奥手なルイは異色でしたが、診察をした医師もその場に立ち会ったルイ15世も、ルイの体に異常を見つけることはできませんでした。彼は包茎だったのでしょうか。歴史的には、手術が行われた証拠は見つかっていません。この件は前代未聞の国家の一大事として、世に知れ渡り、嘲笑されました。

マリー・アントワネットの兄ヨーゼフ2世は、1777年にヴェルサイユを訪問した際にこの問題に介入し、長い時間をかけて義弟と話し合いました。話し合いがどんな内容だったのかは知られていませんが、ヨーゼフの出発後、ルイはようやく夫としての務めを果たします。彼は、もっと早いこと実現しておけばよかったと後悔したそうです。

LES FEMMES CÉLÈBRES — La Reine Marie-Antoinette

マリー・アントワネットと子どもたち

待ちに待った懐妊と、
両親の愛を受けて育つ子どもたち

結婚から8年半後の1778年、ようやく赤ちゃんが生まれましたが、王室にとっては残念なことに女の子。マリー・テレーズ・シャルロットと名付けられたこの赤ちゃんは、国王夫妻の子どもたちの中で唯一成人した人物です。1781年には王太子ルイ＝ジョゼフ＝グザヴィエ＝フランソワが生まれますが、1789年に夭折してしまい、1785年に生まれたルイ＝シャルルが、後年ルイ17世と呼ばれることになります。王妃としての務めを果たした彼女は、これ以上の出産を望みませんでした。1787年にヴィジェ＝ルブランが制作した肖像画には、空のゆりかごが描かれています。首飾り事件に巻き込まれ、「オーストリア女（オートリシェンヌ）」と呼ばれた王妃は、立派な母としての姿を国民にアピールしたいと考え、この絵を注文したのですが、前年に生まれたばかりの末娘ソフィー・ベアトリスが亡くなり、王妃は深い苦しみに突き落とされたのです。王妃に対する世間の風当たりは強くなる一方で、子どもたちの父親はアルトワ伯爵やフランス軍連隊長コワニー公爵に違いない、とまでささやかれました。様々な中傷の的となった王妃ですが、素晴らしい母だったことは確かです。マリア・テレジアのように16人の子を生もうとは思いませんでしたが、熱心に子育てに取り組み、後世の人々から高く評価されました。

※ フランス革命勃発後の幽閉中に、王妃が教育係に宛てたメモには子どもたちについての細かな見解が記されており、「彼らの年齢なりに理由を理解できるよう、つねに説明しています」と賢母ぶりがうかがえます。

マダム・ロワイヤル

タンプル塔での幽閉を経て、
長くたくましく生きた王女

国王夫妻の長女マリー・テレーズは、母からムスリーヌ・ラ・セリユーズ(生真面目なモスリン)と呼ばれ、ヴェルサイユで幸せに暮らしていました。しかし、わずか10歳のときにフランス革命の波に襲われます。タンプル塔に幽閉されていたときに弟を亡くし、タンプルのみなしご、ブルボン本家の唯一の生き残りとなります。王女は隔離生活を送りながらも、王政のシンボル、希望として崇拝されました。1795年、国民公会はこの16歳の少女の処遇に困っていました。国民は幽閉をもはや正当とは考えていませんでしたが、かといって解放すれば陰謀の発端になりかねません。そこで王女と、オーストリアに拘留されているフランス人共和派を交換することが決まりました。彼女はつらい過去を思い出したくもないのですが、亡命貴族、神聖ローマ皇帝、叔父たち(のちのルイ18世、シャルル10世)はそれぞれ思惑を抱いていました。アルトワ伯の息子である従兄弟ルイ＝アントワーヌとの結婚を承諾し、アングレーム公爵夫人となった彼女を待っていたのは、ポーランドからイギリスまでを転々とする流浪の20年でした。1814年に王政が復古すると、彼女の政治的役割は重要さを増し、ナポレオンの百日天下ではボルドーで雄々しく抵抗し、フランス各地を回って王政への支持を取り付けました。しかし1830年、またしても亡命生活を余儀なくされます。亡命先でも権威を持ち、ブルボン家の長として1851年に没しました。

王太子ルイ17世

幼くして悲惨な死を遂げ、
死後も世間を騒がせたブルボン王朝の世継ぎ

1785年生まれのルイ＝シャルルは王太子ではありませんでしたが、兄が1789年に他界したため、世継ぎとなります。この子の父はフェルセンに違いないと噂されますが、真偽のほどは誰にも断言できません。幼いルイ＝シャルルは、ヴェルサイユで愛情をたっぷり浴びて育ちました。器量よしで快活で、愛らしい男の子。けれども国王一家がパリに連行されると、男の子の毎日もひどく窮屈になります。1792年にはタンプル塔に幽閉され、生活は厳しくなる一方でした。1793年1月に父が処刑されると、ルイ＝シャルルはわずか7歳にして王党派からルイ17世と呼ばれるようになりました。それでもしばらくは母たちと比較的快適な生活を送っていたのですが、7月に家族から引き離され、靴屋アントワーヌ・シモンに預けられました。そして一市民に変えるという口実のもと、隔離され、満足に食べ物も与えられず、虐待を受け、ついには近親相姦の告白までさせられました。幼いルイ＝シャルルは衰弱し、1795年6月に亡くなります。けれどもどこに埋葬されたのでしょう。ルイ17世は死んでいない、タンプル塔から出されて、秘密の場所にかくまわれている、との噂が流れます。遺体の一部らしきものを分析しても確たる結果は得られず、現在でも謎は世間の興味をそそり続けています。

※21世紀に入ると、ルイ17世のものとされる心臓の一部のDNA鑑定が行われ、確かに本人のものだとの結論が出ましたが、現在でも疑問を呈する声は消えていません。

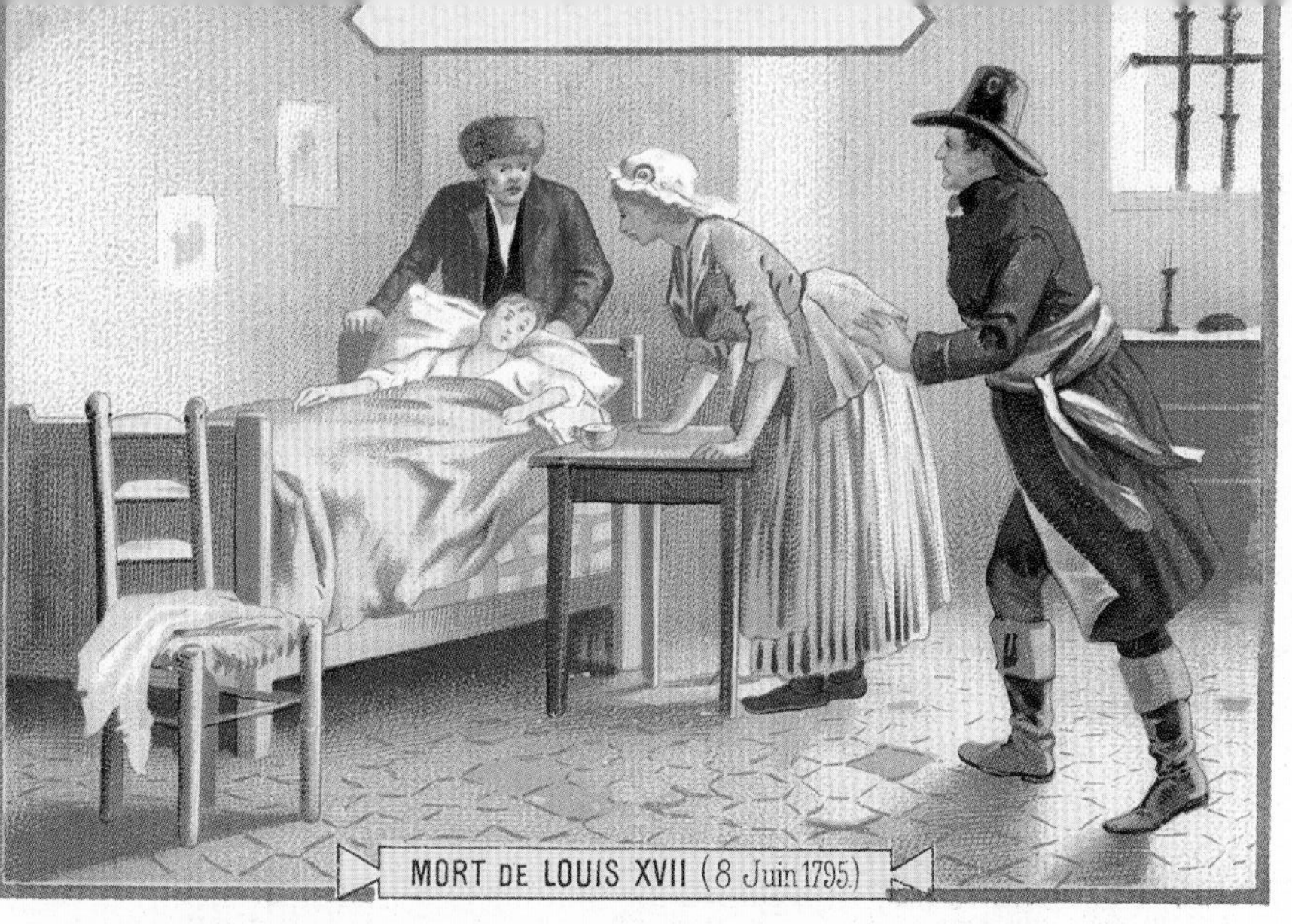

MORT DE LOUIS XVII (8 Juin 1795)

ルイ16世

運命に導かれるまま戴冠し、
善良ながらも強くなりきれなかったフランス国王

祖父ルイ15世が他界したとき、ルイは20歳目前。歴代の老王に愛想をつかしていた国民は、若い国王の即位に大喜びしました。誰もが新王即位の喜びに沸く中、本人は神に祈ったとか。ルイ16世はとても敬虔だったのです。彼は物事に真剣に取り組み、特に勉学には熱心でした。食べることが大好きで食欲旺盛でしたが、あくまで地味で、控えめな性格だったと言われています。驚くほど内気で、決して王になることを望んだわけではないながらも、自らの務めを果たそうと決心していました。生来倹約家の彼は、国庫が危機に瀕していることをわきまえており、自分の出費は削減しましたが、愛する妻の法外な浪費は抑えられなかったようです。

彼は自分なりの決まった生活を乱されるのを嫌い、邪魔が入ると不機嫌になりました。断固とした態度を取ったり決定を下したりするのが苦手で、周りの意見に流されがちなため、即位早々、ジャン＝バティスト・ド・マショー・ダルヌヴィルを大臣に任命しようとしたときも、宮廷人たちの策謀に邪魔されてしまいます。また、周囲に勧められるままにジャン＝フレデリク・フェリポー・ド・モールパを登用しますが、抜け目なく野心家のモールパは国王を説得して、ルイ15世時代に廃止された、王権の仇敵とも言うべき高等法院を復活させました。周囲の意見に耳を貸す、というのがルイ16世の最大の欠点で、この欠点が彼の治世を混乱に陥れることになるのです。

LOUIS XVI

ルイ16世と学問

発見に興味を示し、手先が器用で、
実験が大好きな国王

ルイ16世が大の錠前作り好きだったことはよく知られています。職人作業にばかり熱中して、知的興味が非常に狭いように言われていますが、それは大きな間違いで、幼少時から優れた資質を見せ、数か国語を話し、祖父ルイ15世と同じく地理に通じていました。1785年にはラ・ペルーズ伯爵ジャン＝フランソワ・ド・ガローの遠征を支援しましたが、これは新大陸の植民地化を狙ったわけではなく、伯爵が見込んでいた太平洋での発見に心をときめかせたからです（p128参照）。1777年にはシェルブールの軍港建設計画が始動し、ルイは熱心に進捗状況を見守りました（p134参照）。彼は社交界には一向に興味がありませんでしたが、科学的な動向には大きな関心を寄せました。1783年9月19日に行われたモンゴルフィエ兄弟による空気静力学の実験もその一つです（p126参照）。ジャガイモの花を襟に飾って群衆の前に姿を見せたのも、別の科学者――ジャガイモをフランスに導入したアントワーヌ・パルマンティエ――への支持の表れです（p122参照）。

ルイは物理学や力学の実験室、作業場、図書室を整備させ、自身もたびたび実験を繰り返しました。その一つが電気実験で、当時電気についての発見が進み、大きな期待がかけられていました。ルイが設立した鉱業学校は、のちに国立工芸学校になりました。

※ ヴェルサイユ宮殿の国王の寝室のさらに上の階には、当時の作業場や実験室が現存しています。

LA SERRURERIE

ルイ16世の政府

財政の健全化と
国家立て直しへの執念

1789年にフランス革命が起こるまで、政府は4つの会議からなっていました。1つ目は最高国務会議で、4－5名の国務卿からなり、外交など主要な国事を司っていました。2つ目は財務諮問会議で、財務大臣のもと、税金や経済を担当していました。3つ目は内務諮問会議で、各地方長官との連絡調整を担っていました。4つ目の司法諮問会議は一種の裁判所であり、一般の裁判所から回されてきた訴訟を裁いていました。さらに様々な要職があり、宮内卿、外務卿、陸軍卿、法務大臣、財務総監、侍従頭、大侍従、警視総監のほか、短期間ながらプロテスタント教徒を担当する国務卿も存在しました。

当時はモールパが権勢をふるっていましたが、幾人かの際立った人物も登場しました。例えばアンヌ＝ロベール＝ジャック・テュルゴーは、海軍大臣から財務総監に転任した人物で、1774年から76年にかけて活躍しました(p74参照)。経済危機は解決することなく、財務総監は国王にもっとも近い役職になりました。1781年には財務長官ネッケル(p76参照)が更迭され、財務総監に登用されたシャルル＝アレクサンドル・ド・カロンヌは何としても財政を立て直そうと赤字を増やし、宰相ロメニー・ド・ブリエンヌは高等法院との対立に敗れて国家崩壊の遠因を作り、1788年にネッケルが呼び戻されることになります。

N° 16

PAROLES HISTORIQUES

Madame, si c'est possible, c'est fait; si c'est impossible, ce sera fait.

CALONNE

ルイ16世の改革

国民の窮状を把握し、解決に向けて改革を志した国王

国庫を立て直すには、何としても財政改革が必要です。それなのに次々と入れ替わる大臣たちは対立し、対策を練っても実施できず、満足のいく結果を出すことなど夢のまた夢でした。裕福層は自分たちの特権を絶対に手放さそうとはしませんでしたが、テュルゴーは宮内の一部の高給職の廃止を提案し、ルイ16世はこれを承認しました。ルイ16世が即位と同時に実施した改革 ―― 治世が変わるごとに徴収されていた「即位税」の廃止 ―― は、人々に歓迎されました。また、高利貸しの乱用を防ぐことを目的に公営質屋を設立し、女性や子どもたちが夫や後見人を経由せずに年金を受け取れるようにしました。同時にネッケルの影響を受けて、農奴制と拷問を廃止し、戦費がこれ以上国民の生活を圧迫しないよう、軍隊にイギリス漁船への攻撃を禁じて、イギリスと相互協定を結びました。刑務所の責任者たちは、戦争捕虜を公正に扱うよう命じられ、民間のための大病院改修が行政決定し、これがのちの小児専門病院となります。国王は救命消防団も設立し、定期的にパリに水が供給されるよう対策を講じました。さらにプロテスタント教徒にも公民としての権利を認めたり、ユダヤ人に対する差別的法律を撤廃したりするなど、信教の自由にも取り組みました。

Monnaie de Bronze de Louis XVI – 1788.

芸術的な職人仕事

ヨーロッパ中を虜にした
フランスの金銀細工や陶磁器

空になった国庫を立て直すための方策として注目されたのが、手工業と商業で、財務総監カロンヌはこの方針に沿って、国内の税関を撤廃する決定を下しました。その結果、ヴェルサイユ宮殿はもちろん贅沢な邸宅でも、豪奢な装飾が見る者を圧倒し、フランスならではの生活を楽しむ文化が結実して、見事な銀食器や陶器が生まれました。とりわけテーブルセッティングの美しさは芸術の域に達し、パリの国王専属職人トマ・ジェルマン、トゥールーズのヴァンサック、ストラスブールのジャン＝アンリ・オルテルなど、フランス各地で職人たちが活躍しました。

18世紀後半の主流はロココから、古代趣味、新古典主義へとシフトします。パリはブロンズ品の生産中心地として、均整が取れ洗練された品々を世に出しました。1750年以前のヨーロッパでは、磁器は極東からの輸入品が中心で、生産は皆無に近かったのですが、1768年にカオリンと呼ばれる特殊粘土が発見されたことで、国内での生産が始まります。ルイ16世時代、セーヴル王立磁器製造所は黄金期を迎え、王室の庇護を受け、最高の職人たちが集まりました。中国趣味が生かされたフランス中部ヌヴェールの陶器も頂点を迎え、北部ルーアンや東部ストラスブール、南部マルセイユでも、熾烈な競争に生き残るべく、各製造所が独自のスタイルを確立しました。

※ 当時、古代遺跡の発掘が進み、古代への回帰が起こりました。新古典主義には、こうした古代ギリシャ・ローマ様式の復活が見られます。

Manufacture de Porcelaine
XVIII• Siècle
LE FEU DANS L'INDUSTRIE ARTISTIQUE

経済の申し子テュルゴー

几帳面で倹約家で
王妃から敵視された財務総監

アンヌ＝ロベール＝ジャック・テュルゴーは1727年生まれ。神学校で学びましたが、聖職者の道を断念し、最終的には経済界に進みました。1774年に海軍大臣に任命され、その後、財務総監に登用されます。彼のとった初期の政策の一つが宮内府の費用削減で、そのために王妃に煙たがられましたが、意思を曲げることはありませんでした。というのも、1771年にマリー・アントワネットのお気に入りだったギーヌ伯爵が、公金で私腹を肥やしたとして、一大スキャンダルが勃発したのです。世間はギーヌ支持派と反対派に分裂し、マリー・アントワネットは友人を支持し、テュルゴーは反対に回りました。外務卿デギュヨン公爵もテュルゴーにつきましたが、王妃の怒りを買って後年更迭され、1776年にテュルゴーが辞職したときも、王妃が陰で画策したに違いないと噂が流れました。

彼の政敵は王妃一人ではありません。贅沢を抑えて倹約を唱える政策は、宮廷では到底歓迎されなかったのです。当時市場で販売される穀物には市場税という税金がかけられていましたが、これを廃止したことで、テュルゴーは市場で儲けていた有力者たちの敵意を買いました。しかも哲学者たちがこの政策を支持したことで、事態はさらにこじれることに。テュルゴーの政策のもと、赤字は削減し始めましたが、ルイ16世は周囲に押し切られて、この忠実な役人を手放してしまいました。

Turgot, pour empêcher la famine, ordonne la libre circulation des grains.

ジュネーヴ出身のネッケル

国民には人気があっても、
三部会の支持を得られなかった裕福な銀行家

1732年生まれのジャック・ネッケルはジュネーヴ出身の銀行家で、1748年にパリに移り住みました。30歳のときにテリュッソンという名の銀行家と共同で、テリュッソン・ネッケル銀行を立ち上げ、300人以上もの外国の顧客を獲得しました。こうした顧客は、主にフランス王室に貸し付けをおこなっていました。ネッケルは、東インド会社の経営も手がけましたが、フランス政府に多額の金を貸し付けていたことから、宮廷の注目を引き、1772年になると兄弟に事業を譲渡して政界に身を投じます。しかし裕福で高名なネッケルには、ある重大な弱点がありました。彼はプロテスタント教徒だったのです。そのため国務諮問会議に名を連ねることはできませんでしたが、1776年に財務長官に任命され、行政の権限と経済管理を強化します。国は必要な分だけ借り入れられるが、内部予算を引き締める必要がある、というのがネッケルの持論でした。大量の国債発行など気にも留めない宮廷人たちも、宮廷費削減には敵意をむき出しにしました。非難を浴びたネッケルは1781年に辞職しますが、破局を回避するために1788年に再登用され、三部会招集を要求します。しかしルイ16世はネッケルをあまりに三部会寄りとして、1789年に解任。けれども民衆の声に押されて、またしても再登用されます。ネッケルは憲法制定国民議会と対立し、1790年に辞職しました。彼が息を引き取ったのは1804年。引退先のスイスでのことでした。

NECKER

啓蒙主義の影響

哲学者たちが唱え、
社会に浸透した変革の基礎概念

ある出来事を知らせるのに、火を灯したロウソクを窓辺に置く習慣があります。ロウソクの光が報せを伝えるのです。啓蒙思想家たちはこのシンボルに惹かれました。個人が科学や哲学の進歩を受け入れるだけでなく、社会全体が知の光で照らされるという象徴も託されているからです。「啓蒙の世紀」という言葉は、この時代の到来と共に使われるようになりました。これはルイ15世時代に始まり、ルイ16世時代で終わりを告げる時期に当たり、多くの啓蒙思想家がルイ16世時代の終焉前に他界しました(モンテスキューは1755年、ヴォルテールやいかめしいルソーは1778年、ディドロは1784年、ダランベールはその前年)。綺羅星のごとき知識人の新世代が、血気盛んなボーマルシェ(p54参照)、悪魔的サドで、彼らの思想が世に広まり、フランス革命に影響を及ぼすことになります。

こうした哲学者たちは人間の理性や進歩に信頼を置きました。進歩には科学の発展が必須で、人々は数々の発見に社会改革の可能性を感じました。専制政治、既成の宗教、不公平な特権、明らかな不正は、合理的な批判により一刀両断されます。こうした新進思想はヨーロッパ中に普及しましたが、どこよりもフランスで熱心に擁護され、社会には変化が、王政には改革が必要だという自明の理を唱えたのです。

DIDEROT.

アメリカ独立戦争

イギリスを妨害しようと大陸軍を支援して、高くつく戦争に参戦したルイ16世

イギリスは北アメリカの13の植民地に課税して、7年戦争(p28参照)にかかった戦費に充てようとしました。けれども現地の住民たちは不満を募らせ、レキシントン・コンコードの戦い(大陸軍が勝利)を皮切りに、1775年、独立戦争が勃発します。大陸軍はジョージ・ワシントンのもとに集結し、ボストンを奪取し、1776年7月4日、13の植民地からなる大陸会議はアメリカの独立を宣言しました。しかし戦争は始まったばかりで、その大きな波はヨーロッパにも押し寄せます。専制的な王政を牽制したいと望む者たちは、この反乱に魅了され、若きラファイエット(p84参照)は大枚をはたいて自前の軍官を装備させ、ボーマルシェ(p54参照)は武器の密輸を指揮し、フランスではイギリスを妨害しようとの動きが強まりました。

劣勢だった反乱軍は、ベンジャミン・フランクリンをヴェルサイユに派遣して(p82参照)、フランス国王に働きかけることに。こうして1778年、両者が合意に達し、フランスが参戦するのです。参戦当初、それまで長い間負けを重ねてきたフランス海軍は戦いに勝利し、熱狂を起こしました。1781年にはヨークタウンの戦いで、大陸軍とフランス軍が決定的勝利を収めます。ロンドンでは和平交渉を求める声が高まり、イギリス王室が譲歩して、1783年にヴェルサイユで講和が結ばれます。こうして9月3日、アメリカ合衆国の独立が正式に認められました。

Avant le Soulèvement
GWashington

ベンジャミン・フランクリン

ヴェルサイユにやってきた
最初の有名アメリカ人

ベンジャミン・フランクリンは1706年、ボストンのつましい商人の家庭に生まれました。青年期には印刷工の仕事を学び、若い頃にフィラデルフィアに移住し、ペンシルベニア・ガゼット紙を買収して、成功と富を手に入れます。1722年、彼は誠実さと節度に基づいた人生の指針を定め、生涯これを貫きました。市民団体の活動に参加し、信念に従って、共同体の利益を追求しました。1731年にアメリカ初の公共図書館を設立したのも、その一つで、避雷針や燃焼調整が可能な薪ストーブも発明しました。ほどなくして、彼は政治活動を開始し、成功を収めます。郵便界の重職に任命され、イギリスの有力者と良好な関係を築き、外交官としてヨーロッパを訪問しましたが、ペンシルベニアの利益をおろそかにすることはありませんでした。

紛争が勃発すると、熟考ののち独立派に加わることに決め、1776年、トーマス・ジェファーソンらと共にアメリカ独立宣言書を起草しました。1777年にフランスを訪れたフランクリンは、すでに尊敬の念を集めるひとかどの人物だったのですが、ヴェルサイユでは無名の存在でした。しかし彼の簡素な服装や物腰は、マリー・アントワネットや貴婦人たちの目に新鮮に映り、70歳を過ぎたこの外交官は、宮廷の大の人気者になりました。フランクリンは1790年にアメリカで死去しました。

※ ヴェルサイユの熱狂ぶりを尻目に、ルイ16世はフランクリン来訪を記念した銘文の記された尿瓶を王妃の友人の一人に贈って、揶揄したそうです。

1706 - FRANKLIN - 1790

新旧世界の英雄ラファイエット

自分の意見を主張し、
民衆から大きな支持を得た侯爵

ラファイエット侯爵ジルベール・デュ・モティエは、1757年にオーヴェルニュで生まれました。幼い頃から冒険を夢見る激しい気性の持ち主で、マリー・アドリエンヌ・フランソワーズ・ド・ノアイユと結婚しても、その性格が和らぐことはありませんでした。軍人の道を歩み、19歳でアメリカ反乱軍のために戦おうと決意し、ジョージ・ワシントンに迎えられます。勇敢なことはもちろん、アメリカ原住民へのフランスの支援を取り付け、現地での信頼を獲得するなど、橋渡し役としての手腕を発揮しました。1781年にフランスに帰国すると、政界に身を投じ、迅速な改革や奴隷制度廃止を説くなど、戦時同様、精力的に活動します。1789年に三部会が招集されると、オーヴェルニュ選出の貴族議員となり、革命勃発後は国民衛兵を組織し、司令官に任命され、繰り返される暴動に対し何とか治安を維持しようと努めました。

彼は国王一家を保護しつつも、アメリカのような民主的理想を抱き続け、立憲君主制を唱えました。けれども王権の失墜と共に、彼の立場も危うくなります。1792年、ジャコバン派から「国家の裏切り者」扱いされたラファイエットは、それまで指揮していた北部戦線の国境をわたって、オーストリア領に入り、5年の間幽閉生活を送りました。その後ひっそりと生活し、ルイ18世治下の1818年に60歳過ぎで議員に選出されました。

LAFAYETTE

DÉCLARATION DES DROITS DE L'HOMME

LAFAYETTE (1757-1839), combat pour l'indépendance Américaine et prend l'initiative de la déclaration des Droits de l'homme.

LES BIENFAITEURS DE L'HUMANITÉ

アクセル・フォン・フェルセン

王妃を慕い、救出に奔走し、
非業の死を遂げたスウェーデン士官

1774年1月、スウェーデン伯爵アクセル・フォン・フェルセンは、オペラ座の舞踏会へ向かいました。貴族も高級娼婦もたむろするこの社交場で、彼はある若い女性と話し始めます。仮面をつけた魅力的なこの娘こそ、王太子妃マリー・アントワネットでした。こうして未来のフランス王妃と、忠実な騎士の愛の物語が始まります。2人の関係についての確かな証拠はありませんが、親密さは王妃の死まで続きました。彼は数々の浮名を流しましたが、その心はつねに王妃に向いていました。その証とも言うべき出来事が、1791年に国王一家がパリ脱出を企てたヴァレンヌ逃亡事件で、彼は緻密な計画を立てました。しかし、ボンディーで国王から別行動をとるよう命じられ、その後逃亡は失敗に終わります。巷では、フェルセンが途中からいなくなったために、国王一家が逮捕されたのだと言われました。フェルセンは国王の処刑後も王妃救出に奔走し、ウィーンの皇帝を訪れて、彼女が危機にさらされていることを訴えました。彼は逃亡事件の失敗について、生涯自分を責め続けました。スウェーデンでは国王暗殺、クーデターが起き、元帥に昇進したフェルセンは世間から煙たがられました。そして1810年、王太子の葬儀で民衆から石を投げつけられ、踏みつけられて惨殺されたのです。

※ フェルセンは生涯独身を貫き、ヴァレンヌ逃亡の失敗を死ぬまで呪い続けました。彼が惨殺されたのは、奇しくもヴァレンヌ逃亡と同じ日、6月20日でした。

プティ・トリアノン

ルイ16世から、宮廷作法になじまない王妃に贈られた自由の地

1758年、ルイ15世は建築家アンジュ＝ジャック・ガブリエルに、トリアノンの領地、国王お気に入りの庭園に建物を新築することを命じました。建物には国王と一部の宮廷人を収容するだけの広さが必要です。その10年後に完成した簡素で優雅で直線的なこの小館は、新古典主義の傑作で、近くに建つ大理石のグラン・トリアノンと区別するため、プティ・トリアノンと名付けられました。即位したルイ16世からプティ・トリアノンを贈られた王妃は、この宝石のような小館に君臨し、個人的な趣味を生かした隠れ家に仕立て上げました。このプライベートな空間でなら、重苦しい宮廷作法から逃れられます。王妃がプティ・トリアノンに滞在するときは、ご婦人方だけが寝泊まりを許され、国王も含め殿方たちは招待されない限り伺候することはできません。

マリー・アントワネットは華やかで明るいインテリアを好みましたが、特に愛したのが庭園です。のちには王妃の村里（アモー）も整備させますが、それでも皇女時代ののびのびとした空間への、憧れにも似た懐かしさを打ち消すことはできませんでした。それも今となっては過去のこと。プティ・トリアノンは、フランス革命では旅籠（はたご）として使われ、ナポレオンの妹ポーリーヌや妻マリー＝ルイーズのために修復され、第二帝政期にはナポレオン3世妃でマリー・アントワネットを崇拝する皇后ウジェニーにより王妃のための美術館になりました。

VERSAILLES,
PALAIS DU PETIT TRIANON.

イギリス式庭園

植物学よりも、
自然を愛する心を満たしてくれる庭園を

マリー・アントワネットは科学に興味はありませんでした。彼女が愛するのは自然。庭園にも、自然に似た環境を望んでいました。そこで彼女はヴェルサイユの植物園を廃して、イギリス・中国式庭園を造ることにします。こうした庭園は当時の流行で、装飾らしい装飾もなく、優雅でどこか神秘的。こんなエキゾティックな庭園でなら、気ままな散歩も楽しそうです。小ぶりな丘の向こうには小川が流れていて、たくさんの岩が集まり、水が湧き出ているかのような錯覚を起こさせます。洞窟の中は薄暗く、滝の音が聞こえてきます。長椅子には苔を模した織物が敷かれて、一休みしようと誘っています。「洞窟(グロット)」と呼ばれたこののどかな空間は、当時の庭園にはおなじみの演出で、王妃自らの希望により設計され、1782年に完成しました。階段を上ると、小高い丘陵に出ます。人々は、王妃はここで邪魔者たちの視線から身を隠しているのではないかと噂し合いました。

もう長いこと、王妃は次々と不名誉な噂に悩まされ、愛人たちと淫らな楽しみに耽っていると中傷されていました。王妃は気晴らしのためならお金に頓着しませんでしたが、この洞窟が自分のイメージにどれほど高くつくかは、予想もしませんでした。

※ プティ・トリアノンにあったルイ15世の植物園はヨーロッパ有数の充実ぶりでしたが、マリー・アントワネットによる整備で姿を消し、多くがパリ植物園に移されました。

LE BELVÉDÈRE

愛の神殿

イギリス式庭園に立つ
建築家リシャール・ミックの作品

自然を重視するイギリス式庭園に、人工物はあまり似つかわしくありません。マリー・アントワネットは積極的に計画に関わり、リシャール・ミックに設計を任せました。ミックは東部ナンシー出身の建築家で、1766年にヴェルサイユに招聘されて、新古典主義の粋を極めた王妃による寄宿女学校を設計しました。ミックにとって、マリー・アントワネットから任された仕事は、プティ・トリアノンを設計した国王専属主席建築家ガブリエルの後継者としての地位を確立するチャンスでした。王妃は、彼が1777年に提案した愛の神殿の模型に大喜びします。この建築物は小さな島に建っていて、7段の階段を上ると円形の舞台があり、様々な大理石で覆われています。12本のコリント式柱に支えられた円天井の内側は、ふんだんに装飾されています。中央に立つのは、彫刻家エドメ・ブーシャルドンの1750年の作品『ヘラクレスの棍棒で弓を作るクピド』の複製。1781年完成のベルヴェデール(見晴台)は、夏のサロンとして使われました。外から見ると、円天井の周りを欄干が囲み、4つのフランス窓が開くようになっていて、華やかながらも豪華さは感じられません。しかし一歩中に足を踏み入れると、セバスチャン＝フランソワ・ル・リッシュによる壁画や、ジャン＝ジャック・ラグレネによる天井画などが、最初の印象を裏切ります。

※ ミックは本殿の王妃の内殿の内装も手がけるなど広く活躍しましたが、フランス革命で息子と共に断頭台に送られました。

Versailles Le Temple de l'Amour

王妃の村里(アモー)

湖の周りに散らばるように配された、
目にも楽しい風変わりな農場の建物群

1783年から86年にかけ、建築家リシャール・ミック（p92参照）は、画家ユベール・ロベールのデッサンをもとに、この農場の構想を練りました。農場と言っても、マリー・アントワネットが土仕事や飼育をするわけではなく、散歩をしたりお客様たちを迎えたりするための空間です。建物群を見ればその点は明らかで、水車は田舎風ですが、純粋なお飾り。それぞれの建物の内部は、貴婦人の生活空間といった趣(おもむき)です。橋を渡った先には、農作業用の建物が。納屋、酪農仕込み小屋、酪農小屋、釣り場、衛兵の家。これらを見渡すように建っている塔は、「マルボローの塔」と呼ばれていました。この名の由来は、当時ボーマルシェ（p54参照）の作品でも歌われた『マルボローは戦場に行った』という流行歌で、誰もが口ずさんでいました。本来の農場は少し奥まった場所にあり、ノルマンディー風の藁葺き屋根の建物がいくつも建っています。この農場では、フランス革命が勃発するまで飼育が続いていました。マリー・アントワネットはここでの休息を楽しみ、簡素なドレスに身を包んで、牛や羊やニワトリに囲まれ、ブドウ園や菜園や果樹園で過ごしました。こうした栽培や飼育は、子どもたちの教育の一環でもありました。王妃にお供して村里(アモー)を訪れるのは、ほんの一握りの人に許された特権だったのです。

※ それぞれの建物にはあえてひびが手描きされるなどひなびた雰囲気ですが、内部は洗練されており、優雅な落差を演出しています。

LE HAMEAU DU PETIT TRIANON, A VERSAILLES (Seine-et-Oise).

サン・クルー宮殿

豪勢な宴や重要な歴史的出来事の
舞台となった城

ヴェルサイユ宮殿は不動の地位を保っていますが、サン・クルー宮殿も歴史的に重要な役割を担いました。16世紀のユグノー戦争中(プロテスタントとカトリックが対立した内戦)、フランス国王アンリ3世はここを基点にパリを包囲し、1589年にはこの城で修道士ジャック・クレマンに襲われて、死の床でアンリ4世を後継者に指名しました。1658年には宰相マザランがこの城の購入を手配して、ルイ14世の弟の別邸としました。王弟は大がかりな改修を計画し、壮麗なヴェルサイユ宮殿を演出した建築家ジュール・アルドゥアン＝マンサールや、造園家アンドレ・ル・ノートルを雇いました。

1784年にルイ16世が王妃のために購入したときには、ヴェルサイユの窮屈な生活を強いられている妻の気を紛らわせるためだと考えられましたが、事実はもっと現実的でした。当時ヴェルサイユ宮殿の大改修が計画されていたために、ルイ16世は改修中の住まいとして王妃の名義でサン・クルー宮殿を購入しておいて、経費を削減しようと考えていたのです。サン・クルー宮殿の所有者となったマリー・アントワネットは、お気に入りのリシャール・ミック(p92参照)にデザインを任せました。ヴェルサイユ宮殿と違って、ここでは王妃の寝室は宮殿の中央に位置していました。しかし1870年、プロイセン軍の爆撃で宮殿は大きな損傷を負い、1892年に取り壊されました。再建を望む声もありますが、あまりにも高くつくので、実現する可能性は低いでしょう。

Le Château de SAINT-CLOUD.

王妃の居室（アパルトマン）

豪華ながらも、
貴族たちに占領されていた王妃の住まい

マリー・アントワネットはヴェルサイユ宮殿に王妃のための居室（控えの間や寝室など複数の部屋からなる一連の居住空間）を所有していました。居室には2種類あって、一つは内殿と呼ばれる多少の自由が許された空間、もう一つは大居室と呼ばれる、宮廷作法が重んじられる空間です。大居室の端にある衛兵の間は文字通り、衛兵が詰めている部屋で、王妃が滞在することはないため、内装はルイ14世時代のままでした。国王一族は、この部屋の隣の大正餐の間で、たくさんの宮廷人の前で食事をとります。ルイ16世は食欲旺盛ですが、マリー・アントワネットにとっては退屈な時間で、食事の間は音楽を演奏させるようにしました。その隣の貴人の間は公式謁見のための部屋です。王妃の居室でメインとなるのが王妃の寝室で、ここで一人ないしは国王と夜を過ごし、身なりを整え、伝統に則って人々に囲まれて出産しました。この部屋には秘密の扉があります。1789年10月6日に暴徒が侵入してきたときには（p142、144参照）、王妃はこの扉を抜けて廊下を通り、逃げました。

内殿は2つの中庭を囲むようにあり、ルイ15世妃マリー・レクザンスカにより豪華な装飾が施されました。これほどの広さでもマリー・アントワネットには足りなかったらしく、上の階に居心地のいいビリヤードの間など、新しく部屋を作らせました。さらに1階には夏の小居室を作らせ、大理石の前庭の涼やかな風を楽しみました。

王妃お気に入りの家具職人リーズネル

器用で個性的で高く評価されながらも、自らの成功に足を取られた家具職人

ジャン＝アンリ・リーズネルは1734年にドイツで生まれました。当時の家具職人はパリで修業を積むのが王道で、リーズネルもパリにやってきます。ルイ15世ご用達職人ジャン＝フランソワ・オベンの工房に入り、師が他界すると工房を引き継ぎました。彼は1769年から84年にかけて宮廷や王室に家具を納め、新しもの好きのマリー・アントワネットに気に入られます。王妃にとって、独特のスタイルを持ったリーズネルは理想的な家具職人でした。彼はオベンの仕事を引き継いで、ルイ15世から注文されたロールトップデスクを完成させ、たっぷりとした装飾のルイ15世様式から、新古典主義への回帰、すなわちルイ16世様式への変移を担いました。リーズネルは優れた職人であり、その仕事は丁寧で、技術に通じていました。大ぶりな家具もお手のもので、デザインはあくまで軽く、オベンから受け継いだ鍛冶技術を生かしてブロンズ作品も手がけ、そのバランスと洗練度は他の追随を許しませんでした。とりわけ彼の人気が急落する直前に王妃から注文されたチェストには、こうしたブロンズ装飾が用いられています。

けれども、当代随一の職人だったリーズネルは大きな過ちを犯しました。大成功に甘んじて、法外な値段を付けるようになったのです。1784年、フランス王室は今後リーズネルに注文しないことに決定します。さらにフランス革命が勃発し、貴族たちが亡命を余儀なくされると、リーズネルは顧客を失い、そのスタイルも流行遅れに。彼の工房は1801年に幕を閉じました。

LE STYLE DANS L'AMEUBLEMENT.
M CARNIS LIEBIG
UFACTURED BY
MEAT COMPANY
LIMITED
LONDON
SOUTH-AMERICA
DEPOT ANTWERP
Style Louis XVI.

マリー・アントワネットとモード

ファッションを選んで着飾る
王妃の楽しい暇つぶし

伝統的に王妃はおとなしい存在でしたが、マリー・アントワネットは変化を巻き起こして、周囲を驚かせます。彼女は「ファッション好き」どころか、1日に何時間もモード商人ベルタン(p106参照)と引きこもって相談するほどの熱中ぶり。1年に170着ほどのドレスを注文していましたが、これには必要に迫られて、という事情もあります。時間帯によって、シーンによって、会う人によって、何度も着替えなければならないからです。身なりを整えるのも一仕事で、様々なアクセサリーやアイテムが使われるので、時間もかかります。王妃は何よりも退屈を恐れていました。奇抜なおしゃれが好きでしたが、シルクよりも軽いパーケールやタフタを好み、1780年頃にはドレスを膨らませる窮屈なパニエを着用しなくなるなど、シンプルな方向へと流行を導きました。パニエで膨らんだドレスでは、廊下を通ることさえままならないのです。哲学者ルソーが説くように、自然とのふれあいを楽しみましたが、あまりの熱心さから、「ゴール風」ドレスで散策していると非難されることに。これはすとんとした直線的ラインの薄布のデコルテドレスで、部屋着とされていました。飾り立てれば、母から王妃にふさわしくないと叱責され、簡素なドレスを選べば、つましい人々から、王妃は自分たちの猿真似をしているが、自分たちにはそんな高価な生地を買う余裕などないと揶揄され……。人々は決してマリー・アントワネットに満足することがなかったのです。

帽子やアクセサリー

王妃のワードローブには、
美しいドレスを引き立てるのに必須のアクセサリーが

エレガントな貴婦人たる者、アクセサリーをおろそかにすることはありません。アクセサリー選びでポイントになるのは、ドレスとのコーディネート。何着ものドレスを持っていたマリー・アントワネットは、アクセサリーもたくさん所有していました。宝石だけでもかなりの数で、色とりどりで、当時の流行の影響を受けて花のモチーフが多用されています。首飾りがしっくりこない日には、リボンを巻きます。顎の下で美しく結んだり、首の後ろに軽いレースをあしらったり。宝石が縫いつけられているものも。肘までの手袋は、夏はシルク、冬はレザーで、あまり美しくない手を隠したり、肌の白さを保ったりと、貴婦人の必須アイテムでした。また手袋の扱い方にはメッセージが込められていて、殿方の前で手袋を脱げば、深入りしてもいいわよ、というサインだったとか。扇子も忘れてはなりません。マリー・アントワネットの扇子コレクションもそれは見事でした。悪臭漂うヴェルサイユ宮殿では風を仰ぐための扇子が必須な上に、持っていれば手持無沙汰になりませんし、口も隠せます。とりわけパリの扇子職人の評判は高く、貝殻や象牙を使った華麗な扇子が作られていました。帽子は髪の毛を隠すためのものではなく、結った髪の上に乗せるもので、羽飾りや花やリボンがあしらわれていました。散歩するときには、田舎風の大ぶりな麦わら帽子が定番でした。

COIFFURE DE DAME
SOUS LOUIS XVI

売れっ子モード商人ローズ・ベルタン

無限の想像力を持ち、
王妃からモード大臣と呼ばれたベルタン嬢

マリー＝ジャンヌ・ベルタンは1747年に北部ピカルディー地方に生まれました。16歳で上京し、貴族向けモード店ル・トレ・ギャランに就職。ローズと呼ばれた彼女は、顧客を惹きつけるすべを知っていて、1770年にはフォブール・サン・トノレ通りに自分の店を開くまでに。ル・グラン・モゴルという名のこの店は、上流階級はもちろん王族からも注文を受け、お針子たちは30名にまで増えました。彼女は新風を吹き込むのが得意で、軽めのラインや素材を使った新たなスタイルを提案しました。

1774年、ローズはシャルトル公爵夫人から王妃に紹介されます。ローズにとっても王妃にとっても、決定的な出会いでした。新しい上顧客マリー・アントワネットは金に糸目をつけず、ローズの儲けは膨らむばかり。しかも王妃は実験的なファッションにもひるまないので、ローズにとっては思い切ったスタイルを発信するための心強いパートナーでもありました。2人の親密さに世間は眉をひそめますが、本人たちは意にも介しません。

フランス革命が勃発すると、ローズはロンドンに亡命し、危機が去ると帰国しました。かつての成功を取り戻そうとしますが思うようにはいかず、パリ北郊のエピネーの自宅で息を引き取りました。

※ 職業区分が厳しかった当時、ベルタンはドレスをデザインしたり仕立てたりするのではなく、あくまで様々な小物をあしらってスタイリングするモード商人でしたが、斬新で頻繁に新コレクションを提案するなどして、一躍時の人になりました。

LOUIS XVI

1787

プーフの奥義

王妃を夢中にさせた
珍奇なヘアスタイル

プーフという髪型を考案したのは王妃の髪結い師レオナール(p110参照)です。まず、高く髪を結って、ピンで留めます。それから、薄布やフェイクヘアやリボンを使って高さのある骨組みを作り、髪の上に載せます。後はボネと呼ばれる縁なし帽を支えにして、いろいろなアイテムを飾っていきます。貴婦人たちの頭にはありとあらゆるものが飾られ、どうしたらこれほどの重さを首が支えていられるのかと疑問に思わずにはいられないほど。プーフは宴用の髪型なので、快適さなどは二の次なのです。

最初に流行となったのが、「恋心のプーフ」で意中の人やペットのミニチュアポートレートが飾られます。さらにローズ・ベルタン(p106参照)のアイディアで、時事問題に関連したプーフも作られるように。優雅な貴婦人たちはテーマに沿って、斬新さや酔狂を競いました。アメリカが独立すればフリゲート艦が髪を飾り、小麦粉戦争(1775年に小麦粉の価格高騰が原因で、パリ周辺地域で勃発した反乱)が勃発すれば「反逆風」の帽子が登場するといった具合。また雪の積もった山やイギリス式庭園を頭に載せて、自然への愛を表現する女性もいました。エキゾティックなヘアスタイルは、夢想を誘います。高さの競い合いがエスカレートするあまり、馬車に乗り込めない女性も出る始末。決して優美とは言えないこうした窮屈なプーフの流行は1780年まで続き、風刺画家たちは嬉々としてこのヘアスタイルを取り上げました。珍奇な流行の噂は外国にまで広がり、イギリスの新聞もさも愉快げに嘲笑しました。

天才髪結い師レオナール

現実離れしたエピソードの理由は 3人いたから

歴史家たちは、レオナールが1人ではなく3人いた、という点で一致しています。南西部ガスコーニュ地方生まれのオーティエ家の3人兄弟は、もともとはかつら師でした。長男レオナール＝アレクシスはその優れた腕前のおかげでパリで成功を収め、宮廷で引っ張りだこに。特別に許されて、マリー・アントワネットの私的な居室に出入りし、レオナールと呼ばれました。彼は理容師学校を設立し、弟2人を呼び寄せます。弟たちも兄と同じくレオナールと呼ばれました。長男は斬新なプーフを考案して、宮廷に旋風を巻き起こしました。重要な式典の際に王妃の髪を結うのはこの長男でした。弟のピエールはルイ16世の妹エリザベート王女を担当し、ジャン＝フランソワは普段の王妃の髪を結っていました。ジャン＝フランソワは王妃から信頼され、ヴァレンヌ逃亡計画でも、関係者宛てのメッセージを託されましたが、本人はパニックになり、役目をしっかり果たすことができませんでした。ヴァレンヌ逃亡が失敗したのは、ジャン＝フランソワのせいだとも言われていますが、本人はこの計画に加担した罪に問われ、1794年に断頭台に送られました。一方、兄レオナール＝アレクシスはロシアへ向かい、ようやく1814年に帰国を果たします。

3人兄弟だったのに1人しかいないとの勘違いが様々な混乱を引き起こし、処刑者リストに載っていたはずなのに、まだ生きている彼を見た世間は目を丸くしました。レオナール＝アレクシスは天命を全うして、1820年に世を去りました。

Louis XVI

靴下と靴

実用性よりも見た目重視のファッションアイテム

女性たちはドレスを着ていて足首だけしか見えませんが、男性のキュロット（半ズボン）は膝丈です。女性の靴下はふくらはぎ部分に刺繍が施されているものもあり、膝の部分でガーター留めされていました。ドレスのスカートが何枚も重ねられているので、靴下自体にはそれほどの保温機能はなく、むしろ重要なアクセサリーの一つでした。貴婦人は白い絹の靴下がお気に入りでしたが、じきに淡い色が流行り、18世紀末になるとヴィヴィッドカラーや黒が主流に。平民の女性たちも絹の靴下を履いていましたが、フロスと呼ばれる絹屑から作られていました。当時はコットンが大変な人気を博し、工房では、コットン生地が織られたり編まれたりしていました。

マリー・アントワネットは美しい靴下に足を包み、大好きな靴を引き立たせていました。彼女の美しい靴は雨や寒さなどとは無縁で、ほとんどが布製で、飾りや刺繍や真珠が付いています。モード商人のローズ・ベルタン（p106参照）は履き心地も重視して、ヒールを低くしました。これは男性靴でも同様で、取り換え可能なバックルや金属やアクセサリーが付いています。殿方たちの定番は単色の革靴。ブーツや長靴を履くのは、狩りか戦争のときくらいです。ミュールは18世紀に発明され、男性も女性もプライベートな時間に履いていました。

LOUIS XVI

1780

カンパン夫人

若くしてマリー・アントワネットの
侍女を務めた女性

マリー・アントワネットに関するアンリエット・カンパン夫人の回想録は、夫人が他界した1822年に出版されましたが、信頼度は低いとの論もあります。しかし彼女がルイ15世の王女たちの朗読係として1768年に宮廷に上がり、1792年まで王妃の侍女を務めていたことは厳然たる事実で、その役割は侍女という役職名から想像するよりも高次で、王妃の側近として日常生活を共にしました。秘密を打ち明けられることも稀ではなく、ありとあらゆる話が耳に入ってきました。彼女は国王一家がタンプル塔に幽閉されるまで、王妃に仕えました。

1794年以降は女子教育という天職を見つけ、成功を収めます。ヴェルサイユ近郊のサン＝ジェルマン＝アン＝レーに寄宿学校を設立すると、名家の子女たちが入学し、あっという間に有名校になります。のちに皇帝となるナポレオンも学校を訪問し、カンパン夫人と交流しました。1807年にはナポレオンから、パリ北郊エクーアン帝室女学校の校長に任命され、レジオンドヌール章受勲者の子女たちの教育に当たりました。皇帝が失脚すると、カンパン夫人も苦難に見舞われますが、かつての教え子たちの両親から支援を受け続けました。1816年には、ナポレオンと親しかった人物と見なされ表舞台から姿を消しましたが、平穏な余生を送りました。彼女の手による回想録や女子教育論が出版されたのは、没後のことです。

※ カンパン夫人の女子学院からは３人の妃が出、本人も「私は知らぬまに妃という名の雛の巣に身をおいていたのです」と回想しています。

MADAME CAMPAN (1752-1822).

エリザベート・ヴィジェ＝ルブラン

弱冠21歳で
王妃に認められた女流画家

18世紀の女性にとって、画家を目指すことは大いなる挑戦でした。エリザベート・ヴィジェ＝ルブランの背中を押したのは、水彩画家だった父です。彼女は絵画の道を選びますが、女性だという理由であちこちから入門を断られます。それでも熱心に学び続け、15歳で肖像画を専門にし、本職の画家となりました。しかし無許可だったために、アトリエが閉鎖されてしまいます。1774年、ようやく聖ルカ組合（芸術家のギルド）に入会が認められ、心おきなく制作に取り組めるように。翌年には将来の夫である画家ジャン＝バティスト・ルブランと出会い、彼の蒐集している大家たちの絵を模写してさらに腕を上げました。1776年には王族の肖像画を手がけ始め、特にマリー・アントワネットとは交流を深めます。王妃は彼女の描く肖像画を気に入り、庇護しました。そして1783年、エリザベートは28歳にして、王立絵画彫刻アカデミーの会員になります。

フランス革命が勃発すると亡命を余儀なくされ、肖像画家としての才能を支えに、ローマ、ウィーン、ロンドン、そしてサンクトペテルブルクと都市を巡りました。フランスに帰国を果たしたのは1800年のことで、1842年に86歳で他界するまで絵一筋に生きました。彼女の手がけた作品は、肖像画660点、風景画200点に上ります。

※ 王妃のあまりの肌の美しさに、ヴィジェ＝ルブランは「魅力に満ちた王妃だけが持つ繊細な色調を表現すための色を、私は持ち合わせていなかった」と回想しています。

Me VIGÉE-LEBRUN · 1755-1842

娯楽大臣マリー・アントワネット

政治的役割を望む母の期待に反して、
娯楽ばかりを追いかける王妃

ルイ16世は妻が政治に介入することを望みませんでした。マリー・アントワネットに政治センスが欠如していたわけではありませんが、そうした機会は与えられませんでした。輿入れした当初から、彼女は「オーストリア女」でした。このあだ名は宮廷の敵たちが付けたものですが、当時の人々にとって、この少女はつい先ごろまでフランスの仇敵だったオーストリア女帝マリア・テレジアの娘であり続けたのです。事実、マリア・テレジアは娘の地位を利用しようと彼女に対して、ルイは弱い性格で影響を受けやすいとほのめかしたり、オーストリア大使フロリモン・ド・メルシー＝アルジャントーを介して、圧力をかけたりしました。しかしルイ16世は、彼女が思うほどおろかではなく、妻をあらゆる政治議論から遠ざけようと考えました。そこで、宮廷の催し物や祝宴などを指揮してほしいと妻に頼み、それとなく政界から切り離したのです。

確かにマリー・アントワネットには、祝宴を企画する能力も、大成功させるだけの腕前もありました。ただし何にでも首を突っ込む性格が災いして、舞台監督や美術担当者と衝突することも。彼女のもとで自由に制作するには、従うよりも魅了することがポイントです。この点をわきまえていたのが、家具職人リーズネル（p100参照）でした。しかしマリー・アントワネットも母になると、お祭り騒ぎへの興味が薄れていき、プティ・トリアノンや村里で自然と戯れる方を好みました。

Maurice Leloir

音楽が好き！

芸術全般を愛した王妃の
一番のお気に入り

ハプスブルク家の子女たちにとって、音楽教育は必須科目で、幼い頃のマリー・アントワネットも、毎日音楽を学びました。彼女は勉強はともかく、音楽は大好き。当時は、単純な旋律に恋の歌詞を付けたロマンスと呼ばれるジャンルが大流行で、幼いマリー・アントワネットも『ああ、彼があなたの村にいたら』という歌を作ったとされています。音楽の都ウィーンでは、グルック、ハイドン、モーツァルトなどそうそうたる作曲家が才能を磨いていました。

彼女はヴェルサイユに移り住んでからも、クラヴサンやハープのレッスンを続け、サロンに親しい貴婦人たちを招いて一緒に歌を歌ったり、音楽教師による内輪の演奏会を催したりしました。またパリの劇場やオペラ座に通い、お気に入りの音楽家や俳優たちをヴェルサイユに呼んで上演させました。トリアノンの部屋を毎回セットするのにうんざりした王妃は、リシャール・ミック（p92参照）に劇場の設計を依頼します。客席約250席、王立音楽アカデミーの俳優たちが演じられる大きさの舞台、30人の奏者を収容できる演奏席があるこの劇場で、王妃は自ら喜劇にも挑戦しました。またオペラが大好きで、1789年1月には、イタリアオペラ普及のため、髪結い師のレオナール（p110参照）とバイオリン奏者ジョヴァンニ・ヴィオッティに命じて、テアトル・ド・ムッシューという劇団を結成させました。

※ プティ・トリアノンの庭園にある王妃の劇場は、現在でも舞台装置が機能する稀少な18世紀の劇場の一つです。

GLVCK
1714-1787
PERLES du JAPON
IPHIGÉNIE

パルマンティエ

ジャガイモの普及に一役買った王妃

アントワーヌ・パルマンティエは1737年に北部ピカルディー地方に生まれました。薬学を学びますが、薬局を開くための資金がなかったため、軍に入って薬剤師になりました。7年戦争(p28参照)で捕虜になり、ドイツの収容所でジャガイモを知ります。当時、ジャガイモは東・南ヨーロッパでは流通していたのですが、フランス北部では議会の決定により、1748年以降栽培が禁止されていたのです。地下に伸びるジャガイモは、悪魔の植物だと考えられ、聖職者たちは、聖書もジャガイモに言及していないと主張しました。ペルー原産なのですから、当然と言えば当然です。こうした議論の裏には、税収をもたらす穀物とは違って、ジャガイモは金にならないという事情がありました。けれども飢饉は続き、パンが不足したときのために食糧を蓄えておかねばなりません。パルマンティエは1772年にジャガイモを擁護する論文を書き、科学アカデミーから表彰されました。

その後もジャガイモ普及運動は続き、ついには国王まで巻き込むことに。パルマンティエはジャガイモの花のブーケを持って国王に謁見し、1輪を国王の襟に、もう1輪を王妃の帽子に飾りました。王室はパルマンティエに、ジャガイモ栽培用にパリ西部ヌイィーの畑を与え、彼は1813年に没するまで研究を続け、栗やトウモロコシや砂糖のほか、病院衛生や農地改革にも取り組み、貧しい人々の衛生環境の向上を目指しました。

※ アシ・パルマンティエというマッシュポテトとひき肉を使った料理は、現在でもフランスの家庭料理の定番です。

ポールとヴィルジニーと王妃の暗号

作者も思いつかなかった
小説の使い方

読書はマリー・アントワネットの娯楽リストには入っていませんでした。けれども彼女はベルナルダン・ド・サン＝ピエールの小説『ポールとヴィルジニー』を使って、フェルセンとの手紙を暗号化していた、と王妃の侍女カンパン夫人（p114参照）は回想しています。これは楽園のような絶海の孤島を舞台にした素朴な恋人たちの小説で、王妃とフェルセンのように悲劇的な終わりを迎える愛の物語です。1788年の出版時には文学サロンでの評価は割れましたが、ヨーロッパ各国で大変な人気を博したので、マリー・アントワネットも読んだ可能性はあります。著者は1737年生まれのノルマンディー地方の植物学者で、熱しやすく冷めやすい性格でした。マルティニーク諸島やヨーロッパ各国を旅し、行く先々で派手な恋愛騒ぎを起こし、さらにアンティル諸島やインド洋の島々を訪ねました。1771年には、文壇で名を成そうとパリに移り住みます。自然や感傷を愛することからジャン＝ジャック・ルソーに共感し、実際に一緒に長い散策を楽しんでいました。彼は同時代の知識人との摩擦が絶えず、1814年に没するまでいさかいが続きましたが、世間からは高く評価されました。人々は『ポールとヴィルジニー』に夢を見、涙し、激動の時代の中で、屈託のない公平な世界の理想を見たのです。

※ マリー・アントワネットとフェルセンは、数冊の本と暗号表を使って書簡をやり取りしていました。暗号表は現存しますが、書簡にはまだ解読されていない部分が残っています。

Paul retrouve le corps de Virginie sur la grève.

気球は飛んでいく

モンゴルフィエ兄弟の気球を一目見ようと
ヴェルサイユに詰めかけた群衆と、冒険者を支持した王妃

1783年9月19日、ヴェルサイユ宮殿の裏庭で前代未聞のイベントが開催され、たくさんの人々が押し寄せました。そのイベントとは空気静力学を用いた飛行実験です。ジョゼフとエティエンヌのモンゴルフィエ兄弟は、アルデシュ地方の製紙業者の息子で、1782年以降実験を繰り返していました。イギリスの物理学者兼化学者ヘンリー・キャヴェンディッシュは1766年に、水素の重さは空気の重さの約10分の1であることを発見しました。そこで紙をよく知るモンゴルフィエ兄弟は、水素を袋に閉じ込める機械を作れば空を飛べるはずだと考えたのです。2人は数々の失敗にもめげず、ついに操縦可能な驚異の風船の御前実験にこぎつけました。

紙と綿布を貼り合わせたこの気球は、高さ18.47メートル、幅13.28メートル、重さ400kg。国王の頭文字Lを2つ組み合わせて、青と金色で美しく彩色した王立壁紙工房所長ジャン＝バティスト・レヴェイヨンにちなみ、ル・レヴェイヨン号と命名されました。気球にはカゴが結び付けられて、雄鶏、カモ、羊が入れられ、一層スリリング。動物たちは冒険から生還し、3.5km先のヴォークレソンの森で回収されました。

さらに科学者ジャン＝フランソワ・ピラートル・ド・ロジエが有人飛行を希望し、マリー・アントワネットの力添えを得て国王を説得しました。1か月後、彼はラ・ミュエット城で気球に乗り込み、初の有人飛行を成功させたのです。

Invention des aérostats (1783)
par Jean Mich. Montgolfier.
EXTRACTUM
LONDON

ラ・ペルーズ伯爵の探検隊

地理が大好きで、探検旅行に情熱を燃やしたルイ16世

1785年8月1日、アストロラブ号とブッソル号は200名の乗組員（うち17名の科学者）を乗せて、フランスのブレストを出港しました。目的は当時大海（ル・グラン・トセアン）と呼ばれていた太平洋探索です。一行を率いるのはラ・ペルーズ伯爵ジャン＝フランソワ・ド・ガローで、イギリスの大航海家ジェームズ・クック（ハワイの現地人との争いで1779年に死亡）とルイ＝アントワーヌ・ド・ブーガンヴィル（1769年に世界一周を達成）による調査をさらに進める狙いがありました。ルイ16世はこの遠征を支援し、準備段階から熱心に参加しました。後年、ルイ18世となった王弟が王政復古時代に注文した絵では、地図を見ながらルートを検討し、伯爵に指示を出すルイ16世の姿が描かれています。

啓蒙思想が勃興した当時、誰もが海洋探検に夢中になり、制海権を巡って火花を散らせていたフランスとイギリスでさえ、科学探検に向けて協力しました。ルイ16世も地理と海洋学に情熱的なまでの興味を抱き、ラ・ペルーズ伯爵の航海を興味深く見守りました。死の直前にも、最新の報せはないかとたずねたとか。というのも、伯爵の探検隊は出航してから3年後に行方不明になったままだったのです。一行を乗せた船がオーストラリアの東、ソロモン諸島近くで沈没したことが確認されたのは、ようやく1826年になってからのことでした。

※ 宗谷海峡の国際名称はラ・ペルーズ海峡。この海峡を発見して渡った初めての欧州人、ラ・ペルーズ伯爵にちなんでいます。宗谷岬にはその功績をたたえる石碑も建っています。

LAPÉROUSE
LANGUEDOC
Cordes
Tarn
Gaillac
ALBY
TARN
Lavaur
Agout
Castres
Sorèze

首飾り事件

不人気だった王妃の名声に
追い打ちをかけた一大詐欺事件

自称伯爵夫人ジャンヌ・ド・ラ・モットは、パリの宝石商ベーメルとベサンジュに、自分は王妃の友人で、王妃はある首飾りを欲しがっていると伝えました。ただし匿名で。何しろ、その世にも素晴らしい首飾りは豪華な城館3軒分にも匹敵するほど高額なのです。一方、高位聖職者ロアン枢機卿(p132参照)は、王妃のものとされる偽の手紙に騙されて、仲介役を引き受けます。共犯者レトー・ド・ヴィレットが、王妃のサインを真似て売買契約書に署名し、すっかり信用した宝石商は首飾りを枢機卿に渡し、枢機卿はジャンヌに預けました。一味はさっそく、首飾りの宝石を売りさばきますが、あまりの見事さがかえって疑惑を呼びました。後日、ベーメルが王妃の侍女カンパン夫人(p114参照)に支払いの催促をして、事件が発覚します。事件の捜査を指揮したブルトゥイユ男爵は、政敵ロアン枢機卿がこの事件に連座していたことを暴きます。枢機卿逮捕という前代未聞の事態に宮廷は騒然となりますが、1786年の初公判で、枢機卿は無罪を言い渡されました。けれども宝石代金は支払わねばならず、一族が全額を支払い終えたのは、ようやく19世紀も末になってからのことでした。

有罪判決を受けたジャンヌはラ・サルペトリエール監獄から脱獄して、ロンドンに逃げ、事件についての手記を発表します。この途方もない詐欺事件の一番の被害者は王妃で、文書、歌、風刺画などがこぞって彼女を攻撃し、国庫を食い物にしてロアン枢機卿と乱交に耽っていると非難しました。

LOUIS RENÉ EDOUARD PRINCE DE ROHAN GUEMENÉE
Cardinal de la S.te Eglise romaine
JEANNE DE SAINT-REMY DE VALOIS
Epouse du Comte de la Motte
Mlle LE GUET DESIGNY DOLIVA
Mr LE COMTE DE LA MOTTE

ロアン枢機卿

有力者たちに守られながらも王妃から毛嫌いされ、
野心で身を滅ぼした聖職者

ルイ＝ルネ・ド・ロアンは1734年に生まれ、11歳で聖職者の道を歩み始めました。27歳でアカデミー・フランセーズ(p158参照)の会員となり、デュ・バリー夫人(p48参照)の庇護を得て、フランス大使としてウィーンへ赴任します。しかし、マリア・テレジアは贅沢好きなロアンに眉をひそめ、本国への送還を希望しました。ロアンと母の対立を見ていた幼いマリー・アントワネットも彼を毛嫌いするようになり、王妃となってからも彼の昇進を妨げようと画策しました。けれどもロアンは1777年に国王付き宮廷司祭に任命され、さらに枢機卿に昇進します。裕福な貴族の家に生まれ、数々の名誉を手にしたロアンには、これ以上望むものなどありませんでした。ただし宰相の椅子を除いては。あるとき彼は山師カリオストロから、あなたはある取引に手を貸せば宰相になれると予言されます。その取引こそが、ジャンヌ・ド・ラ・モットの持ちかけた首飾りの売買だったのです。こんな珍奇な詐欺に騙されたのは驚きですが、若い頃から権力者たちに守られてきた虚栄心の塊のような彼には警戒心などなかったのでしょう。しかし首飾り事件により、その野心にも終止符が打たれます。さらに宮廷司祭の地位も取り上げられ、オーヴェルニュ地方に追放されました。それでも、王妃の名誉が汚されたことを考えれば、この処罰も甘いと言わざるを得ません。のちに三部会が招集されると、ロアンは聖職者議員に選出されますが、1790年にはドイツに亡命し、1803年にフランス亡命貴族たちが多く住むエッテンハイムで没しました。

シェルブールの変貌

大金をつぎ込んでしがない漁港から
巨大軍港に生まれ変わったシェルブール

英仏海峡沿岸には軍港が一つもありませんでした。アメリカ独立戦争が勃発して、フランスとイギリスが対立するようになると、この弱点が指摘されるようになり、1777年、ルイ16世はシェルブール港の整備を決定します。すでに17世紀に軍人兼技術者のヴォーバンが整備計画を提案しましたが、実現せず、ルイ15世も計画に乗り出したものの、1758年にイギリス軍にシェルブールを襲撃されて妨害を受けました。ヴォーバンも指摘したように、整備に不可欠なのが錨泊地です。技師ルイ＝アレクサンドル・ド・セサールは、90個の浮錨設置計画を立てました。木製の円錐型で、幅30メートル、高さ20メートル、石で固定されます。この大がかりな工事は1780年に開始し、1786年には国王自らが現場を訪れて進捗状況を検分することになりました。これはルイ16世にとって、初めての地方旅行でもあり、実際に目にしたことのなかった海を初めて見ました。現地ではこの機会に合わせて特別に凱旋門が建設され、国王を大歓迎しました。彼は9つ目の円錐の設置に立ち会い、海上演習を見学しますが、訪問の目玉は何といっても、国王自らが乗船して、イギリスの海岸線が見えるところまで航行したことでしょう。工事はまだまだ続き、フランス革命時にも終わっていませんでした。その後、第一執政となったナポレオンは、中断されていた工事の再開を決め、10年後に当時では世界最長の人工堤防が設置されました。その頃には、もはや最大の敵はイギリスではありませんでしたが……。

CHERBOURG
DE LA
PÉROUSE

三部会の招集

議員たちを前にルイ16世は権威を発揮できず、混乱に陥った会議

1789年1月、フランスは財政破綻の危機に瀕しており、ルイ16世は1614年以降開催されたことのない三部会招集を決定します。議場には、ムニュ・プレジール館と呼ばれる国王の催事を担当する部署の建物が選ばれました。

法律上、重要な改革を断行するには、三部会の招集が必須で、当初は数日間で決着がつくだろうと考えられていました。議員たちは貴族、聖職者、平民の3つの身分に別れ、各地で陳情書が作成され、すでに絶対王政拒否の雰囲気が漂い始めていました。状況を案じたルイ16世は、議員たちのヴェルサイユ到着と同時に、軍隊を呼び寄せました。

会議は5月5日に開会しますが、国王の開会演説に人々は失望します。さらにネッケル(p76参照)は議員に、新税の導入に挙手で答えるのみと言い渡しました。これに対して、自分たちも国の改革に参加できると考えていた第三身分(平民)の議員たちは、翌日に身分別の議論を拒否し、手続きを凍結します。6月17日、予定されていた議論が始まらないまま、一部の下級聖職者議員の支持を得た第三身分の議員たちは、国家を代表する単一議会を要求して、国民議会と名乗りました。ルイ16世はこうした混乱を予想しておらず、議会を再び身分別に三分割できると考えて、集会の開かれていた議場を閉鎖させることにしました。

※ 三部会の開かれた大会議場は解体されましたが、ムニュ・プレジール館はまだ残っており、バロック音楽施設として使われています。

OUVERTURE DES ÉTATS GÉNÉRAUX (5 Mai 1789)

ジュ・ド・ポームの誓い

王の権威復活を狙うルイ16世と、それを後押しする王妃。そして不服従を誓う第三身分の議員たち

1789年6月20日、第三身分の議員たちが議場であるムニュ・プレジール館へ行ってみると、議場は閉鎖されていました。しかし彼らはあきらめることなく、ジュ・ド・ポームと呼ばれる球戯場へ行き、憲法が制定されるまでは解散しないと誓いを立てて、一人一人が厳粛に「誓います！」と叫びました。

6月23日、議場は軍隊により包囲され、一切の不服従は武力制圧されると公式に通知されました。ルイ16世は第三身分の要求の一部に譲歩しながらも、こうした行動を通して、古くからの伝統を維持するとの意思を明確にしたのです。国王は翌日まで会議を中断すると宣言し、貴族議員と聖職者議員は従いましたが、第三身分は動こうとしません。儀典長ドルー＝ブレゼ侯爵から、退去を命じられたミラボー議員（p140参照）は、「ムッシュー、あなたの主人のもとへ行って伝えるがいい。我々を退去させることができるのは武力のみだ、と」と言い放ちました。報告を受けたルイ16世は無視しましたが、マリー・アントワネットは王権への反抗には報復すべきだと主張しました。彼女にとって、立憲王政などあり得ない選択であり、軍隊を招集してパリ市民への攻撃準備を進めたりすれば、国王はますます信頼されなくなってしまうことを理解していなかったのです。7月9日、聖職者議員と貴族議員が第三身分に合流し、国民議会は憲法制定国民議会となりました。

SERMENT DU JEU DE PAUME (20 Juin 1789)

ミラボーの二枚舌

死後に裏切りが明らかになった
切れ者の革命家

ミラボー伯爵オノレ=ガブリエル・リケティは、1749年に生まれました。悪名高き放蕩者で数々の浮名を流し、ついには投獄されてしまいます。若い人妻を誘惑してさらい、密通したかどで有罪となり、国外に逃亡するも逮捕され、ヴァンセンヌ城に3年以上幽閉されたのです。借金を重ね、出所したときには破産状態に。しかし彼は法学を学び、軍隊に入り、ついには政界に進出して成功を収めます。あまりにも醜い容貌ゆえにかえって異彩を放ち、賭け事、酒に目がなく、口のうまい人物でしたが、秀でた雄弁家という重要な長所がありました。彼の話は人々に感銘を与え、魅了し、説得力がありました。1789年にはプロヴァンス地方選出の議員として三部会に出席しますが、自分をのけ者にした貴族層ではなく、自分に注目を寄せる平民たち、第三身分を代表しました。革命勃発後は人間と市民の権利の宣言（人権宣言）の起草にも参加して、民衆の人気は高まる一方でした。1790年以降、王権は不安定になっていましたが、ミラボーは立憲君主制を支持し、秘密裏に国王に支援を持ちかけます。こうして彼は議会をルイ16世に有利に進め、国王には議会での討論内容を報告して、王室費から高額な謝礼を受け取っていました。しかし1791年4月に急死し（おそらく不摂生がたたったのでしょう）、パリ市民たちは涙に暮れました。国家の偉人を祭るパンテオンに埋葬されますが、1794年に国王との秘密書簡が発見され、二枚舌を使っていたことが明らかになると、遺体はパンテオンから追放されました。

— « *Allez dire à ceux qui vous envoient que nous sommes ici par la volonté du peuple et que nous n'en sortirons que par la force des baïonnettes* »

Mirabeau à Mr de Dreux-Brézé.

23 Juin 1789.

女性たちのヴェルサイユ行進

パンを求めてヴェルサイユに行進する女性たちと、王権と命の危機を感じる王妃

1789年、ルイ16世はネッケル(p76参照)の意見を無視して、周りを軍隊で固め、10月1日には到着したばかりのフランドル連隊のために豪華な祝宴を催し、飢えに苦しむパリ市民の神経を逆なでしました。10月4日、テュイルリー庭園に民衆が集まり、翌日には7000から8000人の女性たちが農用フォークを持ってヴェルサイユに向けて行進しました。ヴェルサイユでは王党派議員ジャン＝ジョゼフ・ムニエが一団を迎え、数名の代表女性たちを国王のもとに案内し、国王はパリに食糧を供給することを約束します。続いて男性も混じった第二団も到着し、一行は城の前のアルム広場で夜を過ごしました。救援に駆けつけたラファイエット(p84参照)は、状況は落ち着いたと判断し、ネッケルはルイ16世に群衆を解散させるよう進言しました。

けれども翌朝、小競り合いが勃発し、国民衛兵一名が宮内府の衛兵に殺されると、興奮した群衆は宮殿の柵を壊し、王妃の居室目指して侵入しました。マリー・アントワネットは間一髪のところで、隠し扉を抜け、秘密の廊下を通ってルイ16世のもとへ逃げ込みました。王妃は初めて、危険が迫っていることを実感します。ラファイエットに説得された国王夫妻は、大理石の中庭に面したバルコニーに姿を現し、群衆は「国王万歳！」そして「パリへ！」と叫びました。

LES FEMMES DE PARIS ALLANT A VERSAILLES (5 8bre 1789)

パン屋とパン屋のおかみと小僧

1789年10月6日の前代未聞の事件：
興奮した市民によりパリに連行された国王一家

国王一家がバルコニーに姿を見せても、宮殿前に集まった民衆たちの興奮は鎮まらず、ラファイエット（p84参照）は国王に妥協を進言します。国王は人権宣言を承認し、絶対王政とは相いれない概念、すなわち国民の権利が保障されることになります。さらに首都パリにおもむくことも受け入れ、国王一家は、市民たちの監視に置かれることになりました。しかしルイ16世はまだ、ヴェルサイユにもう二度と戻ってこられなくなるなどとは思いもしませんでした。

午後になると、長い行列が出発し、暴徒たちは行進を始めました。彼らの持つ槍の先には、午前中の衝突で殺された衛兵たちの頭が突き刺さっていて、50台ほどの馬車には、飢えるパリ市民たちのための穀物や小麦粉が積まれていました。「パン屋とパン屋のおかみと小僧」をパリに連れていくからには、もう飢えに苦しめられることもない、と民衆は喜びました。国王一家の馬車には、マリー・アントワネットとルイ16世、2人の子ども（マダム・ロワイヤルと幼いルイ＝シャルル）が乗っています。パリ市長ジャン・バイイがこの新しいパリの住人たちを迎え、テュイルリー宮殿に案内しますが、一家を迎えるための準備はできていませんでした。数日後、憲法制定国民議会もヴェルサイユを後にし、テュイルリー宮殿の馬術調教練習場に移ってきました。こうしてパリは、フランス王国の政治の首都に復帰したのです。

RETOUR DU ROI A PARIS (6 8bre 1789)

テュイルリー宮殿のマリー・アントワネット

のんびりとした散策も社交界もなく、
絶え間ない監視にさらされる国王一家

テュイルリー宮殿は現存していません。1871年のパリ・コミューンで消失してしまったのです。1789年に国王一家が移ってきたときには長い間放置されたままの状態で、あらゆる階級の人々が暮らしていました。宮殿はテュイルリー公園とルーヴル宮殿の間に位置し、狭くて陰鬱なドワネ地区(現存せず)に隣接していました。機械の回廊には次々と劇団が設置され、最後にはレオナール(p110参照)によって立ち上げられたテアトル・ド・ムッシュー(p120参照)があったため、王妃も何度も足を運んだことがあります。一家はここに3年間滞在することになります。監禁されていたわけではありませんが、監視され、自由は制限されていました。ヴェルサイユから家具が運び込まれ、王妃の居室は子どもに、国王の冬の居室はルイ16世に、1階の庭に面した部屋は王妃に割り当てられました。子どもたちは庭で遊べますが、人の目があるので、のびのびというわけにはいきません。一家のプライベートが徐々に制限される一方、夫婦の距離は縮まりました。妥協すれば、命は助かったかもしれません。しかし王妃は革命への報復を熱望し、兄レオポルト2世が助けてくれると信じ、妥協とは反対の道に進むことになるのです。

※ p120で言及されている、王弟殿下(ムッシュー)の庇護を受けたテアトル・ド・ムッシューはテュイルリー宮殿の機械の回廊に拠点を置いていましたが、国王一家が移住してきたために追われ、その後名称変更、合併を繰り返し、現在のオペラ＝コミック座に至っています。

PRISE DES TUILERIES (10 Août 1792)

連盟祭

1790年7月14日：
バスティーユ牢獄陥落1周年を祝うパリ市民たち

三部会開会から1年と少し後、フランス国民の和合は遠からず実現するかのように見えました。こうした和合を祝うために開催されたのが連盟祭です。一見、国王一家や貴族たちは立憲君主制を受け入れて、フランスは平定に向かっているかのようでした。連盟祭は壮大で、憲法制定国民議会の議員たちや連盟兵と呼ばれる各県の代表たちからなる大がかりな行列が、巨大なシャン・ド・マルス広場を目指して進み、広場では20万人以上ものパリ市民が熱狂して彼らを迎えました。広場の中央では、約300名の聖職者を従えた司教タレーランが祖国の祭壇で礼拝を挙げ、その後一同は憲法への忠誠を誓いました。

これらすべての立役者であり国王と議会の橋渡し役を担っていたラファイエット（p84参照）は、自ら指揮する国民衛兵の名において誓いを立てました。次に、憲法制定国民議会の議長シャルル＝フランソワ・ド・ボネが、議員と有権者たちの名において誓い、ルイ16世は広場の端に設置された王族用特別席から、憲法順守の誓いを立てました。群衆は激しく熱狂しましたが、その2年後に開かれた二度目の連盟祭では、歓喜は不信感に取って代わられました。1880年には7月14日が国民の祝日となり、バスティーユ牢獄陥落よりも、むしろ1790年の連盟祭に象徴される団結が祝われました。

逃亡計画

議会との協調は不可と見て、
東部への逃亡計画を立てた国王一家

連盟祭の2日前、憲法制定国民議会は聖職者民事基本法を議決し、国王は不本意ながらも裁可し、報告を受けたローマ教皇ピウス6世は、断罪しました。議会は聖職者たちに宣誓を迫りますが、半数が拒否しました。こうした状況の中、国王夫妻は逃亡と、軍による反撃を計画。影の助言者ミラボー伯爵も、議会との対立が避けられなければ逃亡もやむを得ずと考えました。緻密な逃亡計画を立てたのは、王妃への忠誠を貫くフェルセンです。目的地はルクセンブルク国境に近いモンメディで、ブイエ侯爵の連隊が駐屯していました。けれども、テュイルリー宮殿脱出は容易ではありません。すでに1790年9月には、極秘裏に準備が開始しました。1791年6月20日から21日にかけての夜、計画が実行されます。しかし王妃は宮殿を出てから馬車に合流するまでに道に迷い、出発が遅れました。コルフ男爵夫人の名義で借りたベルリン馬車に国王夫妻、子どもたち、養育係、王妹エリザベートが乗り込んで旅に出ますが、ミス、不慮の出来事、遅れが重なります。6月21日朝、報せを受けたラファイエット(p84参照)は追跡隊を送り出しました。一方、ベルリン馬車は、行く先々で不審な目を向けられます。国王一家はロレーヌ地方、ヴァレンヌ・アン・アルゴンヌで逮捕されました。

※ 聖職者民事基本法はカトリック教会の権威を国家の下に置くもので、キリスト教を基礎とする絶対王政にとっても、敬虔な国王にとっても受け入れがたい法律でした。

LOUIS XVI (1774-1791). *Arrestation de la famille royale à Varennes* (1791).

最後の町ヴァレンヌ

落胆した国民からの信頼を失った国王一家と、
パリへの長くつらい道

6月21日夜、サント・ムヌー村の宿駅長ジャン＝バティスト・ドルーエは、目の前を通る馬車に乗っているのが国王一家だと見破りました。彼は馬で森を駆け抜け、先回りしてヴァレンヌの町でベルリン馬車を待ち伏せし、住民たちを動員して、国王一家の行く手を阻みました。国王たちは、食料品店を営んでいたヴァレンヌ町長ジャン＝バティスト・ソースの家に連れていかれます。半鐘が鳴らされ、農夫たちや国民衛兵が集まり、怒った人々と少数の王党派たちが家を取り囲みました。

翌朝、国王一家を乗せたベルリン馬車が出発しますが、物見高い群衆が道を阻み、なかなか進むことができません。使者たちは馬を駆って国王逮捕の報をパリに伝え、議員や警察は国王一家の保護を優先することにしました。逃亡は赦されざる裏切りを意味し、暴動の勃発が予想されたため、反対、支持に関係なくあらゆるデモ行為が禁止されました。2日後、国王一家は静まり返った首都に戻ってきました。議会は、国王一家は誘拐されたとの説を押し通すことにし、テュイルリー宮殿では一層厳しい監視体制が敷かれました。信頼関係は崩れ、立憲君主制の可能性を信じる者はもはやごくわずかしかいませんでした。こうして共和国制度が真剣に検討されるようになります。実際、この後わずか1年で、テュイルリー宮殿は暴徒に襲撃されることになるのです。

ARRESTATION DE LA FAMILLE ROYALE A VARENNES (22 Juin 1791)

祖国は危機にあり

1792年にオーストリアとの戦争が勃発し、長い暴力の時代に突入したフランス

ヴァレンヌ逃亡が失敗すると、王権は一気に弱まりました。しかし君主制への攻撃に、それまで動かなかったヨーロッパ列強は腰を上げ、プロイセン国王フリードリヒ・ヴィルヘルム2世、神聖ローマ皇帝レオポルト2世、ザクセン選帝侯フリードリヒ・アウグストが手を握り、国王の権威の復帰を革命政府に迫りました。各国の君主たちがもっと早く介入してくれることを望んでいたルイ16世は、これらの国々に対して宣戦布告をしようと考えます。しかしそれは君主たちへの恨みからではなく、フランスの敗北を確信していたからです。ルイ16世はジロンド派と呼ばれる一派と歩調を合わせ、彼らの支持を取り付けました。

1792年4月20日、フランスは神聖ローマ帝国と選帝侯領に対し宣戦布告します。すなわち、マリー・アントワネットの故国であるオーストリアと、その同盟国プロイセンです。フランス軍は再編・強化されていましたが、よく訓練された敵を相手に苦戦します。しかし9月にヴァルミーの戦いで勝利を収めると、一気に勢いをつけました。しかも、(正当にも)戦争が長引き戦費がかさむのを恐れたプロイセン国王は、自軍を撤退させます。ヴァルミーの戦いの翌日、フランス王政は廃止され、公式に共和国が宣言されました。その後も、フランス軍はジェマップの戦いをはじめとして連勝し、若きナポレオン・ボナパルトが頭角を現し、1802年まで続く一連の軍事衝突で活躍しました。しかし1793年、西部ヴァンデ地方で徴兵に反対した王党派による反乱が勃発し、フランスは断絶していくことになります。

BATAILLE DE VALMY

MUSÉE DE VERSAILLES

タンプル塔の国王一家

古い塔に閉じ込められ、
看守の気分に左右されながら生活する国王一家

1792年8月10日、暴徒がテュイルリー宮殿を襲撃し、奪取しました。これが決定打となって、王権は廃止され、国王一家は、立法議会の議場に避難し、その後タンプル塔に移送されました。ここはかつてのマルタ騎士団副総長の所有地で、塔と小塔があります。9月になると、ルイ16世は家族から独立してルイ＝シャルルと共に大塔の3階に、マリー・アントワネットとマリー・テレーズ、エリザベートは4階に移されました。塔は急ごしらえで整えられ、部屋の扉は監視用に開けられたままでした。こうして一家は今まで無縁だった「窮乏」の中で暮らすことになります。ルイ16世の裁判は1792年12月10日に始まり、元国王は死刑に処せられます。1793年8月、マリー・アントワネットがコンシェルジュリー牢獄に移され、翌年5月にはエリザベートも断頭台へ送られました。幼いルイ＝シャルルはどうなったのでしょう。王党派にとって、この男の子はルイ17世であり、戦う大義、希望でしたが、革命側にとっては危険を意味します。けれども結局は、彼を抹殺する必要もありませんでした。男の子はシモン夫妻という市民に預けられ、虐待されて、1795年6月に幼くしてこの世を去ったのです。マリー・テレーズは12月に生きたまま牢を出ました。幽閉当時は、一家を一目見ようと物見高い人々が次々と押し寄せ、警備を強化しなければならなかったほどです。革命後には過去を懐かしむ風潮が広がり、手を焼いたナポレオンは1808年に塔を取り壊しました。

国王の弁護人マルゼルブ

フランス革命に先駆けて
王室改革を目指した信念の人

クレティアン＝ギヨーム・ド・ラモワニョン・ド・マルゼルブは、1721年に名門法服貴族の家に生まれました。1750年から63年まで出版統制局長を務め、ディドロ、ダランベールの『百科全書』の出版を許可しました。パリの財政に関わる租税法院長でもあり、教区徴税人たちの不正と戦いますが、あまりの実直さにルイ15世から敬遠され、フランス中部ロワレの領地に追放されます。追放先では植物栽培を手がけ、大好きな植物学を存分に楽しみました。科学アカデミー、次いで碑文・文芸アカデミー、そして1775年にはアカデミー・フランセーズの会員に選出され（それぞれフランス学士院を構成する学術団体）、ルイ16世からテュルゴー内閣に起用されます。そこで進歩的な改革を試みますが、うまくいかず、短期間で政府を離れました。1787年から88年にかけても最高国務会議で大臣を務めますが、結果は芳しくありませんでした。それでも、プロテスタント教徒がカトリックに改宗することなく公民としての権利を得ることができるよう、ヴェルサイユ勅令の発布に尽力しました。

マルゼルブは何年もの間変革を唱えてきましたが、フランス革命が勃発しても、その実現を目にできるとは思いませんでした。スイスに亡命し、長女と共に安全に暮らしていましたが、1792年にルイ16世の弁護団に加わることを引き受け、帰国しました。1793年1月、ルイ16世に死刑宣告を知らせたのはマルゼルブです。同年12月、自身も身内と共に逮捕され、1794年4月22日に処刑されました。

LOUIS XVI A LA BARRE DE LA CONVENTION (26 Xbre. 1792)

ルイ16世の最後の日々

ヴァレンヌ逃亡の失敗により加速した国王の破滅と、最初から判決の決まっていた国王裁判

ルイ16世がタンプル塔に幽閉されて4か月経った頃、国民公会はテュイルリー宮殿で国家反逆と陰謀の罪に問う裁判を開くことにしました。すでに王政は廃止されていたので、被告は一市民ルイ・カペーとして裁かれます。裁判は1792年12月10日に開廷し、判事たちはヴェルサイユで見つかった書類をもとに彼を有罪としました。ルイは1789年の三部会開会以降の行動について、42の告訴箇条への回答を迫られましたが、尋問では、当時存在しなかった罪状で人を裁くことはできるのかと問い、犠牲者を出した暴動の責任は自分にはないと主張しました。国民公会はルイに4人の弁護人を付けることを認め、弁護人たちは、国王は敵と共謀したことはないと主張しましたが、聞き入れられることはありませんでした。最後に被告人ルイは、国民への愛を述べ、議員たちの討議と投票が始まります。726名の議員のうち、死刑に投票したのは387名。死刑反対票をわずかに上回りました。

1793年1月20日、死刑判決を聞いたルイは家族との面会を希望し、当日夜、愛する家族に別れの言葉を告げました。翌朝、ルイを革命広場(現在のコンコルド広場)まで運ぶパリ市長の馬車の後ろには、無数の群衆が続きました。死刑執行人シャルル＝アンリ・サンソンは、ルイは目をみはるような威厳をもって断頭台に上ったと記しています。マドレーヌ墓地に埋められたルイの遺体は、ようやく1815年になって、弟ルイ18世により歴代王族の眠るサン＝ドニ大聖堂に埋葬されました。

— " *Fils de Saint-Louis, montez au ciel !* "

L'abbé Edgeworth à Louis XVI au moment de son exécution.

21 Janvier 1793.

コンシェルジュリー牢獄のマリー・アントワネット

王妃が最後の日々を過ごした狭くて、
寒々として、劣悪な環境の牢獄

1793年1月21日、大砲の音が鳴り響き、マリー・アントワネットは夫を失ったことを知りました。彼女は残された家族と共にタンプル塔で過ごしましたが、7月1日の法令によりルイ＝シャルルが引き離されました。わずか8歳の男の子は、幽閉生活で衰弱していきます。8月1日、ダントン、マラ、ロベスピエールなどの山岳派（急進派）が主導する国民公会は、革命裁判所という新たに設置された特別法廷でマリー・アントワネットを裁くことを決め、翌日にはコンシェルジュリー牢獄へ移送しました。シテ島に建つコンシェルジュリーは14世紀まで王宮として使われましたが、恐怖政治時代には、斬首刑に処される人々が裁判前後、老朽化して寒いこの牢獄に滞在しました。約3000名の人々が、藁の敷かれた「パイユー」と呼ばれる共同部屋か「ピストル」と呼ばれる裕福な人用の独房で、最後の時間を過ごしました。マリー・アントワネットの独房もとても手狭で、テーブル1脚、椅子2脚、小さなベッドが1つあるだけでした。廊下には昼夜監視兵が立ち、たった1枚のついたてが部屋と廊下を分けていました。プライベートなど一切ないこの空間で、彼女は2か月半を過ごすことになります。マリー・アントワネットはまだ37歳。けれども当時の肖像画に描かれているのは、痩せこけて絶望した一人の老女の姿です。ヴェルサイユ宮殿で人々を魅了した朗らかな王妃は、永遠に姿を消してしまいました。

※ 死の控えの間と呼ばれたコンシェルジュリーはその後大幅に改装されたため、マリー・アントワネットの独房の痕跡はほとんど残っていません。

HISTOIRE DE FRANCE

LES ADIEUX DE LOUIS XVI A SA FAMILLE _ *L'entrevue de Louis XVI avec sa famille dura plus de deux heures, ils demeurèrent étroitement serrés les uns contre les autres ; le roi parlait tout bas. La séparation fut déchirante ; mais le roi garda toute sa fermeté.*

A 9 heures du matin, le 21 janvier 1793, les soldats vinrent le chercher. « Partons » dit le roi. Il garda pendant le trajet et sur l'échafaud, la plus noble attitude.

マリー・アントワネットの裁判

死刑は確定路線。
「オーストリア女（オートリシェンヌ）」を侮辱し、傷つけるために仕組まれた裁判

「オーストリアの雌オオカミ」「赤字夫人」「拒否権夫人（マダム・ヴェトー）」ことカペー未亡人は1793年10月12日早朝に尋問され、その2日後に裁判が始まりました。それまで忘れ去られたかのような生活を送っていたのですが、カーネーション事件が起こって、革命家たちの注意を引いたのです。8月、監獄監察官ジャン＝バティスト・ミショニと騎士アレクサンドル・ゴンス・ド・ルージュヴィルが、逃亡計画の詳細が記されたメモをカーネーションに忍ばせてマリー・アントワネットに渡しました。しかし計画が発覚し、激怒した議員たちは裁判の開廷を決定しました。彼女が死刑に処されるであろうことは自明の理で、弁護を担当したショーヴォー＝ラガルドもトロンソン＝デュクドレーも打つ手はありませんでした。政治面での起訴がおぼつかないと見た検事側は、憎悪に満ちた個人攻撃に切り替え、カペー未亡人は国費を湯水のように浪費しただけでなく、近親相姦という恥ずべき罪を犯したと糾弾しました。ルイ＝シャルルの邪気のない告白が捻じ曲げられて、糾弾材料にされたのです。彼女は憤怒し、すべての母親に訴えました。傍聴人たちは心動かされましたが、判決が翻ることはなく、休憩も挟まずに20時間続いた議論ののち、陪審員の全員一致で死刑が決まり、10月16日早朝に言い渡されました。

※ 通信手段を奪われていたマリー・アントワネットは、カーネーション事件では紙片に針で穴を開けて返事を書きました。未だに謎が多く残る逃亡未遂事件です。

MARIE ANTOINETTE AU TRIBUNAL RÉVOLUTIONNAIRE (14 8bre 1793)

冷酷なフーキエ＝タンヴィル

権力の「鉈（なた）」を自認し、恐怖政治を代表する恐るべき検察官

アントワーヌ・カンタン・フーキエ・ド・タンヴィル（あるいはフーキエ＝タンヴィル）は1746年にピカルディー地方の裕福な地主の家に生まれました。公証人補、次いで公証人となりますが、1783年に職権の売却に追い込まれました。というのも、彼は妻を亡くして以降、危ない事業に乗り出したらしく、借金を重ねて破産してしまったのです。その後王国警察官として勤務し、1789年に地区委員になりました。ここから道が開け、再び司法界に戻った彼は、1792年に起訴陪審を指揮し、翌年3月には設置されたばかりの革命裁判所の検察官に選出されました。こうして彼は公安委員会の権限に基づき、人々を逮捕し、起訴し、判決を下しました。検察官を務めた17か月の間に断頭台へ送った人の数は実に2000人以上に上るとされます。

マリー・アントワネットの裁判は世間をもっとも騒がせた裁判の一つであり、彼にとっては成功のチャンスでもありました。彼は才能を思う存分発揮し、「フランス人の血を吸う災禍」を糾弾しました。しかし1794年7月に恐怖政治を主導するロベスピエールが失脚すると情勢は逆転し、当局の熱烈な手先の一人であるフーキエ＝タンヴィルも逮捕の報せを受けて、自ら出頭しました。彼の裁判は1795年3月に開かれますが、裁判用の資料からは当時の混乱ぶりが伝わってきます。彼は最期の瞬間まで、自分は務めを果たしたまでで、歴史が無実を証明してくれるだろうと信じていました。けれども現在になっても、フーキエ＝タンヴィルと言えば真っ先にギロチンが思い浮かびます。

A.^{NE} Q.^{IN} FOUQUIER TINVILLE.
Accusateur Public.

マリー・アントワネットの死

威厳をもって世を去った元王妃と、
激動の中、ほとんどかえりみられなかった処刑

マリー・アントワネットの死刑判決は早朝に言い渡され、その日のうちに執行されました。革命裁判所の役人たちがコンシェルジュリー牢獄にやってきて、死刑執行人サンソンは彼女の髪を切り、後ろで手を縛りました。カペー未亡人は夫に許されたような馬車に乗ることはできず、荷馬車で革命広場に向かいました。憎悪に満ちた群衆は軍隊に抑えられ、荷馬車は沈黙の中進みました。彼女は自ら司祭を指名することができず、裁判所が派遣した司祭（聖職者民事基本法に宣誓した司祭）の同行を拒みます。正午近く、荷馬車が広場に到着し、彼女は誰の助けも借りず、颯爽と降りました。

断頭台の階段を上る途中、靴がぬげてしまいます。これは貴重な品となり、現在でもノルマンディー地方カン美術館に収蔵されて、特別な機会だけに展示されます。マリー・アントワネットは夫のように処刑前に民衆に語りかけることはしませんでした。数分後、サンソンが彼女の首を民衆に見せますが、歓喜の声も憤怒の声も上がりませんでした。遺体はマドレーヌ墓地の夫の遺体の横に埋められました。国王夫妻の遺体は、1815年にサン＝ドニ大聖堂の王室墓地に埋葬され、その後マリー・アントワネットの存在は忘れ去られました。しかし、20世紀に映画が発明されるとほぼ同時に、彼女の優美さ、華やかな社交界、尊大さまでもが注目を浴び、マリー・アントワネットは一躍有名な歴史的人物となったのです。

もっと知りたい人のために

Chauvel (Geneviève), *Le Peintre de la reine : Élisabeth Vigée-Le Brun*, Pygmalion-Gérard Watelet, 2003.

Dumas (Alexandre), *La Route de Varennes*, Mille et une Nuits, 2005.

Fraser (Antonia), *Marie-Antoinette*, J'ai lu, 2007.
（アントニア・フレイザー『マリー・アントワネット』上下、野中邦子訳、早川書房、2006年）

Hermary-Vieille (Catherine), *Les Années Trianon*, Albin Michel, 2009.

Manceron (Claude), *Les Hommes de la liberté*, Omnibus, 2009.

Orban (Christine), *Charmer, s'égarer et mourir*, Albin Michel, 2016.

Petitfils (Jean-Christian), *Louis XVI*, Perrin, 2015.
（ジャン=クリスチャン プティフィス『ルイ16世』上下、小倉孝誠監修、玉田敦子、橋本順一、坂口哲啓、真部清孝訳、中央公論社、2008年）

Reynaud (Élisabeth), *Madame Élisabeth, sœur de Louis XVI*, Ramsay, 2007.

Salmon (Xavier), *Marie-Antoinette : images d'un destin*, Michel Lafon, 2005.

Soboul (Albert), *Le Procès de Louis XVI*, Gallimard, 2014.

Soryo (Fuyimi), *Marie-Antoinette : la jeunesse d'une reine*, Glénat, 2016.
（惣領冬美『マリー・アントワネット』講談社、2016年）

Thomas (Chantal), *Les Adieux à la reine*, Le Seuil, 2002.
（シャンタル・トマ『王妃に別れをつげて』飛幡祐規訳、白水社、2004年）

Wagener (Françoise), *L'Énigme Fersen*, Albin Michel, 2016.

本書に出てくる書籍の邦訳

ジャック＝アンリ・ベルナルダン・ド サン＝ピエール『ポールとヴィルジニー』鈴木雅生訳、光文社、2014年他

ちいさな手のひら事典

薬草

エリザベート・トロティニョン 著

ISBN978-4-7661-3492-6

ちいさな手のひら事典

月

ブリジット・ビュラール＝コルドー 著

ISBN978-4-7661-3525-1

ちいさな手のひら事典

子ねこ

ドミニク・フゥフェル 著

ISBN978-4-7661-3523-7

ちいさな手のひら事典

花言葉

ナタリー・シャイン 著

ISBN978-4-7661-3524-4

ちいさな手のひら事典

マリー・アントワネット

ドミニク・フゥフェル 著

ISBN978-4-7661-3526-8

ちいさな手のひら事典

おとぎ話

ジャン・ティフォン 著

ISBN978-4-7661-3590-9

ちいさな手のひら事典

占星術

ファビエンヌ・タンティ 著

ISBN978-4-7661-3589-3

ちいさな手のひら事典

クリスマス

ドミニク・フゥフェル 著

ISBN978-4-7661-3639-5

ちいさな手のひら事典

フランスの食卓

ディアーヌ・ヴァニエ 著

ISBN978-4-7661-3760-6

LE PETIT LIVRE DE MARIE-ANTOINETTE

Toutes les images de cet ouvrage proviennent de la collection privée des Éditions du Chêne.

Toutes les images proviennent de la collection privée des Éditions du Chêne, sauf : p. 25, 157 © Selva/ Leemage ; p. 27 © Leemage ; p. 37 © Photo Josse / Leemage ; p. 49 © Florilegius / Leemage ; p. 53 © The Holbarn Archive / Leemage ; p. 87 © akg-images / Interfoto / Sammlung Rauch ; p. 115 © Collection IM / kharbine-Tapabor ; p. 131 © Costa / Leemage ; p. 133 © Bianchetti / Leemage ; p. 167 © akg-images. Couverture : Plat I © Fototeca / Leemage et fond © Les Arts décoratifs, Paris / akg-images.

Directrice générale : Fabienne Kriegel
Responsable éditoriale : Laurence Lehoux
avec la collaboration de Franck Friès
Suivi éditorial : Sandrine Rosenberg
Direction artistique : Sabine Houplain
assistée de Élodie Palumbo
Lecture-correction : Valérie Nigdélian
Fabrication : Sandrine Pavy
Mise en pages et photogravure : CGI
Partenariats et ventes directes : Ebru Kececi

This Japanese edition was produced and published in Japan in 2021
by Graphic-sha Publishing Co., Ltd.
1-14-17 Kudankita, Chiyodaku,
Tokyo 102-0073, Japan

Japanese edition creative staff
Translation: Hanako Da Costa Yoshimura
Text layout and cover design: Rumi Sugimoto
Editor: Yukiko Sasajima
Publishing coordinator: Takako Motoki
(Graphic-sha Publishing Co., Ltd.)

ISBN 978-4-7661-3526-8 C0076
Printed in China

著者プロフィール

ドミニク・フゥフェル

作家、ジャーナリスト。南フランスに暮らし、昔ながらの風習や暮らし、言語、自然環境を研究。子どもの教育やフェミニズム関連の書籍も執筆している。『ちいさな手のひら事典』シリーズでは、『魔女』『子ねこ』などのタイトルを手がけている。

ちいさな手のひら事典 **マリー・アントワネット**

2021年11月25日 初版第1刷発行
2023年6月25日 初版第3刷発行

著者 ドミニク・フゥフェル(© Dominique Foufelle)
発行者 西川正伸
発行所 株式会社グラフィック社
102-0073 東京都千代田区九段北1-14-17
Phone: 03-3263-4318 Fax: 03-3263-5297
http://www.graphicsha.co.jp
振替: 00130-6-114345

日本語版制作スタッフ
翻訳:ダコスタ吉村花子
組版・カバーデザイン:杉本瑠美
編集:笹島由紀子
制作・進行:本木貴子(グラフィック社)

ISBN978-4-7661-3526-8 C0076
Printed in China

忘れ得ぬ恋の誓いに

主要登場人物

ジュディス・ワース……………伯爵の娘。ぜんまい仕掛けの設計士
クリスチャン・トレント………侯爵
テレサ……………………………ジュディスの妹
カミラ……………………………ジュディスの妹
ベネディクト……………………ジュディスの弟
デイジー…………………………ジュディスの友人
エニス……………………………ワース家の弁護士
ウィリアム………………………ジュディスのおじ
リリアン…………………………クリスチャンのはとこ

Once Upon A Marquess
by Courtney Milan

忘れ得ぬ恋の誓いに

コートニー・ミラン
水野麗子[訳]

ライムブックス

1

一八六六年　イングランド　ロンドン

もし言葉を話せたなら、テーブルはうめき声をあげていただろう。ビスケットに、オレンジ、ジュース、二種類のジャムまでのっているのだから。さらにサンドイッチとスコーンものせるつもりだ。砂糖壺（つぼ）は満杯で、法外な代金を支払って手に入れた少量のダージリン茶を堪能するため、やかんを用意してある。居間の壁紙はぴかぴかに磨き、市場で買ったスミレの明るいブーケをサイドテーブルに飾った。ジュディス・ワースが弟に会うのは三カ月ぶりで、彼の帰省を邪魔するものは何も——何ひとつない。ついに万事うまくいった。い、ほぼすべてが。あとは、妹たちに関する問題さえ解決すれば、文字どおりすべてと言える。

「ほら、おりて」ジュディスは茶色の猫を抱きあげてテーブルからおろした。

見慣れないごちそうに引きつけられ、床に払い落とそうとしていたキャラメルは、邪魔をされて抗議の鳴き声をあげた。ジュディスは空いた場所にサンドイッチを置いた。あとは……。

「テレサ、スコーンはまだ？」大声できいた。

　返事はなかった。廊下をのぞきこんだが、そこにいるのはスクイッド――これもテレサの猫だ――だけだった。足をなめ、尻尾をさっと振りながら、いぶかしげにジュディスを見ている。

「テレサ！」ジュディスは叫んだ。

「何（ホワット）？」キッチンでスコーンを皿に盛っているはずの妹は、窓辺に立っていた。すらりとした体は、洗いたてのカーテンに半分隠れている。

　ジュディスはため息をついた。「レディは〝何〟なんて言ったりしないわ。〝なんでしょう〟とか〝はい、ジュディス〟とか答えるものよ」

「でも、わたしは〝何〟って言った」テレサは眉をひそめた。「だから、ジュディスが間違っていてレディは〝何〟と言うか、わたしはレディじゃないから〝なんでしょう〟と言う必要がないかのどちらかね」

　妹は口答えをしているわけではない。真面目に言っているのだ。でもいまは、それよりも差し迫った問題がある。

「スコーンはどうしたの？」ジュディスはきいた。

「なんでしょう」

「スコーンはどうしたの？」

「なんでしょう」

「いいかげんにして（フォー・ザ・ラブ・オブ・マラード）」ジュディスは息を吸いこんだあと、心のなかで数えた。真鴨（マラード）が一羽、二羽、三羽……。「〝なんでしょう〟としか答えてはだめだと言ったわけではないわ」辛抱強く言う。「品のない女中みたいに〝何〟なんて叫ばずにそう答えなさいと言ったの。質問に答えて」

「そんなのわかっているわ」テレサが言う。「自分のことをレディだと思っているのに、〝何〟と言ったから、訂正してあげただけよ」

「言っていないわ」

「〝スコーンはどうしたの（ホワット・デイドウ・ユー・ドウ・ウイズ・ザ・スコーンズ）〟って言ったでしょ。まあ、スコーンはなんでしょうって言うのもおかしいけど。正しい英語ではないわ」

真鴨が一羽、二羽――もういいわ。真鴨をどれだけ数えようと役に立たない。午前中、ジュディスは妹にひとつしか仕事を与えなかった。スコーンを用意すること。簡単な仕事でしょう？

深呼吸をした。「テレサ、スコーンは？」

テレサは眉をひそめ、置き忘れたスコーンを探すかのように周囲を見まわした。かつて住んでいた家は、こんなに狭くなかった。昔は自分でサンドイッチを作るどころか、テーブルに置く必要すらなかった。食器は高級品だったし、弟は駅から徒歩ではなく、馬車で従者たちにつきそわれて帰ってきただろう。

だが、昔を懐かしんでもしかたない。過去には戻れないのだから。いまもサンドイッチやテーブルはあるし、生きてさえいればどこだってあたたかいわが家だ。

もちろん、スコーンは欠かせない。

行儀作法を身につけさせようとした姉の努力もむなしく、テレサは常に何かを触っていないと気がすまないようだ。指が勝手に動くらしく、編んで頭に巻きつけたブロンドの髪が引っ張られてほつれた。

「スコーン」ジュディスはテーブルの唯一空いている場所を指先で叩いた。

「ああ」テレサはほつれた髪をゆっくりと噛んだ。「あれね。気が散っちゃって」

テレサは愚鈍なわけではない。まったく。ただ、頭がいいから他人の意見を気にしないせいで、ばかだと誤解されることがよくある。じっと座って読書する気にさえなればなんでも理解できるのだが、いかんせん集中できないのだ。生まれつき難しい子だった。

「集中して」ジュディスは言った。「よく思い出して。オーブンからスコーンを取りだした。それから、どうしたの？」

「その前に、玄関の階段にある死体に気を取られちゃって」

ジュディスは顔をしかめた。「いやだわ。ネズミ？　またスクイッドがずたずたにしてしまったんじゃないでしょうね？」

テレサはふたたび窓の外を見た。「犯人はスクイッドじゃないと思う。どう見ても人間の死体だもの。スクイッドの獲物ではないでしょ」

ジュディスは頭が真っ白になった。けれど、放っておくわけにもいかず、ゆっくりと窓に近づいて外を見た。「まあ」自分の声が遠く聞こえた。「そうね。スクイッドは悪くない……」

「ええ」テレサが言う。「あの子は最高にいい猫よ」

ジュディスは目を疑った。昔は家の敷地に死体が転がっていることなど絶対になかった。いまだって、そんなことが起きるはずはないと信じていた。この辺りはごみごみしているけれど、治安はいい。少なくとも、そう思っていた。玄関の前にあるそれ——物扱いするほうが楽だ——は手すりに寄りかかり、手足がおかしな角度にねじ曲がっていた。帽子をかぶっていて、ぼさぼさの髪——ブロンドかもしれない——が顔を覆い隠している。首に巻かれた青緑色のスカーフがはためいていた。

イートンブルー。一瞬、心臓が止まった。でもこの……物体は、弟にしては小さすぎる。そのとき、胸に突き刺さったナイフに気づき、心臓が早鐘を打ち始めた。

「ここにいなさい」鋭い口調でテレサに言った。

昔の自分なら悲鳴をあげ、気絶していたかもしれない。だが、か弱い女の子だったレディ・ジュディス・ワースは、いろいろな経験をして強くなった。ためらうことなく玄関の鍵を開け、ドアを開けた。

風が吹き、三つ先の通りにある工場の煙のにおいが漂ってきた。通りに人けはない。曇り空で、夏にしては寒い日だ。どぶにたまったごみに霧が渦巻いている。三〇メートル先の道端で鍋をかきまぜているランプリーおばさんの姿がかろうじて見えた。そこに、コートの前をかきあわせ、用心深く左右を見まわしている男が通りかかった。残念ながら、死体を捨てた犯人らしき人物は見当たらない。

死体。ジュディスは一歩近づき、目を凝らしてその物体を見たあと、安堵のため息をついた。道理で手足が不自然に曲がっていたわけだ。それは死体ではなかった——無生物だ。服に藁を詰めた、一一月のはじめにかがり火で燃やされる藁人形のようなものだった。

だが、いまは七月だ。ガイ・フォークス・デイはとっくに終わった。それにこれは、普通の服ではない。イートン校のブルーの制服で、ワッペンもついている。このグロテスクな代物を置いていった犯人は、人形の心臓辺りにナイフを突き刺し、手すりの一番上の支柱に留めていた。刃は錆びているし、柄も割れているが、用は足りる。

似たような情景を思い出した。ゴシップ屋の窓という窓にかかっていた父の風刺画——かつての自殺者のように心臓を刺され、十字路に葬られた姿を描いた絵。

だから、過去は振り返らないほうがいい。

ジュディスは人形に近づき、ナイフをつかんだ。強く握りしめると、手の震えは止まった。力を込めて引いた。

一瞬抵抗を感じ、手袋をはめた手にとげが突き刺さった。そのあと、すぽんと抜けて、ジュディスはうしろによろめいた。

そのとき初めて、刃に小さく四角に折りたたまれた紙が刺さっているのに気づいた。それを外して広げた。

〝売国奴の息子、恥知らずのベネディクト・役立たず（ワースレス）へ

来学期が楽しみだ。覚悟しておけ。おまえみたいな臆病者はいっそ逃げだしたほうがいいかもな。

誰かさんより〟

怒りで目の前が真っ赤になった。弟。これは一二歳のかわいい弟宛の手紙だ。弟はほとんどジュディスが育てたようなものだ。彼女は弟のために戦った。節約してお金を貯（た）め、それでも弟の入学が拒否されたときは文句を言った。イートン校の理事が手始めに夏学期の受け入れをしぶしぶ許可するまで、あきらめなかった。弟が本来の地位につくチャンスを得られるよう、ずっと働いてきたのだ。

それなのに、〝誰かさん〟は弟を模した人形の心臓にナイフを突き刺した。弟のことをベネディクト・ワ、ー、ス、レ、スと呼んでいる。

父と兄の醜聞があったから、ベネディクトが最初から人気者になれるとは思っていなかった。でも、優しい笑顔と皮肉たっぷりのユーモアセンスで、いずれ人気を勝ち取れるはずだと期待していた。

ばかだった。どんなに願っても、この家族は決して昔のようにはなれないのだ。

それでも、八年前にジュディスはなんとしても弟と妹たちに昔のような暮らしをさせると約束した。骨を折って弟をイートン校に入れたのは、いじめっ子たちにチャンスをつぶされるためではない。

「できの悪い死体ね」背後でテレサが言った。「胴体に対して脚が短すぎる。そう思わない？」

「テレサ、死体を批評するなんてお行儀が悪いと思わない？」

「そうかもね」テレサが肩をすくめる。「でも、楽しいわ」

ジュディスは話題を変えた。「家のなかにいなさいと言ったわよね」

「見たかったの」

ジュディスはため息をついた。「レディは言われたとおりにするものよ」

テレサはふたたび肩をすくめた。「無意味なルールね。言うだけ無駄だわ。わたしがレディなら、好きなようにしろと自分に言うわ。そうすれば、みんなが満足するでしょう」

ジュディスは妹に視線を向けたが、議論している暇はなかった。まずは、ベネディクトが帰ってくる前に人形を始末しなければならない。最後にこんなものを送られるくらいだから、弟はこの数カ月間、さんざん屈辱を味わったことだろう。これ以上味わわせたくない。人形の前にひざまずき、手足をつかんで抱きあげた。

人形が滑り落ち、階段に藁が飛び散った。ジュディスは歯を食いしばり、重心を移し替えて、ふたたび人形を抱えた。持ちにくく、足元が見えなかったけれど、どうにか階段をおり始めた。一段。二段。三段目で落ちていた藁で足を滑らせ、手すりをつかんだ。すると、人形の腕が飛びでて彼女を叩き、顔に藁をはねかけた。

ジュディスは人形を置いてから、ちくちくする目をぬぐった。これをばらばらにしている時間はないし……。

数分前にランプリーおばさんの前を通りかかった男は、スープをもらわずに歩き続け、ジュディスの家のほうへ向かっていた。二軒隣の家を見て眉をひそめたあと、ポケットから取りだした紙を疑わしそうに見ている。

ジュディスはすばやく決断し、背筋を伸ばして男に近づいていった。

「ねえ、そこのあなた」

男が顔をあげ、彼女のほうへ首を曲げた。

「そう」ジュディスは声を張りあげた。「あなたよ。ちょっと頼まれてくれないかしら。お駄賃をあげるわ。五分もかからないから」

男が振り返った瞬間、ジュディスは間違いを犯したことに気づいた。知っている人だった。彼にはお駄賃なんか必要ない。彼のことは不快な人として記憶していた。憎しみのあまり、まっすぐな背筋を丸まった背中に、楽しそうな大きな目を射るような視線に心のなかで変換していた。

ところが、現実の彼はまるで違った。カールした黒髪が帽子からはみでている。ズボンはぱりっとアイロンがかかっていて、オーダーメイドの外套は肩にぴったり合っている。この通りで泥がついてしまったものの、黒い靴は仕事熱心な従者によってぴかぴかに磨かれていた。目と目が合った。太い黒眉。表情豊かな薄茶色の目。いたずらっぽいにこやかな目は、気の利いたジョークの落ちを言いたがっているように見える。

あの目は人を欺く。ジュディスにはいやというほどわかっていた。

彼が一歩近づいた。「やあ、ジュディス。もちろん、力になるよ」唇をゆがめる。「でも、お駄賃はいらないよ。ぼくたちは昔なじみだろう？」

彼と会うのは八年ぶりだった。ジュディスは言葉を失い、その場に立ちすくんだ。ハッピーエンドにならなかった昔話。昔々、侯爵がいました。レディ・ジュディス・ワースは彼が世界を征服すると思っていました。

けれど、彼にすべてを奪われるとは思っていなかった。

「あら」ジュディスは感情を抑えこんで言った。「アシュフォード卿。あなたがこんなところへ来るとは思わなかったけれど、そうしなければならなかったんでしょうね」

彼の笑顔が引きつった。目を見つめられ、ジュディスは冷たい風が吹きつけるのを感じた。

「ああ」彼がようやく言った。「そうだ」

どんな戦略を立てようとも実際に敵に遭遇したら役に立たないと、ある軍事戦略家が言っていた。

2

第五代アシュフォード侯爵クリスチャン・トレントは、八年ぶりにレディ・ジュディスと再会したときに初めて、その意味を真に理解した。彼女は顎をつんとあげ、鮮やかな茶色の目を怒りでぎらぎら輝かせていた。記憶のなかの彼女と寸分違わなかった――美しく生気に満ちていて、頑固。彼が事前に準備してきた計画やリストは頭からすっかり抜け落ちた。

ジュディスが彼の頭から足元まで鋭い視線を浴びせた。

力を貸してほしいと、彼女のほうから頼んできたのだ。どういうわけか、クリスチャンを必要としている。この八年間、まるで極悪人のように扱われてきたというのに、彼女を見た瞬間、胸がときめいた。

ようやくわが家に帰ってきたような気分だ。

「そうしなければならなかったんでしょうね」ジュディスが言った。

クリスチャンがそうしなければならなかったからしたことで、いまも恨まれているのは間違いない。

ジュディスは彼の姿を視界から消そうとするかのように、かすかに首を横に振った。「こんなところで何をしているの？——いいえ、答えなくていいわ。言い争っている暇はないの。死体を始末しないと」

ジュディスが助けてほしいと手紙を送ってきた理由を、クリスチャンはいくつか推測した。だが、死体を始末する手伝いを頼まれるとは予想していなかった。

クリスチャンは目をしばたたいた。「もう一度言ってくれるかな？　どうも聞き違えたみたいだ」

「死体を始末しなければならないの」ジュディスがはっきりと発音した。そうすれば理解してもらえるとでもいうように。「手伝ってくれるの、くれないの？」返事を待たずに彼女はクリスチャンに背を向け、家に向かって歩き始めた。ポーチにたしかに死体のようなものがある。

やはり彼女にとって、自分はいまでも悪人なのだと、クリスチャンは思い知った。だが彼は、あらゆる善を滅ぼそうと陰謀を企てる、口ひげを生やした悪人ではない。悪事を働くわけではない。ジョークを言い、正しいことをしようとする悪人だ。

どんな戦略を立てようとも実際に敵に遭遇したら役に立たないのだから、目的を忘れないようにしなければならない。目的はただひとつ。ジュディスが彼のことを嫌うなら、せめて正当な理由で嫌ってもらう。

「わくわくするな」彼女の背中に語りかけた。「死体の始末。ぼくの趣味なんだ。どうしてわかったんだい？　殺人の共犯者になるなら、白昼堂々と公道でやりたいといつも言っていたんだ。願いをかなえてくれてありがとう」

ジュディスは天を仰いで、両手をあげた。「説明している時間はないのよ。一分たりともね」

「そうだね。ぐずぐずしていたら、次の被害者が逃げてしまうかも。犯罪人生を一刻も早く歩み始めたい」

ジュディスが振り返った。「勘弁して（フォー・ザ・シェイク・オブ・シグネット）」

クリスチャンは目をしばたたいたあとで、ジュディスが一一歳のときから水鳥の名前を使って悪態をつくようになったことを思い出した（シグネットは白鳥のヒナの意）。どうしてそんなことを始めたのかよくわからないが、忘れていたことのほうが不思議だった。

「仮にわたしが人を殺したとして」ジュディスが言葉を継ぐ。「よりによってあなたに打ち明けると思う？　ちゃんと目はついているの？　よく見て」みすぼらしい家に続く古びた階段に横たわっている死体らしきものを指さした。

クリスチャンは目を凝らし、ほっと息を吐いた。よかった、本物の死体ではなかった。服に藁を詰めたもので、ベージュっぽいスカーフをたなびかせている。

「ほら」ジュディスが言った。「早く手伝って」

「ぼくも会えてうれしいよ」クリスチャンは皮肉っぽく言った。「本当に久しぶりだね」

「まったく」ジュディスはとげのある声で言い、額に手を当てた。

一瞬——ほんの一瞬、クリスチャンは会わないあいだにジュディスがものすごく変わったことを実感した。その一瞬、彼女は……。

老けて見えたというのとも違う。憔悴（しょうすい）しているわけでもない——美しさは一向に衰えていなかった。だがジュディスはもはや、社交界へのデビューを控えた若い娘ではなかった。年は……クリスチャンの年齢から二歳引けばいいのだから……今年の三月一五日に二七歳になったはずだ——まだ彼女の誕生日を覚えている。だが、その一瞬、彼女の引き結ばれた唇や、震えながら閉じた目が、単に年を重ねただけではなく、本当に大人になったのだと感じさせた。責任を背負い、おそらくその重みに押しつぶされそうになっている。

ジュディスが首を横に振った。「社交辞令はあとまわしにしてもらえる?」

クリスチャンはこうなることを覚悟していた。ふたりのあいだにあったことを考えれば、喧嘩腰（けんかごし）になるだろうと。だが、言い争いはしないと心を決めていた。彼女にきついことを言ってはいけない。礼儀正しくしなくては。自分らしくふるまいつつも、親切にすることが武器に——逃がした魚の大きさを思い知らせる武器になるという気持ちもあった。

「なんにしろ」できる限り礼儀正しく、親切な口調で言った。「ぼくは不作法なことはしない」

「不作法なことをしないでいられる時間はないの」

クリスチャンが二重否定を理解するあいだに、ジュディスは先に進んだ。

「一〇分後には家にあげてお茶を淹れて、家族の近況を報告しあうと約束するから。気まずい思いで向かいあうことを、礼儀正しいふるまいと言うのなら。でもいまは、とにかく時間がないの」

「いいかい」クリスチャンは言った。「ぼくたちがものすごく馬が合った理由のひとつは、ふたりとも礼儀作法に欠けていたからだよ。まあいい。あとで礼儀正しくふるまうとしよう」

「厄介な状況だわ」ジュディスが彼をちらっと見た。「それ……ひとりで運べる？　わたしも手伝ったほうがいい？」

いまでさえ意識しすぎているというのに、これ以上近づくのか？　クリスチャンは彼女を見た。手が触れあい、体が押しつけられる感触を想像する。

「その必要はない」うなるように言った。かがみこんで人形を両腕で抱えたが、手足がおさまらず、扱いにくい。ジュディスはクリスチャンより腕が短いから、抱きかかえるのは無理だろう。彼でもやっと届くくらいだった。

「よいしょ」人形を持ちあげた。「厄介な状況って、こいつを始末しなければならないこと？　それとも、父君とアンソニーが反逆者だとぼくが証明するまで、ぼくたちが結婚する予定だったことかい？」

ジュディスは怒りに満ちた目でクリスチャンを見あげたあと、唇を引き結んで前を見つめた。

それでいい。彼を嫌うなら、正当な理由で嫌ってもらおう。「その話はしないほうがいいみたいだね。いいよ。じゃあ……」人形を動かすと、服から藁が何本か飛びだした。「こいつの話をしよう。藁人形なんて、ぼくにぴったりのプレゼントだよ。来月から議会が始まる。貴族院議員は多ければ多いほうがいいと、いつも言っているんだ」

ジュディスは鋭い視線を彼に向けた。「こっちよ」

クリスチャンは彼女のあとについて通りを歩いた。「厳密に言えば、それは正しくない。藁人形が多すぎることもある。〝論理的誤謬を正せ〟と、ぼくは常に言っている。〝第三の可能性を排除しろ。人身攻撃しろ〟と――鋭い攻撃を期待しているのに、残念ながらどいつもこいつも、藁人形みたいに議論できないやつばかりなんだ」

昔のジュディスなら笑っただろう。だがいまは、クリスチャンをちらっと見てこう言うだけにとどめた。「いまのジョークはすぐに理解できたから、わざわざ説明してくれなくてよかったのに」

「そうか」彼女に嫌われているからというだけで、自分らしさを捨てるつもりはない。「なら、気まずい沈黙が続くね。気にしないでくれ。気まずい沈黙には慣れているから。一日二回は母をいらだたせて、非難のまなざしを浴びせられる」

「ゴミ捨て場はすぐそこよ。右に曲がって横道に入るとすぐ左にあるから」

「考えてみてくれ。あのあと結局、ぼくと結婚していたら、きみも気まずい沈黙の達人になっていたかも」

ジュディスが鋭く息を吸いこんだ。

それでいい。はるばるここまで来たのは、彼女に助けを求められたからだ──厳密に言えば、見返りとして欲しいものがあるからでもあるが。自分ばかり気まずい気持ちにさせられるのは不公平なので、彼女にも同じ思いをしてもらう。

「あなたと結婚していたら」ジュディスが言った。「とっくに本物の死体を処理するはめになっていたでしょうね」

「やっぱりきみは優しいね」クリスチャンは人形を肩に担いだ。

角を曲がると、少年と行きあった。

その少年を見た瞬間、クリスチャンはめまいがした。年は一二歳くらい、髪はくすんだブロンドと砂色の中間で、ぼさぼさに伸びている。両脇で拳を握り、うつむきながら歩いてくる。

周囲にほとんど注意を払っていなかったため、危うくクリスチャンとぶつかりそうになった。

クリスチャンのほうもよけ損ねるところだった。一瞬、アンソニーだと思ってしまったのだ。一緒に木登りをし、アリストテレスについて議論し、毎年夏をともに過ごしたかつての親友だと。

いつもの悪夢のなかに入りこんだような気がした。息ができない。ああ、アンソニーに会いたい。親友が流刑地に送られてから、何もかもうまくいかなくなった。

しかし、この少年はアンソニーではない。若すぎるうえに、アンソニーはもうこの世にいない。

この少年はきっと……。

「ベネディクト」ジュディスが歩み寄った。

ベネディクト。ワースきょうだいの末っ子だ。初めて会ったときはまだ大声で泣き叫ぶばかりの赤ん坊で、次に会ったときはもうよちよち歩きをしていた。八年前はふっくらした頬にえくぼのある、いつもにこにこしている天使のような幼児だった。

いま目の前にいる少年はえくぼもないし、笑ってもいない。改めてよく見ると、アンソニーとの違いが見て取れた。

ベネディクト・ワースはひどく痩せている。手首は骨と皮ばかりで、袖口がぶかぶかだった。目の下に隈(くま)ができている。頬にうっすら残った黄色いあざや唇のかさぶたは、喧嘩の跡だろう。少年がふたりを見あげた。

まばたきもせず、いぶかしげに眉をひそめもしなかった。クリスチャンが抱えているものを見たあと、深いあきらめのため息をついた。

ジュディスがクリスチャンの前に出た。「ベネディクト」抱擁しようと手を伸ばす。「お帰りなさい」

ベネディクトはその手を払いのけ、彼女の背後にまわって人形をじっと見つめた。そして、無言でスカーフをほどいた。

クリスチャンはそのときようやく、それがなんなのかわかった。ただの藁人形ではない。イートン校の生徒を模した人形だ。

スカーフはイートンブルーと呼ばれながらも実際は緑に見えるというあの色なのだろうが、クリスチャンにはベージュに見えた。気分が悪くなる。

貴族院で行われたジュディスの父親の裁判で、クリスチャンは意見を述べた。証拠を暴露すれば、アンソニーの関与も明らかになるとわかっていた。だが、正しいことをしたのだ。ほかにどうすればよかったというのだ？　反逆罪を見逃すことなどできない。

だがその結果、ワース家は財産を失った。父親は独房で自殺し、アンソニーは……親友の身に何があったのか、クリスチャンにはわからない。

クリスチャンは正しいことをしたが、それが人を傷つける場合もある。

ベネディクトが長いため息をついた。「まあ、これで」声がうわずっていた。姉のこともクリスチャンのことも見ようとしない。肩をすくめたあと、そっぽを向いて渦巻く霧をじっと見つめた。「学校を辞める理由は説明しなくてもわかってくれるよね」

3

ゴミ捨て場へ行く途中の沈黙が気まずいなら、帰り道の会話は最悪だろう。クリスチャンはこの状況をうまく切り抜ける方法を探した。

ジュディスがすぐそこにあるゴミ捨て場のほうへ頭を傾けたので、クリスチャンは姉弟の横を通り過ぎて人形を捨てた。そのあと、少し離れてふたりのうしろを歩いたが、それでも気まずかった。

「ベネディクト」ジュディスが言う。「あなたが帰ってきて本当にうれしいわ。スコーンを焼いたの。レーズンのスコーンよ。サンドイッチも、ジンジャー・ジンジャー・ビスケットもあるわ」

ベネディクトは両手をポケットに入れた。「やめて、ジュディス。ぼくはもう一一歳じゃないんだ」

ジュディスの顔から笑みが消えた。「そうね」ゆっくりと言う。「一二歳だものね。もう子どもじゃない――」

「母親ぶらないで」ベネディクトがぴしゃりと言った。「お菓子なんかでつられないよ。学校には戻らないからね」

クリスチャンは今回ばかりは口を挟まずにいようと決めた。

「ベニー」ジュディスはクリスチャンをちらっと振り返ったあと、弟に視線を戻した。「学校に行くことがどんなに大事かわかっているでしょう。行かなければならないの」

一二歳の頃のアンソニーに比べると、ベネディクトはひどく大人びて見えた。額にしわを寄せ、唇を引き結んで首を横に振ったあと、前を向いた。

「ねえ」ジュディスが言葉を継ぐ。「いまはちょっと動揺しているのよ。家に帰れば……きっと……」

家に着いた。ベネディクトはジュディスから目をそらしたまま重い足取りで玄関の階段をあがり、ドアを開けた。

「ねえ」ジュディスが弟の背中に向かって言った。「わたしがなんとかするわ。いままでだって、そうしてきたでしょう?」

ベネディクトは家のなかに入ると、ドアをぴしゃりと閉めた。

ジュディスは感情をぐっとこらえた。「あらあら、しょうがないわね」

ジュディスがゆっくりと階段をあがる。クリスチャンは無言であとに続いた。彼女がドアを開け、息をのんだ。

一方、クリスチャンは思いきり煙を吸いこんだ。

「勘弁して」ジュディスが悪態をついた。「テレサ！　テレサ！」

「何？」黒い煙のなか、ぼんやりした人影が突然、すぐ近くに現れた。クリスチャンはあとずさりした。テレサ・ワースはジュディスと同じくらい背が高い。ブロンドで、しかめっ面でも目を見張るほどの美人だ。

ジュディスが妹をにらんだ。「スコーンをオーブンから出さなかったの？　焦げているじゃない」

「焦げたスコーンはいいにおいがするわ」テレサは目をぱちぱちとしばたたいた。「ダンテの『地獄篇』を演じていたの。わたしは燃えたつ墓に葬られた異端者で、手足を炎に焼かれて――」

「ティー」ジュディスが片手を腰に当てた。「火事になるところだったのよ。火遊びをするなんて。もう一四でしょう」

「まさか」テレサがばかにしたような口調で言う。「ちゃんと見ていたもの。念のため、バケツに水も用意してあったし。火事になんかならなかったわ」

「少なくとも、あなたは食べ物を無駄にしたわ」

「塩をかけるつもりだったの！　塩をかければなんでも――」

「これは違うわ」ジュディスはきっぱりと言った。「窓を開けて。スコーンをオーブンから出すのよ」

テレサはため息をついた。「なんでもかんでもわたしに押しつけて。ベネディクトなんて何もしていないのに。どうしてベネディクトは手伝わなくていいの？　男の子で学校に行っているからってだけで――わたしは行かせてもらえないのに――サンドイッチやらビスケットやら果物やらをもらえるの？　スコーンくらい好きに焼かせてよ。ずるいわ」

「あなたのスコーンは災いのスコーンよ。それに、なんでもかんでも押しつけたりしていないわ。後始末を自分でしてほしいだけ。口答えしないですぐに取りかかって」

テレサは怒りの声を発してから、足を踏み鳴らして去っていった。

ジュディスはため息をついて目を閉じた。

クリスチャンがここにいることを忘れているのだろうか。ジュディスが彼のほうを向いた。顔に張りつけた笑みがはがれかけている。

思い出させる必要はなかった。

「そうだわ」彼女は疲れた声で言った。「あとで礼儀正しくふるまうと約束したわね」その方法を考えあぐねているかのように唇を噛んだ。「ようやく再会できてうれしいわ、アシュフォード卿」笑みが消えた。「頼みたいことがあるの。居間でくつろいでいて。スコーンは――あれはもうだめね。ビスケットをどうぞ。わたしはちょっと……ベネディクトの様子を見てくるわ」くるりと背を向けたかと思うと、すぐに彼に向き直った。「やっぱり我慢できない。テレサの影響ね。はっきり言わないと気がすまないわ。さっき言ったことは忘れて。本気でくつろがないで」

「建前だったんだね」クリスチャンは言った。

ジュディスはうなずいたあと、煙のなかに彼を残して階段を駆けあがった。

「ベネディクト？」彼女の声が聞こえてきた。「ベネディクト？」

ジュディスが礼儀正しくふるまってくれるのなら、この場を切り抜けられるかもしれない。

この八年のあいだに、クリスチャンはジュディスに何通も手紙を送った。一通目――彼女の父親の葬儀での一件について謝った。二通目――彼女に会いたいと頼んだ。三通目を送ったのは数年前で、アンソニーの失踪事件を調査していると伝えた。四通目でその結果を知らせ、数カ月前に送った五通目で、頼みごとをした。

返事は一度ももらえなかった。それどころか、ずっとなんの音沙汰もなかったのだが、そんなジュディスから今朝、手紙が届いた。

〝厄介な問題が生じて、お力添えをいただきたいのです。よろしければ、代理人をよこしてください。そうしていただけるなら、あなたに頼まれたことについて考えてみます〟

その問題とやらをクリスチャンが解決すれば、彼の問題も解決してもらえる。彼女に嫌われることを気にしてなどいられない。

嫌われる理由は理解できる。クリスチャンは毎年夏をワース家がかつて住んでいた家で過ごしていた。広くてきれいな居心地のよい家だった。それに比べれば、ここはあばら家だ。

椅子のクッションはちぐはぐで、漆喰（しっくい）の壁には風景画の一枚も飾られていない。壁際に食器棚があった。粗末な食器はすべてテーブルに出され、すかすかの棚にわずかばかりの磁器がまるで最高級品のごとく大切に飾られている。すっかり変わってしまった。変わっていないのは……。

一番上の棚に、見覚えのある羊飼いの女がいた。三匹の羊に囲まれている。磁器製のぜんまい仕掛けの置き物。一〇年前にクリスチャンがあげたものだ。

〝ぼくを忘れないでほしい〟彼はそう言った。愚かだった。アンソニーに会えなくなることが――ジュディスがほかの男と恋に落ちることが一番の心配事だと思っていたなんて。

クリスチャンからの贈り物を彼女がまだ持っていることが何を意味するのか、わからなかった。

二階からジュディスの声がぼんやり聞こえてくる。欠けた食器、すりきれたクッション、貧困層が住む地域にあるあばら家。振り返る女羊飼いは、かつては安らかで寛容に見えた。いまはわずかにつりあがった眉があざ笑っているように見える。

ジュディスは彼を忘れていなかった。当然だ。

クリスチャンはため息をつき、皿を取ってビスケットをのせた。

クリスチャンがビスケットを割ってばらばらにし、焦げたスコーンの煙が消えた頃、ジュディスが階段をおりてきた。

ビスケットは見るも無残な姿になっていた。人に見られたら怪訝に思われるだろう。

クリスチャンは気を紛らわしていたのだ。

立ちあがって歩きまわったり、あれこれ詮索したりはしなかった。隣の部屋にある事務机にきちんと積み重ねられた書類を見ないようにした。こんなあばら家に住んでいるのは、借金に苦しんでいるからだろうかと考えないようにした。アンソニーの日記を探すことさえしなかった。椅子にじっと座り、自分のことに集中した。

つまり、ビスケットをばらばらにした。それから分類した。まず大きさで分けたが、なんとなく気に入らなかったので、次は丸さを基準にした。

そのあとで、慎重に食べ始めた——もっともいびつなものから始め、均整の取れたものへと順に選んでいく。

腹が立つほど細長いかけらを食べ終えた頃、ジュディスが部屋に入ってきた。

彼女がクリスチャンをじっと見た。それから、ビスケットのかけらを分類するために並べられた四枚の皿に視線を移した。

「アシュフォード卿」ジュディスが言った。「何をしているの?」

ビスケットのかけらを分類している。クリスチャンは一瞬遅れて、皿を指し示した。「くつろいでいる。もちろん、本気でくつろいでいるわけじゃないよ」

ジュディスははねつけるように手を振った。ありがたいことに、〝頭がおかしくなったの？〟とか、〝どうしてお皿を四枚も使ってかけらを並べたの？〟とかきかれることはなかった。

ジュディスはそういう人だった。彼の変わったところをまったく気にしなかった。

「今度そうするときは、大きなお皿を使って。洗い物が少なくてすむから」

「そのほうが詰めて並べられるしね」クリスチャンは同意した。「大きな皿がどこにあるかわからなかったんだ。それに、次の機会があるのかな」

目と目が合い、彼女の家に招かれることは二度とないだろうとわかった。かといって、退屈したときにクリスチャンがかけらを分類することが二度とないわけではない。物を整理していると心が落ち着くのだ。それを変だと言う人もいる。〝やれやれ、クリスチャン、どうかしているよ〟というようなことを遠まわしに言われたことが何度もある。

だが、自分ではそれほど変だとは思っていない。〝アウト・オブ・ソーツ〟という語句があるのだ。これを考えだした人は、クリスチャンに似ていたに違いない。

子どもの頃、この語句は整理するものが何もないときに不機嫌になることを表すのだと思っていた。しかし、ほかの人が夕食に好物のプディングが出なかったから落ちこんでいるときにその表現を使ったのを聞いて混乱した。分類（ソート）することとはなんの関係もないのに。

そして、ジュディスが彼のもとを去ったとき、その語句が分類することでさえ改善できない精神状態をも意味するのだと知った。

いま、ジュディスは目の前にいるが、それでもクリスチャンは意気消沈（アウト・オブ・ソーツ）していた。彼女はクリスチャンの向かいに座ると、ビスケットを取って皿にのせた。一枚の皿に。彼とは目を合わせようともしなかった。そして、ナイフを持ってビスケットをゆっくりと半分に切った。すっと切れず、砕けたかけらがあちこちに飛び散った。

「クリスチャン」ジュディスはビスケットを四つに切りながら言った。「デリケートな問題が起きて、あなたの力を借りたいの。でも手紙に書いたとおり、代理人をよこしてくれればそれでよかったのに」

そうはいかない。「知ってのとおり」クリスチャンは言った。「ぼくは命令に従うのが苦手なんだ」

ジュディスが鼻を鳴らす。「あなたじゃ無理なの。わたしが質問するあいだ、隣で男らしくにらみを利かせてくれる人が必要なのよ」

「ぼくにもできる」クリスチャンは厳しい視線を彼女に浴びせた。「この男らしいしかめっ面を見てくれ」

ジュディスがしぶしぶといった様子で顔をあげた。

クリスチャンは眉根を寄せ、鼻孔をふくらませて精一杯にらみつけた。「彼女の質問に答えろ」怒った声で言う。「さもないと、ひどい目に遭わせるぞ」部屋を見まわすと、白い尻尾がちらっと見えた。「おまえか、おまえの猫を」

ジュディスは唇を引き結んだものの、こらえきれずに笑みをもらした。とりあえずクリスチャンの一勝だ。

「あなたはいろいろ質問するでしょう。さっき言ったように、これはデリケートな問題なの」

クリスチャンはかつて、音楽会ではとこのリリアンの面倒を見ることを引き受けるという過ちを犯した。彼女の母親が途中で気分が悪くなり、お目付け役の彼のおばも姿が見当たらなかったためだ。リリアンは〝デリケートな問題〟に直面したと言った。つまり、月のものが始まり、よりによって真っ白なドレスを着ていたのだ。

彼女の尊厳を守るため、ハンカチ二枚と首巻き（クラバット）を犠牲にした。

ビスケットをやみくもに切り分けているジュディスに、クリスチャンは言った。「きみが抱えている問題がなんであれ、ぼくは間違いなくそれよりデリケートな問題を処理したことがある。秘密は厳守すると約束するよ」

ジュディスが顎をあげ、遠くを見つめた。八年前の不幸な事件に思いを馳（は）せるかのように。

「しかたないわね」ジュディスはそう言ったあと、指先でテーブルをトントン叩いた。「最近、妹たちが結婚するか成人するまで預けておくため、匿名でお金を送ったの。ひとりにつき四〇〇〇ポンドくらい。一家の顧問弁護士に」

クリスチャンは目をしばたたいた。「匿名で？　きみが？　でも——」

ジュディスはテーブルを叩くのをやめ、首を横に振った。「詳しく話すつもりなら、あなたは質問が多すぎるなんて言わなかったわ。送ったお金は、不正に手に入れたものじゃない。これ以上は説明したくないの。話を先に進めてもいい？」

クリスチャンは天井を見あげた。「父君の財産から捻出したのか？　それとも隠し財産があったのかい？」

ジュディスはため息をついた。「それも質問よ。本当に黙っていられない人ね」

「ああ。でも、しかめっ面は得意だ」クリスチャンはふたたび渋面を作ってみせた。

「クリスチャン」ジュディスはテーブルの上で手を組み、彼の目を見た。「アシュフォード卿。たしかにわたしたちは昔、親しい仲だった。でも、これだけは忘れないで。わたしたちはもう友達じゃない。父は反逆罪で有罪判決を受けた。アンソニーは幇助の罪に問われた。あなたさえいなければ、あんなばかばかしい調査で何も出てこなかったのに」

しかめっ面をしていてよかった、とクリスチャンは思った。

「わたしたちは友達じゃない」ジュディスが言葉を継ぐ。「アンソニーは流刑に処された。父は死刑を宣告され、財産を根こそぎ没収された。残ったのはわたしたちきょうだいのわずかな持ち物と、荒れ果てた古い地所だけ——岩だらけの荒野だけよ」

クリスチャンは何もかも知っていた。

「助けが必要なの。あなたのせいで、親戚にも見放された。妹たちがまともな結婚をするチャンスを得られるよう、一〇〇〇ポンド近く貯めたの。貴族と結婚できないことはわかっているわ。でも、牧師なら望みはある。カミラはあと数カ月で社交界にデビューするわ。貯めたお金を全部匿名で送ったのに、弁護士から妹たちの財政状況については教えられないと言われてしまったのよ」

クリスチャンはゆっくりと両手をテーブルに置いた。

「わたしを無視できなくなるように、誰か社会的地位のある人の力を借りたいの。ほかに頼れる人がいないのよ。助けが必要なの。ジョークは必要ない。笑いはいらないわ」

しばらく間を置き、彼女が話し終えたのを確かめてからクリスチャンは言った。「きみに悪人だと思われていることは忘れていないよ。でもきみは、ぼくに助けを求めた。よりによって。ほかの誰でもなく、このぼくに」

「わかっているわ」

「別にぼくたちが親しい仲だったことを思い出させようとしているわけじゃない。自分らしくふるまっているだけだ。ぼくは礼儀作法に欠けている。ジョークを言う。過去は忘れて、正しいことをしようとする。だから、いまさらでも――友達じゃないと面と向かって言ったとしても、助けを求められる相手はぼくしかいないと思ったんだろう」

ジュディスは鼻孔をふくらませた。「あなたに頼んだのは、わたしの家族に借りがあると思ったからよ」

クリスチャンは思わず微笑(ほほえ)み、両手の指先を合わせた。「ああ、そうだね」

ジュディスはそわそわと身動きした。

「ぼくは一八歳になるまで、毎年夏をきみの家で過ごした。アンソニーに命を救われた。きみは――」クリスチャンは言葉を切り、首を振った。「たしかにぼくはきみの家族に借りがある。あれはぼくにとって、ものすごく大切な時間だった。でも、きみが言いたいのはそのことじゃないんだろう？」

返事を待たずに言葉を継いだ。

「父君の裁判で裁判長に意見を提供したいと、ぼくが頼んだわけじゃない。向こうからぼくに意見を求めてきたんだ――ワース家で毎年夏を過ごしていた二一歳の若造に。公平な裁判のためだと言って。もちろん、貴族院全員が、あれは茶番にすぎないと当初は思っていた。噂(うわさ)を完全に否定し、国民を納得させるためにしなければならないことだと」

ジュディスが首を横に振った。

「あれはジョーク。最高に面白いジョークだった。それが貴族院の裁判だと言われたんだ。法にのっとるだけだと。有罪にはならないという了解があった」

クリスチャンはビスケットのかけらを手に取った。

「それとも、真実が明らかになったからって、ぼくはきみの家族に借りがあると言うのか？

ぼくに渡された金銭取引を示す雑多な証拠は、ひどくわかりにくかった。そこで、ぼくにもできることがある、これを整理しようと思ったんだ。隣に座っているだけのでくの坊にはなりたくなかった。このもつれを解きほぐしさえすれば、すべてうまくいくと思った」彼女に目をやる。「ほかにどうすればよかったんだ、ジュディス？　父君が有罪だと気づいて、隠蔽するべきだった？　真実を明らかにすれば、父君の潔白を証明できると考えたから、借りがあるというのか？」

ジュディスが身を乗りだし、吐きだすように言った。「あなたは毎年夏をわたしの家族と過ごしていた。有罪のはずがないと信じるべきだった。父は無実よ。アンソニーだって」

ジュディスは熱のこもらない口調で父親を弁護した。本気でそう思っているわけではないのだ。

クリスチャンは肩をすくめた。「きみの幻想にはつきあっていられない。ぼくだって噂が本当であってほしくなどなかった。父君が軍事機密を敵国に渡したことなど証明したくなかった。証拠が存在したのはぼくのせいじゃない。父君のせいだ」

ジュディスが身をすくめた。

「ぼくたちは友達じゃない」一生友達にはなれない。ジュディスは彼の目をまともに見ようともしないし、クリスチャンは彼女を見るたび、恋に落ちたことを思い出してしまうのだから。いまでもアンソニーの身に起こったことを想像しながら、冷や汗をかいて目覚めることがある。自分は正しいことをしたと確信している。彼女の父親と兄に関する真実を暴いた。ただ、ささやかな疑念を晴らすことができないでいる。

ジュディスの言うとおりだ。クリスチャンはジョークを言うためにここへ来たのではない。悩みから解放されるために来たのだ。

「ぼくたちは友達じゃない」クリスチャンは繰り返した。「きみを助けに来たわけじゃない。ぼくの頼みごとについて考えてみると、きみの手紙に書いてあったからだ。見返りを期待してここに来た。アンソニーの日記が欲しい」

ジュディスが顎をあげた。

「アンソニーはぼくの友達だった。会えなくなってぼくも寂しい。何か彼のものがあれば慰めになると思うんだ」慰めどころではない。クリスチャンの今後の人生がその日記にかかっている。

ジュディスは顔をこわばらせた。「アンソニーの日記は売り物じゃないわ」

「そうか」クリスチャンは立ちあがった。「なら、きみの些細な問題を解決することも、売り物じゃないよ」

ジュディスの目に狼狽の色が浮かんだ。「待って。それ以外で何か欲しいものがあるはずよ」

〝ああ〟と答えたかった。だが、求めてはいけない。ジュディスは郷愁や懐かしい思い出のように、クリスチャンを打ち解けた気分にさせる。だまされてはいけない。ジュディスのことをずっと恋しく思っていたが、似ているようでも、ここにいるのは昔の彼女ではないのだ。単純な世界、彼女を見つめるだけで苦しくならない世界へ行きたい。彼女の弟はアンソニーにそっくりだと言って笑うことができる世界へ。

無理な話だ。

「弁護士に会いに行くときは、ぼくが一緒に行くよ」クリスチャンは言った。「代理人じゃなくて。別に嫌ってくれてかまわないから、ぼくは自分らしくふるまう。その代わり、アンソニーの日記を借りたい。二週間だけでいい。これがぼくの最終提示条件だ」

父親が有罪判決を受けたあと、ジュディスが孤立したのは知っていた。眉をひそめながらクリスチャンの提案を検討している姿を見て、本当に誰も頼る人がいないのだとわかった。

ジュディスが口を開いた。「お金が妹たちの口座に振り込まれていることが確認できたら日記を渡すわ。あと、質問はしないで」

「控えめにするよ」

ジュディスは目を細め、鼻にしわを寄せた。

クリスチャンは肩をすくめた。「何もきかないと約束したら、嘘をつくことになるとわかっているだろう。助けてほしいのなら、手を貸そう。ぼくのやり方で」手を差しだした。

ジュディスはしばらくしてからその手を取り、一瞬だけぎゅっと握った。すぐに手を離すと、まるでやけどでもしたかのようにスカートに押し当てた。

「いつにらみを利かせればいいんだ？」

彼女はまだ手をスカートにこすりつけていた。「約束を取りつけたら連絡するわ」

「わかった」クリスチャンは立ちあがり、上着を手に取った。「じゃあ、そろそろ帰るよ」

最後にもう一度うなずいてから玄関を出た。不ぞろいな階段をおりるとギシギシきしんだ。危なくないといいのだが。

クリスチャンには関係ないことだ。自分のことを考えなければならない。

アンソニーの日記を手に入れたら。あのリストを作ることができたら。目標とやるべきことが見えたら……ようやく眠れるようになるだろう。

4

ジュディスはごちそうを片づけた。クリスチャンが座った椅子には、ベネディクトが座るはずだった。いま頃楽しくお祝いをしているはずが、どんよりとした雲が部屋のなかまで入りこんだかのようだ。シェードにひびの入ったオイルランプの揺らめく明かりが、テーブルの上に影を落としている。ごちそうを盛ったはずの皿が、不気味な残骸に見えた。もったいない。ビスケットは取っておける。もちろん、ジャムも無駄にならない。紙に包んだ高価なダージリン茶は、きっとまた別の機会に役立つだろう。

サンドイッチは……。

これが最後の希望だ。かたくなったパンにすぎないけれど。ジュディスはサンドイッチを皿に盛った。後片づけがすんだ頃には、夜になっていた。

皿を持って二階にあがった。

ベネディクトの部屋のドアはまだ閉まっていた。

午後に見た弟の顔が頭から離れない。打ちのめされ、心を閉ざしているように見えた。

いつもの楽しそうな目の輝きが消えていた。

父の醜聞によって子どもたちの人生が永遠に変わってしまったとき、ベネディクトは四歳だった。弟は昔の家をほとんど覚えていない。失った特権のことを最初に忘れたのはベネディクトだった。新しい環境に適応したのも。不平を言わなくなったのも。ふたたび笑うようになったのも。

弟から笑顔を奪った相手が憎かった。

ジュディスはドアをノックした。

返事がない。しばらくして、椅子を引きずる音が響き……。

「何？」ベネディクトの声が聞こえた。

「ジュディスよ。入ってもいい？」

ふたたび沈黙が流れた。

「お説教はしないと約束する。サンドイッチを持ってきたの。あなたの好物のカブのサンドイッチよ」

ここに越してきた当初、食べるものに困った。ドレスも磁器も宝石もおもちゃも、売れるものは全部売り払った。この家は弁護士に勧められた。それほど治安は悪くないし、町中だし、キッチンに本物のオーブンもある。料理人を雇う余裕がないのは残念だが、食べ物に火を通すくらい簡単だろうと思っていた。

だが、それは間違いだとすぐにわかった。難しかった。ものすごく。ベネディクトとテレサは、長いあいだほとんど何も食べられなかった。ベネディクトがカブのサンドイッチを思いつくまでは。

安くて食べ応えはあるけれど、おぞましい食べ物だ。

「わかったよ」ベネディクトはドアの取っ手の下に挟んでいた椅子を外して、ドアを開けた。大きくなった弟がジュディスを見あげ、礼儀正しく言う。「こんばんは、ジュディス」

その顔を見て、ジュディスは泣きそうになった。近くで見ると、あざや唇のかさぶたのほかにも傷跡があった。泣き言を言われる以上に、イートン校での生活が大変だったのだとよくわかる。

「ええと」ようやく言った。「どうしたの、その顔？」

ベネディクトの唇が震え、かすかにゆがんだ。

「ほら」ジュディスは皿を差しだした。「カブのサンドイッチよ」

ベネディクトは長いため息をついたあと、サンドイッチを手に取った。ひっくり返してにおいを嗅いでからひと口食べた。「うーん」目を閉じる。「これぞ本物のカブのサンドイッチだ。イートン校では作ってくれないんだよ。どの料理も塩気が足りないし。塩をかければなんでもおいしくなるのに」

カブのサンドイッチ——本物のカブのサンドイッチは、トーストしたパン二枚で作る。

一枚には肉汁を、もう一枚にはスグリのジャムをごてごて塗りつけ、焼いてコショウで味つけしたカブの薄切りをふんだんに挟むのだ。おいしくする秘訣は、塩をたっぷりかけること。

カブのサンドイッチ――とりわけそのような奇妙な材料で作ったものが、おいしいわけがない。食べられたものではないはずだ。だが、六歳だったテレサがカブを食べていない、本物のサンドイッチが食べたいとわめいたので、ベネディクトが考えついたのだ。それでもテレサが食べようとしなかったとき、ジュディスはカブに塩をかけてやった。

〝塩をかければなんでもおいしくなる〟ジュディスはそう言った。〝ほら、食べてみて〟

驚いたことに、テレサは食べた。その日以来、カブのサンドイッチは家族の大好物になった。子どもはぞっとするようなものが好きだとよくわかる。

別にかまわない。カブのサンドイッチでベネディクトを元気づけることができるのなら、世界じゅうの塩を集めてこよう。

「お説教は必要ないよ」ベネディクトがサンドイッチにかぶりつきながら言った。

ジュディスは黙って話の続きを待った。

「ぼくの役目がどんなに大事かはわかっている。イートン校で友達を作って、社交界に出入りできるようになって、いつか伯爵の地位について……それから……」ベネディクトは言葉に詰まった。「ジュディスをがっかりさせたくない。テレサも、カミラも。でも、ぼくは戻らない。戻れないんだ」

「ほら」ベネディクトが最後のひと口をのみこんだのを見て言った。「もうひとつ食べて」

ベネディクトがサンドイッチを手に取った。

「ちゃんとわかっているよ」弟が口いっぱいにほおばりながら言う。「ぼくはワース家の人間だ。ワース家の人間は不可能を可能にする」

ジュディスが口を酸っぱくして言ってきたことだ。

ベネディクトはサンドイッチをじっと見つめた。「努力はしたんだ。本当に。頑張って愛想よくしたら、ぼこぼこにされた。おとなしくしていても、ぼこぼこにされた。最初の週にジュディスが送ってくれたジンジャー・ジンジャービスケットを仲直りの印にあげたら、受け取ってもらえた。でも、そのあとまたぼこぼこにされて、それからはビスケットを横取りされるようになった」

赤裸々な話を聞いて、ジュディスは胃がきりきりした。サンドイッチの皿を握りしめる。

「誰にやられたの？」さりげなくきいた。

自分で思っていたほどさりげなくはなかったようだ。ベネディクトはジュディスに目をやった。「告げ口したかったわけじゃない」軽蔑したような口調で言う。「ぼくはそんなことはしない。それに、言ったたってしょうがないよ。またぼこぼこにされるだけだ」

「告げ口にはならないわ」ジュディスは冷静に言った。「仲のいい姉にこっそり本当のことを打ち明けるだけよ」

「だまされないぞ」ベネディクトが首を横に振った。「ぼくをばかだと思っているの？」

ジュディスは返事をしなかった。

「わかっているよ、ジュディス。やつらと話をしようと考えているんだろ。自分なら丸くおさめることができると思っている。ぼくがヴィ――」ベネディクトは咳払い（せきばら）をしてから続けた。「やつらと仲よくなる方法を見つけだせると。無理だよ。絶対」

弟はジュディスのことをよくわかっているので、思考を読まれてしまう。幸せになってもらいたいだけなのに。

だが、ベネディクトは本人いわく〝ぼこぼこにされる〟前から、大人びていた。姉を見あげるその目は、もう世の中の仕組みを知っていて、努力しても無駄だとわかっていると告げていた。

ジュディスは胸が張り裂けそうだった。弟は傷ついていて、それでもどうすることもできないと結論を下したのだ。

〝こんなの間違っている。かわいい弟を二度とこんな目に遭わせるものか〟彼女は誓った。〝わたしがなんとかしよう。丸くおさめてみせる〟

弟の額にかかった髪をかきあげた。ベネディクトは大きく見開いた目でジュディスを見あげた。その目は彼女を照らす小さなオイルランプのようだった。

ジュディスは片手を弟の肩に置いた。「大丈夫よ」ささやくように言う。「また今度、どうするか考えましょう。おやすみなさい」身をかがめて頬にキスをした。

「サンドイッチを食べたの？」ベネディクトがきいた。「ジュディスも食べないと」

そんなに早く大人にならなくていいのに。

ジュディスは廊下を歩いてもうひとりの子どものもとへ向かった。テレサはジュディスと共用のベッドの上で体を起こして座っていた。青い厚手のフランネルのナイトガウンの裾が広がっている。

テレサは手持ちぶさたな様子でガウンをこすっていた。これでは服が長持ちしない。いつもそうなのだ。

「おやすみなさい、テレサ」服のことでひと言言いたかったが、今日はもう充分叱った。これ以上叱ったら怒鳴りつけてしまうだろう。「何かしてほしいことはある？」

テレサがうなずいた。「お話を聞かせて」

ほかの日なら頼みを聞いてあげたかもしれない。だが今夜は、机に向かいたかった。いま取り組んでいる仕事があるし、アンソニーの日記について考えたい——どうしてクリスチャンがあの日記を欲しがるのか。

でも、日記が慰めになると言ったとき……。

そのときまでは昔のままの彼だった——自信たっぷりでカリスマ性があり、罪深いほど魅力的。けれど、そう言った瞬間は疲れきっているように見えた。悲しそうだった。当然だ。クリスチャンがアンソニーを殺したも同然なのだから。

一日じゅう抑えこんでいた感情を解き放ちたかったが、妹の前ではできない。胸がうずいた。

ベッド脇のテーブルに置いてある図書館で借りてきた小説――アーサー王時代の時代小説――など、見たくもなかった。こんな夜に騎士道精神あふれる行為を描いた話を読まされるなんてごめんだ。

ジュディスは微笑んで言った。「テレサ、今夜は忙しいの。読み聞かせをしてもらうような年じゃないでしょう?」

「あら、違うわ」テレサは顔をしかめた。「もちろん、そんな年じゃない。本を読んでほしいわけじゃなくて、お話をしてほしいの」

ジュディスはため息をついた。「ティー、寝る前にふさわしいお話は知らないわ」

「アンソニーの話をして」

ジュディスの作り笑顔がこわばった。

やれやれ。そもそもあんな話をしたのが間違いだったのだ。何年も前、アンソニーがまだ生きていると信じていた頃、ジュディスは寝る前にきょうだいたちに兄の日記を読んであげた。だが、あの不幸をもたらした中国への使節の旅で出会った人々の無味乾燥なリストや貿易協定の記述は、寝る前の読書には向いていなかった。

そこで、即興で話を作った。アンソニーはテントで報告書を読む代わりに、海賊と戦った。サメをつかまえた。エキゾチックな装身具の取引の交渉をし、剣で戦った。

作り話だとテレサはわかっていた。何しろ、妹はそのひどく退屈な旅についていったのだから。それでもジュディスの話が大好きで、また聞かせてほしいとしょっちゅうせがむのだ。

「アンソニーのことをほとんど思い出せないの」テレサが言った。「せめて覚えていることだけでも忘れないようにしているのよ。アンソニーはわたしを愛してくれた」親指から順に指に触れながら数えあげる。「わたしのことを〝ティースプーン〟と呼んでいた。わたしがかっとなったとき、なだめることができるのはアンソニーだけだった。包みこむような、最高のハグをしてくれた。必要なときはいつでもそばにいると言ってくれた。それ以外のことはほとんど覚えていないわ」ジュディスを見あげた。「わたしは二年間、お父様とアンソニーと旅をした。ほかの誰よりもアンソニーのことを覚えていてあげなくちゃいけないのに、わたしが忘れてしまったら、アンソニーが帰ってきたときどうするの?」

やれやれ、最悪だわ。ジュディスはベッドの端に腰かけ、落ち着きを保とうと努めた。

「テレサ。わたしが覚えていることは、あなたの思い出の代わりにはならないわ」

ジュディスはつらい記憶を抱えている。アンソニーの裁判を傍聴したのだ。有罪を宣告されるまで見届けた。アンソニーはひと言も弁解しなかった。不利な証拠が次々と出てきても、顔色ひとつ変えない兄に、歯がゆさを感じた。〝何か言って〟そう叫びたかった。〝何か言ってよ〟

アンソニーは何も言わなかった。誰をかばっていたのかわからない——父かもしれない。父に不利な証拠が出てきても、貴族院はまだ招集されなかった。先にアンソニーが裁判にかけられた。兄はひと言もしゃべらなかった。七年の流刑の宣告を受けても、なんの感情も表さなかった。ジュディスはプリマスまで行き、フリマントルへ向かう囚人輸送船に乗りこむ兄を見送った。

その船が荒天に見舞われたという新聞記事を最初に読んだのはジュディスだった。針路を外れ、目的地のオーストラリアではなく、よりによってスマトラ島に上陸した。囚人の人数を確認したとき、アンソニーの姿はなかったらしい。

「でも少なくとも、たしかな記憶でしょう」テレサが言う。「わたしの記憶は信用できないわ。わたしは——」言葉を切り、ジュディスをちらっと見た。「アンソニーの顔すら思い出せない」

輸送船が出港したあと、ジュディスは兄の消息が届くのを待ち続けた。一年が過ぎ、二年が過ぎた。ひたすら願った。願うしかなかった。

「テレサ」ジュディスは優しく言った。「可能性が高いということを頭に入れておいてほしいの……その――……」

アンソニーはきっと死んでいる。

「わたしが全部忘れちゃうってこと？」

「いいえ」ジュディスは首を横に振った。「忘れないわ。一四歳でしょう。そんなに簡単に記憶を失ったりしないわ。でもね、大切なのは記憶じゃない。感情よ。アンソニーにどんな感情を抱いている？」

テレサは視線を上に向けた。「アンソニーがいないと、世界はきちんとまわらないと思っていたわ」

「そうじゃないとわかったでしょう」

「違うわ」テレサは首を横に振った。「バランスが崩れても歩けるようになっただけ」

〝世界は二度ともとに戻らない。アンソニーは帰ってこない〟

ジュディスはそう言えなかった。

隠していることはない。事実を知った日に妹にも伝えた。クリスチャンがアンソニーの行方を調査させたが、アンソニーは見つからなかった。あの船に乗っていた囚人の多くが到着する前に病気や栄養失調で死んだことを、テレサも知っている。船医はアンソニーを病気と診断していた。二三名が死亡し、さらに一二名が行方不明と記録されている。嵐の最中、記録をつけることはおろそかにされた。アンソニーは行方不明者のひとりで、その身に何が起きたかは明らかだ。兄も死んだのだとテレサも認めるときが、そのうち来るだろう。

だがジュディスがそう確信する前、日記のネタが尽きたあとで、アンソニーがその後どうなったか作り話をしたのだ。アンソニーは海賊の仲間になった。無人島に漂着した。イルカと友達になった。その冒険物語が、胸の痛みをやわらげてくれた。慰めになった。当時は。

いまとなっては気分が滅入(めい)るだけだ。

アンソニーは死んだ。父も。カミラは……音信不通だ。残っているのはテレサとベネディクトだけで、ジュディスにはふたりを守る義務があった。危なっかしいながらも、どうにかこれまでやってきた。

だから、感情をぐっとこらえて微笑んだ。「もしアンソニーに会ったら、世界がまたきちんとまわるようになるから、顔を覚えていなくてもそうだとわかるわよ。忘れたくないなら、毎晩記憶を思い起こすといいわ。毎日思い出せば、絶対に忘れないでしょう」

テレサは神妙にうなずいた。「忘れてしまったことは、いつかアンソニーにきくわ」

妹に真実を突きつけるのは、また今度にしよう。いずれは現実を直視しなければならないが、今夜はそのときではない。

ジュディスは感情が抑えきれなくなる前に逃げだした。

仕事部屋へ行き、散らかった部屋を見まわした。ワイヤーやらコイルばねやら歯車やらが、壁際の作業台に散乱している。テーブルに書類の束――メモが置いてある。

ジュディスは成功したと言ってもいい。姉妹たちはまとまったお金を持つことはできないだろうと、誰もが言った。ベネディクトは学校に入れないと。四年前に有り金が底を突くはずだった。

だが、ジュディスはなんとか切り抜けた。それ以来、厄介な状況に陥ったときや、日中は押しこめていた不安が込みあげる夜に、繰り返し自分に言い聞かせている。自分の力でなんとかしたのだと。

思ってもみなかった成功を遂げたのだ。

けれどその成功も、今夜はむなしく思えた。

兄は死んだ。弟は打ちのめされている。テレサは現実と向きあおうとしない。そしてカミラは、八年近く音沙汰がない。ジュディスは毎晩ぜんまい仕掛けの設計に懸命に取り組み、スコットランドの業者との契約を取りつけた自分を誇りに思っていた。すべては、数カ月後に社交界デビューするカミラに持参金を与えるためだった。四〇〇ポンドは相続するはずだった財産に比べたらたいした額ではないが、それさえあれば自由を得られる。恋愛結婚だってできるし、独身の道も選べる。

ジュディスが送ったお金だと、カミラに気づいてほしかったのかもしれない。昔、口喧嘩したことに対する彼女なりの謝罪だった。〝ごめんね、カミラ。愛しているわ。帰ってきて〟

両手に顔をうずめたが、涙はこらえた。泣くのはあきらめたときだ。まだ望みはある。ジュディスはワース家の人間だ。あきらめたりしない。いまはまだ。絶対に。

顔をあげ、頭のなかで歯車を組みあわせた。今回は踊るカップルや泳ぐ白鳥では物足りない。シンプルかつみんなが欲しくなるようなものを設計しなければならない。

これまでもうまくいった。またやり遂げればいいだけだ。

カミラがデビュー前にお金を受け取ったことを確かめるために、クリスチャンとまた会わなければならないのだとしても。

そうしよう。家族を守るためならなんでもする。

夢のなかで、クリスチャンは船に乗っていた。石炭を燃料とする蒸気船ではなく、大きな帆をかけた古い船だ。少年が誕生日にもらうおもちゃの船のような。

その船もなんだかおもちゃのようで、デッキに立っていると同時に、手に握りしめているような感じがした。激しい嵐の最中で、空は黒い雲に覆われ、稲妻が走っている。波が黒い峡谷のごとく高々と立ったあと、崖に打ち寄せた。

デッキに手すりはついていない。繰り返し見る夢なので、夢のなかでさえ何もかも偽物だとわかった。船に乗っているのはクリスチャンだけ――それと、デッキの向こう側にひとりいるが、降りしきる雨のせいでぼんやりとしか見えない。端のほうに立っていて、いまにも波にのまれそうだ。

その男の顔は見えないが、クリスチャンは誰だか知っていた。何度も見た夢だ。

「アンソニー」大声で呼んだ。

返事はなかった。

「アンソニー！」今度は叫んだものの、風の音にかき消された。

クリスチャンは揺れるデッキをよろよろと横切った。

「アンソニー」近づきながら言う。「アンソニー、なかに入れ。危ない――」

そのとき、大きな波が押し寄せ、口のなかに水が入った。クリスチャンはデッキの上を滑り、ようやくロープを探り当ててしがみつくと、むせながら波が通り過ぎるのを待った。目を開けると、アンソニーはいなくなっていた。

クリスチャンは傾いた船のデッキを這(は)っていった。指がかじかんでいる。船縁(ふなべり)にぶらさがった人影が見えた。いまにも滑り落ちそうで、必死にしがみついている。

「アンソニー」

アンソニーが頭をあげた。

クリスチャンは身を乗りだした。「つかまれ」手を伸ばした。

これまで一度もアンソニーをつかめたことはなかったが、それでも毎回手を伸ばした。そうしないわけにはいかなかった。

アンソニーはどうにか片手を離して伸ばした。その手がクリスチャンの手にぶつかった。指がつるつる滑ったものの、クリスチャンは親友の手首をつかんだ。船が揺れて引き離されそうになっても、放さなかった。

「つかまえた。つかまえたぞ。しっかりつかまれ、こんちくしょう」

踏ん張って思いきり引っ張った。今度こそ、アンソニーを助けてみせる。今度こそ……。

アンソニーがこちらを見あげた。それはアンソニーではなかった。クリスチャンははっとおのれの目を見つめた。青ではなく、薄茶色の目を。一瞬、自分の手で自分を引きあげる、奇妙な感覚に襲われた。そして、叫び声をあげながら手を離した。

ぞっとしながら海の底に落ちていく。同時に自分の手から滑り落ちる自分を見ていた。

「シーッ」声が聞こえ、額に手が押し当てられる。慣れ親しんだ味、ハーブと蜂蜜の味がした。

クリスチャンははっと目を覚ました。誰かが彼の頭を持ちあげ、顎を傾けて液体を飲みこませようとしている。

クリスチャンは反射的にマグカップを払いのけ、口のなかのむかむかするものを吐きだした。

「よしよし」優しい声が言う。「夢を見ていただけよ。欲しいならもっとありますからね」

母の声だ。ありがた迷惑な彼の母親。クリスチャンは息を吸いこみ、呼吸を整えようとした。動悸がおさまるのを待つ。

「夢を見ていたのよ」母が繰り返す。「いつもの夜驚症よ、クリスチャン。ミルク酒を作ったから飲んで」

ミルクとスパイスと蜂蜜の味が口のなかに広がった。アヘンチンキの味も。苦くてまずいのに、いまだに彼をとらえ、安らぎを与えようと誘惑する。それは完全な降伏を意味した。

「いや」かすれた声で言った。「いりません」

「三つ先の部屋まであなたの叫び声が聞こえてきたわ。よく眠れないのね。あなたはわたしの息子なのよ、クリスチャン。世話をさせて。心配なの」母が彼の額をそっと撫でた。

母に愛されている。それは間違いない。母には言葉で表せないほどの恩がある。

昔からずっと生々しい夢を見ている。子どもの頃は特にひどかったが、母は息子を子守に押しつけたりしなかった。夜中でも起きてきてクリスチャンをなだめ、大丈夫だと言ってくれた。彼を救うと同時に、だめにした。

一回だけなら害はない。今日だけなら。

アヘンチンキは人を惑わせる。部屋が暗く、ベッド脇のテーブルの上に置かれたボウルは見えなかったが、クリスチャンは体を起こして手探りで見つけた。ボウルのなかにはさまざまな大きさのひとつかみのビーズが入っている。暗がりのなか、指先で転がした。ひとつ。一番小さくてピンの頭くらいの大きさしかない。ふたつ。それより少し大きい。動悸がおさまり始めた。三つ。だいぶ大きくてボタンくらいの大きさだ。

「その必要はありません」クリスチャンは言った。「すみません、母上。ミルク酒はいりません。明日は仕事があるから。あれを飲むと頭がぼんやりするんです」

クリスチャンを愛している。それが母の唯一の罪だ。母を傷つけたくない。すべてを知らせる必要はない。

四つ。五つ。六つ。呼吸が落ち着き、胸の痛みも消えた。

母がため息をつく。「あなたの叫び声が聞こえたの。使用人たちにも聞こえたでしょう。噂になるわ。なんて言われるかしら?」

七つ。スグリの実くらいの大きさのビーズに、左手の人差し指で触れた。

「よく眠れないんだなって言われるんじゃないですか?」

母は黙りこんだ。

八つ。九つ。

「何も言わせないわ」母が言う。「あれを飲めば、あなたもぐっすり眠れるのに」

今日だけ。クリスチャンは心を引きつけられた。興奮が静まると、アヘンチンキのかすかに甘い香りが漂っているのに気づいた。いまなら問題ないとささやきかけてくる。少しだけ。今日だけなら。

アヘンチンキは人を惑わせる。クリスチャンは一〇個のビーズを小さいものから順に並べ、それぞれを指で押さえた。これを整理できるなら、自分の人生も整理できるはずだ。

一〇。一〇個目はどんぐりくらい大きい。

「このままではやっていけないわ」母がささやく。「あなたのことが心配なのよ。もっと睡眠をとらないと」

クリスチャンに必要なものはミルク酒ではないし、叫びながら目を覚ましたのはアヘンチンキが足りないせいではない。疑念のせいだ。今日の午後、スパイスを利かせすぎたぱさぱさのビスケットがのったテーブル越しに彼を見つめ、アンソニーは無実だと信じるべきだったと言ったジュディスを、ふと思い出した。

クリスチャンはビーズを押して指に食いこませた。アンソニーの有罪を疑ったことはない。アンソニーが反逆罪を犯したことに疑う余地はなかった。流刑は軽すぎる判決だった。

何しろ、アンソニーが罪を犯した理由を、クリスチャンは知っている。

「今日だけ」母が言った。

決して一回だけではすまないことを、母は知らなくていい。母はクリスチャンを愛しているだけだし、彼も母を愛している。母は知らなくていい。「今夜はやめておきます」

アンソニーが反逆者であることは間違いない。クリスチャンが夜中に目覚める理由は、アンソニーが罪を犯したのが悪いことだったのかどうかわからないからだ。

「なんとかする」声に出して言った。「頑張っている」母に言っているのか、夢に現れる死んでしまった友人に言っているのかわからなかった。両手をあげると、ビーズはボウルの中央に転がった。「別のやり方もある」

反逆罪を犯す以外に。アヘンチンキをのむ以外に。クリスチャンは考えに考えた。リストをいくつも作った。アンソニーの日記を手に入れる。そしてアンソニーを立腹させ、国を裏切るしかないと思わせるほどの罪を犯した男たちを特定するのだ。

彼らを見つけだし、裁きを受けさせる。

そうしたら、ようやく夢を見ることなくぐっすり眠れるようになるだろう。

母が失望のため息をついた。「あなたがそう言うなら」

クリスチャンは母の手をさすった。「ぼくは大丈夫ですから。母上も少し眠ったほうがいい」

母はアヘンチンキ入りのミルク酒を持って出ていった。クリスチャンはふたたびボウルを膝の上に置いた。ひとつ。ふたつ。三つ。この世の細々としたものを整理しても、心の平安は得られないが、いくらか慰めにはなる。この問題を解決してみせる。自分なりのやり方で。だがそれまでは……。事態は悪化している。ジュディスと折り合いをつけなければばならない。すべての女性がジュディスとそれ以外に分けられた日からずっと、心が落ち着かない。

四つ。五つ。六つ。

あの瞬間を、いまでも覚えている。

肌寒い雨の日で、ワース家にいた。あのときは、一時間のあいだに人生がすっかり変わってしまうなんて思ってもいなかった。

七つ。八つ。ビーズは記憶をぬぐい去ってくれない。ジュディスは一五歳で、クリスチャンは大学に入る一年前だった。彼はうぬぼれていた。学生という新たな身分にふさわしく、ギリシアの詩の本を持って青の間へ行き、出窓のカーテンの陰に腰を据えて読み始めた。数時間経った頃、ジュディスが部屋に入ってきた。クリスチャンは目を細めて彼女を見たが、彼女からは見えなかったのだろう。ジュディスは廊下をこそこそのぞいたあと、そっとドアを閉めた。

育ちのよいレディと部屋でふたりきりになるのは不適切だ。だが、ジュディスのことは初めてこの家に来た日から知っている。夏のあいだ一緒に遊んだりピクニックしたりした仲だ。アンソニーと魚釣りがしたくて、こっそり逃げだすことが多かったが。

ジュディスを育ちのよいレディと呼ぶのは、コーギーを牧畜犬と呼ぶのと同じだ。コーギーはたしかに羊を追うのに使われているのだろうが、あの滑稽な短い足を見ると、とてもそうとは思えない。

ジュディスのことも同じように感じてしまう。一度彼女を湖に落としたことがあり、それ以来、礼儀正しく接しなければならない相手とは思わなくなった。

ジュディスはクリスチャンがいることに気づかないまま、炉棚の時計を手に取った。高さ二〇センチくらいの棚時計だ。彼女はそれをひっくり返して作業台に置いた。

ジュディスが前にそこで刺繍（ししゅう）をするのを見たことがあった。彼女はまるでほどかなければならないフレンチノットを見るようなまなざしで時計を見た。そして、ポケットから宝石職人の道具を取りだした。

クリスチャンは目を奪われた。ジュディスは時計の裏蓋を取り外すと、機械を手際よく正確に分解し始めた。歯車やばねをひとつずつ並べていく。最初彼は、大きさか機能ごとに並べ直したくてうずうずした。抗張力とか。彼女のめちゃくちゃな並べ方でなければならないんだっていい。

ジュディスは長針に至るまで時計をばらばらにした。

これからどうする気なのだろう、とクリスチャンは思った。このまま部屋を出ていくのか？　それとも、組み立て直して、時計が動かなくなっても白を切るつもりだろうか。

そのどちらでもなかった。ジュディスはポケットから父親のずっしりとした金時計を取りだして作業台に置いた。そして分解したときと同じように、棚時計を手際よく組み立て直し始めた——並べたときと同じように、迷わず正確に部品に手を伸ばす。さっきはめちゃくちゃに見えた並べ方に、意味があるのだとクリスチャンは気づいた。彼女は部品を組み立てる順に並べていたのだ。大きさや色や機能といったことではなく、全体像を考えて。このように組み立てられると、それはただの金属の塊ではなかった。時間の地図だ。

クリスチャンは物を整理することに人生を費やしてきた。彼女を見て、最良の順番とは各部を分類するのではなく、全体を見渡すことによって決まる場合もあるのだと知った。

ジュディスは時計の裏蓋を閉めたあと、テーブルの上の懐中時計を見て微笑んだ。「一四分」そう言ったあと、クリスチャンをまっすぐ見た——そこにいるのをはじめから知っていたかのように。

「新記録よ」ジュディスが言った。

クリスチャンは呆然(ぼうぜん)と彼女を見つめた。ジュディスは悠然と立ちあがり、道具を片づけると、部屋を出ていった。

ワース家の人々は変わっている。だから、アンソニーはクリスチャンのおかしな癖もなんとも思わず受け入れたのだ。しかし、その日まで、ジュディスにあんなおかしなところがあるとは、クリスチャンは知らなかった。

そのあと、ジュディスのことがどうしても頭から離れなくなった。親友の妹だし、レディらしくもない。だが、彼女の魅力に気づき始めてしまった。笑顔。ふくらみだした胸。

彼女を無視しようと二日間努力したあと、無理だとあきらめた。

結局、コーギーも優秀な牧羊犬なのだ。

ジュディスはもう手の届かないところにいる。クリスチャンは時を分解したかった。ふたりのあいだにあるもっとも難しい問題がぜんまい仕掛けや歯車のことにすぎなかった頃に戻るためには、分解して不具合を取り除いてから元どおりにしなければならない。ジュディスといると、居心地の悪さを感じることがなかった。秩序を乱され、いらいらすることもない。彼女は完璧だった。クリスチャンを憎むようになるまでは。

それ以来、クリスチャンの世界は調和が取れなくなった。ずっと心の奥がむずむずしている。本棚の場違いな本や、間違ったファイルに紛れこんだ手紙を見たときのように。八年前、クリスチャンはある決断をし、それ以来ずっと罪悪感に苛(さいな)まれ続けてきた。アンソニーを不当な目に遭わせ、その間違いを正す方法はないのだと。

ジュディスを取り戻すことは絶対にできない。そのことはもう受け入れていた。気持ちを抑えこむことに慣れていた。

一〇。

ビーズを放し、ボウルをベッド脇のテーブルに戻した。

横になり、枕に頭をのせた。ようやく眠りが訪れ、嵐のなかを進むぜんまい仕掛けの船の夢を見た。

5

睡眠の利点は、前日の感情を消し去ってくれるところだ。気分がすっきりし、新たな一日の仕事に取りかかろうという気になれる。

クリスチャンと再会した翌朝、ジュディスがテレサの隣で目覚めたとき、朝日がカーテン越しに差しこんでいた。まず、昨夜取り組んだぜんまい仕掛け――機械的に見えないくらいの速さですばやく回転する人形――のことが頭に浮かんだ。あれがうまくいったら、三〇ポンドくらい値上げできるかもしれない。

ふたたび希望がわいてきた。昨日はつまずいたけれど、あと少しで目標を達成できる。妹たちの信託財産を設けるためにお金を稼ぎ、ベネディクトを学校に入れることのほうが難しかった。ここから先はクリスチャンと一緒に弁護士と会う約束を取りつけるだけだ。

心配はしていない。まったく。頭のなかで買い物リストを作成するあいだ、クリスチャンのことは思い出さなかった。彼のことはいっさい――ほとんど考えずに、買い物かごを手に取った。友人と会ったときには、彼のことはすっかり――かなり忘れていた。

デイジー・ホイットトローは道の反対側にある、この地域が徐々に衰退するあいだに大きな家を分割して作られた無数のアパートメントのひと部屋に住んでいる。彼女とジュディスは同じ場所で買い物をするうちに知りあった。デイジーの父親はかつて雑貨屋を営んでいた——一年前に亡くなり、その何年も前に店をたたんだので、二重の意味で過去形だ。母親は牧師の娘だった。デイジーはジュディスと違ってレディではないが、徐々に落ちぶれていったという点では同じだ。市場で出会った瞬間に、ジュディスのことを理解してくれた。

ジュディスはいつもと同じような格好をしていた。お気に入りの緑色の服——色あせてはいるが、清潔で着心地がいい——を着て、肩にショールを巻き、かごを肘にかけている。

デイジーはいつもの場所——街灯の黒い柱の前で待っていた。服の色は色あせた緑ではなく色あせた青。ショールの色はくすんだ青ではなくくすんだ灰色。そして、かすかにゆがんだ使い古しのかごを肘にかける代わりに両手で持っている。

ふたりはまったく似ていない。デイジーはブロンドで長身だが、ジュディスは黒髪で背が低い。それでも、この通りにいる誰もがふたりは同類だと知っている。

「おはよう、デイジー」ジュディスは声をかけた。

「おはよう、ジュディス」デイジーに手招きされ、ジュディスは通りを横切って近づいた。

デイジーは花屋で働いている。母親と同じ話し方もできるが、たいてい近所の人々と同じように話す。過去のことは絶対にきいてこないので、彼女と話すといい気分転換になる。質問攻めにしたり、自分を売国奴の娘として見たりしない友人ができて、ジュディスはうれしかった。

笑って話せて、過去を忘れさせてくれる友人がいることは、本物のサンドイッチを作れるようになることと同じくらい――それ以上に大切なことだった。

ふたりは腕を組んで歩き始めた。市場は四本先の通りにあり、じめじめした雨の日に歩くには遠すぎる。だが今日は、めずらしくよく晴れた日だった。空は澄みきっていて、昨夜の雨で埃（ほこり）や泥は洗い流され、通りもきれいになっていた。太陽が輝き、小さくまばらな雲は、ほとんど光をさえぎらない。

「今日は何をお買いになるの？」二〇メートルくらい歩いたあとで、デイジーがきいた。

いつもの遊びが始まった。

「金箔（きんぱく）を切らしてしまったの」ジュディスは答えた。

数年前、近所の男の子から気取りすぎだと言われたときに始めた遊びだ。

「まあ！」デイジーがぞっとしたふりをした。「それはいけないわ！　お肉はどうするの？」

「そうなのよ。昨日、ちょうどベネディクトが数週間ぶりに帰ってきたのだけれど、ひれ肉を塩コショウとローズマリーで味つけするだけですませなければならなかったわ」

「ああ」デイジーが首を横に振る。「貯蔵庫をもっときちんと管理したほうがいいわ。フルーツタルトにちょっぴり金箔をかけると、消化にいいことに気づいたの。あれがないと、クリームが胃にもたれてしまって」

「そうよね、デイジー」ジュディスは微笑み、肘に置かれた友人の手をさすった。「あなたは何をお買いになるの？」

「ええと」デイジーは空を見あげ、日差しを顔に浴びながら思案した。「手袋を買わなければならないわ。昨日、鍋を洗ったら……」そこで口ごもり――肉体労働はこの遊びにそぐわない――肩をすくめた。「ほら、真珠付きの子山羊革(キッドスキン)の手袋がすりきれてしまったから」

キッドスキンの手袋をはめたまま鍋を洗う人などいないと指摘してはならない。興ざめだ。

「いやね」ジュディスは言った。「製法が変わってしまったのよ。わたしたちが子どもの頃のキッドスキンの手袋は――真珠がついていない普通のものでも、どんなに洗い物をしようと一年持ったのに」

「本当にそう」デイジーが悲しそうに言う。「質が落ちたわ。いやな時代ね」

「じゃあ、手袋と金箔と、あとは？」

話しているあいだに市場に到着した。すでににぎわっている。特に八百屋が混雑していた。まずそこへ行って、なんでもいいから残っているまともな野菜を手に入れなければならない。

ふたりは暗黙の了解で手袋屋を素通りし、八百屋の列に並んだ。春が寒かったため夏の収穫が遅れ、野菜はまだ出まわっていない。怪しげなカブと芽の出た去年のジャガイモがほとんどだ。だが、レタスとサヤエンドウも少しあった。そして驚いたことに、オレンジも。オレンジなんて、この時季はとりわけ高価だし、どれだけ遠くから来たのかわかったものではない。だけど、皮をむいて三つに切って朝食に出したら……すばらしいごちそうになる。

買うべきではないと、ジュディスは自分に言い聞かせた。ベネディクトの帰省を祝うために散財したばかりだ。

でも、今日はいい天気だし、ベネディクトも帰ってきた。オレンジを食べればきっと元気になる。ポケットのなかと、化粧台の引き出しにある硬貨を心のなかで数えた。ひとつだけなら。

「カブを一二個」順番がまわってきたデイジーが言った。「甘いのをお願い。かたいのはいらないわ」

店主は汚れた手をカウンターに置いた。「いまは七月だ」ぶっきらぼうに言う。「かたくないカブなんてない」

「ましなのを一二個ちょうだい」デイジーは顎をあげた。「それから、ジャガイモを三ポンド。小さめのやつで」

店主が重さをはかり、代金を受け取った。

ジュディスとデイジーの友情は奇妙なものだが、だからといって大切であることに変わりはない。お互いに本当のことを話すことはない。真実は厳しく、耐えがたいものだ。話したからって楽になりはしない。だから、話すときは今日のような話をする——金箔やキッドスキンの手袋、シルク、ストロベリー、蜂蜜酒、馬車の話を。悩みなどひとつもないふりをする。

四本の通りを歩くあいだは、悩みを忘れられるように。

一緒に日常の買い物をするのは、親密な行為だ。ジュディスは計算するまいとした。それなのに、カブの数をついデイジーの家族の人数——二で割ってしまう。一二個はずいぶん多いと思ったときもあった。けれどいまは、つぶしたり、細かく刻んだり、スープの量を増やしたりと、どんなに工夫を凝らしても、一週間分なのでとても空腹は満たせないと知っている。

もちろん、そういったことは話題にしない。

ジュディスもカブとその二倍の数のジャガイモ、新鮮なサヤエンドウをひと山と、甘そうなレタスを少し、そしてオレンジをひとつ買った。

デイジーはそれを見ても平然としていたし、ジュディスも援助を申し出なかった。そうやって友情を築いたわけではない。ジュディスが砂糖をひと袋買ったことにデイジーは気づいているし、デイジーが骨付き肉を買う余裕はないから、なるべく肉が残っているだし用の骨を買ったことにジュディスも気づいている。

友達になってから数カ月後、ぜんまい仕掛けの設計が初めて売れて、ふたりの運命は逆転した。ふたりが友達なのは、買ったものをお互いに見せても平気だからだ。ただの買い物にすぎない。しなければならないこと。退屈な現実を否定して楽にするために一緒にしていることだ。

デイジーはジュディスの私生活について詳しく知っているわけではない。ワース家の噂も知らない。ジュディスの父親が自殺したことは、一度も話題にのぼらなかった。不運によって、環境がいいとは言えないこの地域に引っ越してきたが、デイジーのおかげで、貧困のなかでも気品を保とうと努力するレディでいられた。

骨を包んでもらうと、デイジーはジュディスのほうを見た。「気に入った手袋はなかったわ。いままで使っていたのは、ここにダイヤモンドがふたつついていたの」手首のくぼみを指さした。「あれくらいのものじゃないと欲しいと思えないわ」

「そうね」ジュディスは言った。「妥協してはだめよ。絶対に」

「じゃあ、帰りましょうか」

家までの道のりを半分ほど歩いたところで、デイジーが言った。「昨日、紳士があなたを訪ねてきたと、母が言っていたわ」

やれやれ。せっかく忘れていたのに。ジュディスは目を閉じた。「ええ」

「気になっている人なの？」からかうような口調だった。

ごっこ遊びのときに、男性の話や恋愛話をすることはまずない。手袋の話と違って、内容によってはばかにされることもあるからだ。

「彼は侯爵なの」ジュディスは率直に言った。「古い知り合いで、察しのとおり、わたしのことを愛していた。結婚を申し込まれたけれど、顎の形が気に入らなかったから断ったわ」

デイジーは驚かなかった。いつもなら男性の話でごっこ遊びはしない。だが、ふたりともその遊びの本質を理解していた。話題を体よく避ける手段だ。ジュディスはありのままの事実を打ち明けたのだが、友人がどう受け取ったかはわかった。

「強引な侯爵っていやね」デイジーが顎をあげた。「ふたりの公爵がわたしの取り合いをしたことがあるの。本当におかしな人たちだった。ひとりがナイフを取りだしたら、もうひとりは拳銃をつかんで。そうなったら、あとはどうなるかわかるでしょう」

「まさか！　殺しあったの？」

「違うわ。わたしのことなんてどうでもよくなったみたい。どっちの武器が大きいかで言い争いが始まったから」

ジュディスは笑い声をあげた。「そういうものよね」

デイジーはため息をついたあと、天を仰いだ。「本当にね。それで、彼を追い払ったの？」

「できる限りね」弁護士と面会の約束を取りつけたら、クリスチャンに会わなければならない。

デイジーに対して気がとがめたのは、これが初めてではなかった。ふたりはとんでもない嘘ばかりついている。それがごっこ遊びだ。でも、全部嘘だとふたりともわかっているので、見方によれば、多くの内緒話よりも真実を語っていることになる。

友達に本当のことを言っておいて、嘘だというふりをするの？ そんなの間違っている。あとで本当のことだと知ったら、デイジーは傷つくだろう。けれど、ジュディスの出自にまつわることと同様に、クリスチャンに関することを認めるわけにはいかない。

かつてジュディスとの結婚を望んでいたいまいましい侯爵が助けに来たなんて愚痴をこぼすことはできない。親友がだし用の骨をめぐって小競り合いをしているときに。

「あの人たちってしつこいのよね」デイジーが首を横に振った。「子爵にしておいたほうがいいわ。少なくとも分をわきまえているから」

「ところで」クリスチャンが言った。「ふたりでドライブするなんて久しぶりだね」

夏のドライブは涼しい風が暑さをやわらげてくれるので、たいてい快適なものだ。だがその風も、ジュディスが彼の発言に対して感じたいらだちを静めてはくれなかった。

クリスチャンのふたり乗りの二輪馬車に乗っていて、ふたりの距離は五〇センチしか離れていない。馬車で送るという彼の申し出を断ろうとしたのだが、ジュディスだけ徒歩で行ったら、彼がワース家の友人だと主張できなくなると言われた。

そのとおりだ。

何事においても、クリスチャンが正しいというのは気に食わなかった。それを否定するほど理不尽でない自分もいやだった。

横目で彼を見た。手綱をゆったり握っている。ズボンはもみ革で、汚れやすいため動物の足跡やら石炭の汚れやらが……。そういったことを考えるようになったのは、自分で洗濯しなければならなくなってからだ。ブーツは太陽の光を受けてぴかぴか光っている。クリスチャンはすっかりくつろいだ様子で、数日前にいがみあったことなど忘れてしまったかのように、ジュディスに微笑みかけてくる。

はた目には、ドライブを楽しんでいる見栄えのいい恋人同士に見えるだろう。微笑んだ彼はハンサムだし、いたずらっぽく輝く目を見ていると、ジュディスはせっかく忘れようとしてきたことを思い出しそうになった。

「記憶違いよ」ジュディスは言った。「ふたりでドライブしたことは一度もないわ」

いつかドライブしようと話しただけだ。アンソニーとテレサと父が中国から戻ってきた年の夏、ふたりはいろいろな話をした。クリスチャンを見るたびに顔が赤くなった――つまり、しょっちゅう赤面していた。たびたび目が合い、口実を作ってはふたりで過ごした。見え見えだったので、アンソニーでさえふたりの仲に気づいた。

ジュディスはちらっとクリスチャンを見た。目と目が合った。彼女が見つめているのをからかうように、クリスチャンの目がきらりと光った。

〝妹がデビューしたら、誘ってもいい〟アンソニーはジュディスの目の前でクリスチャンにそう言った。〝公園でドライブしたりとか、くだらないことでもなんでもすればいい。でもそれまでは、ぼくの見ているところで妹に色目を使うのはやめてくれ〟

ジュディスが肩に拳骨（げんこつ）を食らわしても、アンソニーは受け流した。

〝兄の務めだ〟アンソニーはにやりとした。〝おまえの意思に関係なく邪魔をする〟

ドライブも、公園での散歩も、交際も、社交界へのデビューも実現しなかった。

「記憶違いじゃない」クリスチャンが言った。「ぼくは間違ったことは言っていない。ぼくたちがドライブしてから長い時間が経った。無限とは非常に長い時間のことだ。それより長い時間はあまりない」

「アシュフォード卿」ジュディスは言った。「この先何時間か、お互いに礼儀正しくふるまわなければならないのよ。むしろあなたの首を折りたい（クラック・ユア・ネック）と思っている相手に冗談（クラック・ジョーク）を言うのはちょっと危険だと思わない？」

クリスチャンは小首をかしげて彼女をじっと見た。「思わない」ゆっくりと言った。「一般命題として、ぼくは暴力を引き起こすためにユーモアを用いない。その点では普通の人間だよ」

弁護士事務所まで歩いていくなら、ハイド・パークのなかを蛇行しながら進むことになる。

馬車だと周辺を走るだけだ。ジュディスの右手にある公園は、色鮮やかな日傘や青々とした芝生に彩られ、上流階級の聖域に見えた。

「わたしの言いたいことはわかっているくせに」ジュディスはかたくなに言った。

「ほら、ジョークだよ！　すばらしい！」クリスチャンはうぬぼれた表情で眉をつりあげた。「みんなが賛同しているぞ」

ジュディスは鼻を鳴らした。「ほら、ぼくに怒っている人がいるよ！　彼女を笑いたい！の間違いじゃないの」

クリスチャンは考えこみ、馬車道に馬を進めた。

ここはロンドンの彼のテリトリーだ——真っ白い壁の大きな家が立ち並び、通りは定期的に掃除され、窓辺に小さなプランターが置かれている。

クリスチャンが怒った声を出した。「ぼくがきみを笑うなんて、本気で思っているわけじゃないよね」

石畳の細い道の真ん中で、得体の知れないシチューを作っている人はいない。どういうわけか空もより青く、近く見える。太陽が裕福な人々に余分に光を注いでいるかのように。

ジュディスは場違いな気がして、もぞもぞした。

苦労していると、何もかも敵に思える。

「いいえ」ジュディスは答えた。「ちょっと違うわ」

サーペンタイン池の水面が視界の隅できらりと光った。つがいの白鳥が浮かんでいて、もう一対のつがいが道端の芝生をよちよち歩いている。クリスチャンには常に世界がこのように見えているのだ――穏やかで心地よい。

「そういうわけじゃなくて」ジュディスは言葉を継いだ。「ジョークを言うことがものすごく残酷なときもあるのよ。人が動揺するときはもっともな理由があるの。元気づけようとするのは、その人の身に起きたことを否定することになるわ」

「ならないよ」クリスチャンがふたりのあいだの座席に手を置いた。「正当な苦しみを認め、その人が元気になるようジョークを言うんだ。不幸な人間が元気になるのを願うことが残酷だなんておかしい。葬式で〝心よりお悔やみ申しあげます〟と言うのと同じだ」

昔はよくこんなふうに議論した。

田舎で芝生の上に座り、体に触れないよう細心の注意を払い、その代わり、ありったけの情熱を矛盾した言動や笑い声、慎重なほのめかしで表現した。

そしていま、昔のように議論している。いつもジュディスの自制心を吹き飛ばしそうになった、あのきらきらした目で見つめられている。

ジュディスは前方の混雑した土道を指さした。「気をつけて。そんなばかな話は聞いたことがないわ。夫を亡くした女性にお葬式でお悔やみを言うのと、〝英文学史上最高の鶏殺しは誰？〟ときくのが同じことだと言うの？　前者は悲しみに暮れる女性を慰めているけれど、後者は彼女がふさぎこんでいると面倒だから、軽口で悲しみから気をそらせようとしているだけだわ」

クリスチャンは少し思案してから言った。「きみの言いたいことはわかるよ。ジョークを言っていいときと悪いときがあるってことは。ぼくはただ、言っていいときがみんなが認める以上にあると思っているだけだ」当てつけがましくジュディスを見た。「それに、いまは葬儀の場ではない」

ジュディスは父の葬儀の日のクリスチャンを思い出すまいとした。そもそも、彼は来るべきではなかった。助けを申し出るべきではなかった。葬儀のあと、ジュディスとふたりきりになるべきではなかった。結婚を申し込むべきではなかった。彼女に悲しみをもたらした張本人と結婚すれば、状況はよくなるとでもいうように。あんなこと、すべきではなかった。

「ついでにきくけど」クリスチャンが言う。「英文学史上最高の鶏（ファウル）殺しって誰だ?」

「ハムレットのおじよ」ジュディスは目を閉じた。「もっとも卑劣（ファウル）な殺人を犯したから」

クリスチャンが目を見開き、彼女を見た。「レディ・ジュディス、ぼくは怒ったぞ。その程度のだじゃれしか言えないくせにぼくを非難するとは。そんなジョークはいつ言ってもだめだ。絶対に」彼の微笑みを見て、これも冗談だとわかった。当然だ。クリスチャンは冗談しか言わない。

「そんなことを言うのは、あなたみたいなばか(マラード)だけよ」ジュディスは澄ました口調で返した。「鶏殺しはこのうえなく卑劣だわ」

公園は鳥たちでにぎわっていた。アヒルが芝生をさまよい、子どもがくれたパンを白鳥がつついている……正確に言うと、子どもはあげているわけではなく、パンを頭上に持ちあげて白鳥をかわそうとしていた。

クリスチャンが彼女に微笑みかけ、少し体を寄せた。「ぼくが真鴨(マラード)なら、きみは鳥を殺したくなるだろうね」

クリスチャンのこういうところが好きだった。どんな話題でもとことん話す。昔の友情を思い出した。あの魔法のような夏、毎日毎日偶然会い、リンゴ園を歩きまわりながら過ごした時間を。

気をつけないと、友情がよみがえってしまうかもしれない。

ジュディスはまっすぐ前を見た。「あなたは真鴨じゃない。はるかにひどいわ。あなたは……」

先ほどの子どもがパニックになり、パンを投げだした。すると芝生にいた白鳥が道路に転がったパンめがけて車道に飛びだしてきた。あっという間の出来事だった。白鳥はたった三メートル、いや、二メートル前方で、白い大きな羽を広げ、くちばしをさげた。距離がどんどん縮まっていく。

クリスチャンはジュディスのほうを見ていて、白鳥に気づいていない。

「白鳥！」ジュディスは言った。「白鳥よ！」

クリスチャンがにっこり笑った。「ぼくが白鳥？　うれしいね！」

ジュディスは彼の腕をつかんだ。

「違うわよ！　白鳥が！　道路に！」

ジュディスがクリスチャンの手首をつかんだと同時に、白鳥が甲高い声で鳴き、頭をあげて羽を広げた。一頭の馬がうしろ足で立ちあがり、馬車が揺れる。ジュディスはぞっとして、クリスチャンにしがみついた。もう一頭の馬がパニックを起こしていなき、前足で宙をかく。一瞬、馬車が傾き、ひっくり返るのを覚悟した彼女は、歯を食いしばった。ぎりぎりで白鳥が飛びたった。クリスチャンが手綱を引き、馬は最後にもう一度宙をかいたあと、落ち着いた。

辺りが静かになっても、ジュディスの鼓動は鳴りやまなかった。そのとき、クリスチャンの腕に両手でしがみついていたことに気づいた。何も考えずに手を伸ばしていた。毛織とリネンの服越しに、馬を制御しているため張りつめた腕の筋肉の感触を味わった。体が密着していて、ぬくもりが伝わってくる。激しい鼓動の音が彼にも聞こえているかもしれない。

クリスチャンが振り向いて、彼女の目を見つめた。

どきどきしているのは、白鳥に驚かされたせいだ。それだけだ。輝く目で唇をちらっと見られたこととはなんの関係もない。ジュディスは彼の腕からゆっくりと手を離すと、こっそり横にずれて一五センチ距離を空けた。

クリスチャンは友達じゃない。

八年経ってもそれを理解できない自分がいた。彼の腕ではなく、座席の縁をつかむこともできたのに。

そうしなかった。

クリスチャンはそういったことを見逃すような人ではない。とっさに彼をつかんだことで、しつこくからかわれるだろう。ジュディスはぐっと唾をのみこみ、両手を組みあわせた。好きなだけからかえばいい。こちらが何事もなかったかのようにふるまっていれば、そのうちに飽きられるだろう。

「驚いた」まだ心臓が高鳴っていた。「あの白鳥も友達にお土産話ができたわね」

クリスチャンを見なくても、笑っているとわかる。あのいたずらっぽい表情を、視界の端でとらえた。彼をどうしても意識してしまうことに気づかれている。彼に笑われている。

「わたしを笑う暇があったら」鋭い口調で言った。「操縦に集中して」

「笑ってなんかいないよ」クリスチャンが反論する。「ただ、白鳥はどんな話をするんだろうと想像していただけだ。友達がいるのなら」

突っこんできいたりしない。絶対に。

四秒我慢した。だがそれは、難しいことだった。クリスチャンはジュディスの好奇心を刺激する。彼女をからかう必要さえない。彼が微笑むだけで、結局黙っていられなくなる。

ジュディスは身を守るように腕組みをした。「そう。どんな話をするの？」

「よう」クリスチャンが強い下町訛（なま）りで言った。「びっくりする話を聞かせてやろう、フレッド」

ジュディスは困惑して目をしばたたいたあと、彼を見た。「どういうこと？　フレッドって誰？」

「きみのために実演しているんだ」クリスチャンは白鳥を演じることが日常茶飯事であるかのように答えた。「あの白鳥がこれから友達のフレッドにする話を」

ジュディスは首を横に振った。「白鳥は王の鳥。女王陛下の所有物よ。どうして下町訛りで話すの？」

「いやはや、ジュディス。きみの口からそんな言葉を聞くとはね。訛りはそれほど重要じゃない。どうでもいい特徴に基づいてふたつの集団に分けるひとつの方法にすぎない。そんなに階級を重視するな。それに、そもそも白鳥はしゃべれないのに、下町訛りで話すことにけちをつけるなんてナンセンスだ」

「わたしは――」彼にあげ足を取られないような返事を思いつかなかった。「くだらないわ」

「くだらないのは」クリスチャンが殊勝ぶって言う。「白鳥の世界にみみっちい偏見を持ちこもうとするきみのほうだ。白鳥はそんなことは気にしない。人間よりはるかに平等主義なんだ」

ジュディスは座席に深く腰かけた。「わかったわ。とんでもない間違いを犯してしまってごめんなさい。どうぞ続けて。下町訛りの白鳥さんはフレッドになんて言うの?」

「びっくりする話を聞かせてやろう、フレッド!」クリスチャンは下町訛りで繰り返した。そのあと、声を低くして続ける。「なした、ビル? 話してけろ」

「待って」ジュディスは片手をあげた。「下町訛りの白鳥は認めるけど、どうしてフレッドはリヴァプール訛りなの? 白鳥の世界には一貫性というものがないの?」

「そんなもの、人間の世界にも存在しない」クリスチャンは言った。「白鳥の世界だけ多様性を認めないのはおかしいだろ」

ジュディスはふたたび反論しようとした——白鳥の世界に偏見を持ちこむのはだめで、多様性は認めなければならないのはどうして? けれど、彼の目の輝きを見れば、反論を待ち望んでいるのがわかった。唇を噛んで腕を組む。「ならいいわ」しぶしぶ言った。「続けて」

「実はな、フレッド」クリスチャン——下町訛りのビルが言う。「今日、馬を食ったんだ」

聞き間違いだと思った。「いまなんて言ったの?」

「おいおい。そんな目で見ねえでくれ。おれの名誉がかかってるっつうのに、おまえさんをだますと思うか？　おれがそんなことするわけねえってわかってんだろ、いとしいおまえさんよ」

わざとらしい下町訛りでも、目がいたずらっぽく輝いていても、〝いとしいおまえさん〟という言葉はジュディスの心に染みた。クリスチャンは彼女を見ながらそう言った。まるで本当にいとしい人であるかのように、あっさりと。白鳥の芝居をしていることなど忘れてしまったかのように。

ジュディスは手のひらに爪を食いこませた。「どうしてビルはフレッドを〝いとしいおまえさん〟なんて呼ぶの？　不適切な愛情じゃない？」

「不適切なんかじゃない」クリスチャンは肩をすくめた。「さっきも言っただろ。白鳥は人間と違ってみみっちい偏見を持たないんだ」

ジュディスはそっと長いため息をついた。「きいたわたしがばかだったわ。続けてちょうだい。止めても無駄でしょうから」

「おれは道を渡ってた」ビルがふたたび話し始めた。「紳士らしく、えれえ優雅に。そしたら、どうなったか？」

ジュディスは話の続きを待った。

クリスチャンが眉を上下に動かした。「おい、当ててみやがれ」

ジュディスは答えなかった。彼の遊びにつきあうとしても、思惑どおりに動くつもりはない。

「ビル」精一杯リヴァプール訛りをまねて言った。「何度言えばわがる？　馬だの馬車だの走ってる道路さは気いつけろって。そのうぢ轢き殺されるべさ」

「ああ、おまえさんは優しいな」クリスチャンがウインクをした。「最初っから知ってたぜ。つれねえふりをしてるだけだって。けどよ、おれは右見て左見て、ちゃんと確認したんだぜ。なのに、べらぼうに速い、皿くらいでけえ蹄をした馬が走ってきやがった。鼻ん穴から湯気が――」

「嘘こぐでねえ！」ジュディスはさえぎった。「ハイド・パークの近ぐの道でいっぺん馬さ見たけっど、鼻の穴から湯気さ出てる馬なんていながった」

「語り手はきみなの？」

ジュディスはぐるりと目をまわした。「もちろんあなたよ」

「よし。ええと――鼻ん穴から湯気が立ちのぼってた。悪魔の馬みてえによ。そいつが頭を振ったときゃ、目に炎が見えた――悪魔の使いだってえ印だ。そんとき思ったんだ。公園にゃ子どもたちがいる。邪悪な馬に食われちゃならねえって」

「ビル」ジュディスはふたたびさえぎった。「いづから子どもたちのことさ気にかけるようになったんだ？　人間の子どもなんてけったくそ悪え――うるさぐて羽のねえなまっちろいガキだべ」

「人間の子どもだってえ?」クリスチャンは驚いてきき返した。「あんな不愉快なやつらのことなんか言ってねえ。まだ羽の生えてねえふわっふわのヒナ鳥たちのことだ。当たりめえだろ」

「こいな時季にいるが? そげな遅ぐに巣作りするべか?」

「語り手はどっちだ? おまえさんか?」

「そいづは」ジュディスはふうっと息を吐いた。「おめだ、もぢろん」

「よし。おれはどうすりゃいいかわかってた。胸をふくらました。羽を広げた。でけえ蛇みてえに首を伸ばして、地獄の獣を威嚇してやったんだ。そうすっと、そいつはうしろ足で立って、蹄鉄(ていてつ)のついた蹄をちらつかせやがった」クリスチャンは大げさな手振りで説明した。「前足がおりてきたときゃ、死を覚悟した。けどまだ、攻撃のチャンスは残ってた」

ジュディスは天を仰いだ。「おらだちは沈黙の白鳥(コブハクチョウのこと)と呼ばれてるども、おめは当ではまんねな」

「神様のお導きに違えねえ」クリスチャンが殊勝ぶって言う。「おれはそいつの首に飛びかかった。雄叫(おたけ)びをあげた。気づいたら、そいつの喉を突き刺してた。そいつは喉をごぼごぼ鳴らしてよろめえた。そいで、ばったり倒れて死んじまった」

ジュディスはクリスチャンを見つめた。座席にふんぞり返り、満足げな表情を浮かべている。

「本当がい？」疑うような口調で言った。「くちばしで殺したどはな」

「おまえさんが疑うのも無理はねえ」クリスチャンは得意げに言った。「自分でも信じられねえ」

「おめの白い羽さ血はついていねえように見えるが」

クリスチャンははねつけるように手を振った。「悪魔の血。悪魔の馬だ。硫黄のにおいがした。炎みてえに熱かった。けど、そいつはおれの目の前でどさりと倒れたとたん、煙のように消えちまったんだ——蹄も死骸もすっかり」

ジュディスは少し間を置いてから、眉をつりあげて彼を見た。「馬が消えだのなら、なして食うことができた？」

沈黙が流れた。クリスチャンが彼女の目を見た。嘘がばれ、方言を駆使しても言い逃られないとわかっているかのように唇が震えている。だが彼は、平然と肩をすくめた。「なんだ、そんなことかい。馬を殺せるとわかったからにゃ、一頭でやめるわきゃねえだろ」

ジュディスはこらえることができず、片手を口に当てて噴きだした。どうしてこんなことに……自分のしたことが信じられなかった。リヴァプール訛りで、よりによって白鳥になりきって話すなんて。

クリスチャンはいつもこうだ。用心しなければならない。さもないと、いつの間にかかりヴァプール訛りの白鳥の恋人を演じさせられてしまう。

クリスチャンは満足げな笑みを浮かべていた。ジュディスが罠にはまったことを知っているのだ。これからも何度でも同じことを繰り返すと。ともすれば彼がした仕打ちも忘れてしまうと。

実際、五分間も忘れていた。

「ほら」クリスチャンがあまりにも無邪気な声を出したので、これからろくでもないことを言うのだとわかった。「そのせいで声がかれちまった」

ジュディスは恐る恐る尋ねた。「雄叫びをあげすぎたせいで?」

「いや」クリスチャンが体を寄せてささやいた。「馬をいっぺえ殺したから」

だじゃれにあきれ、ジュディスは拳で額を叩いた。自分も加担したので、文句を言うこともできない。ふたたび額を叩いた。「あなたには死刑でも甘すぎる。四つ裂きの刑でも甘いわ」

「ほら」クリスチャンがうなずいた。「狙いどおりだ」

「釜茹での刑でも甘すぎる」ジュディスは吐きだすように言った。「待って、どういうこと?」

「ぼくたちは友達じゃない。それでも、味方のようなものにはなれる。そのことを証明したかった。ぼくたちは協力しあえるんだから」

「それとあなたのつまらないだじゃれになんの関係があるの？」

「つまり、きみがぼくを殺したいと思っているときのほうが、ふたりとも楽しいと思うんだ。きみが……」クリスチャンが口ごもった。

わたしがクリスチャンにしがみついていたときよりも。あのときのぬくもりがまだ残っている。筋肉の感触。まなざし。彼を好きだったときのこと、かつての自分たちを思い出した。

当たり障りのない言葉を探した。「馬車から落ちないよう、あなたの腕を借りたときよりも？」

「ああ」クリスチャンが彼女を見た。「きみがぼくを二度と信用しないことはわかっている。それでいい。きみがぼくを二度と信用しないとぼくは信じていて、たとえふたりともそれを忘れそうになったとしても、ぼくはきみに二度と信用されないよう力を尽くすと、きみは信じていい。それでも充分に同盟は結べる」

ジュディスはどうにか理解すると、目をしばたたいた。本気で言っているようだ。

「わたしがあなたを嫌うという条件で休戦を申し出るの？」ゆっくりと言った。「そして、交換条件として、あなたを嫌いにさせ続けるよう努力するということ？」

「そのとおり」クリスチャンが手を差しだした。「ぼくたちにはやるべきことがある。ぼくたちが嫌いあっていることを忘れないようにするためだけに口喧嘩を続けるより、そのほうがずっと効果的だ。休戦するかい？」

ジュディスはクリスチャンの手を見た。彼を見た。かつてふたりは、もっとずっと近い関係だった。彼の言うとおりだ。彼に噛みついてしまうのは、ふたりが深い友情を築いていたことを思い出したくないからだ。

「いいわ」ジュディスはクリスチャンの手を取り、かたく握手した。「休戦する。あなたのことが大嫌いよ」

「よくできました。たもとを分かつまで、白鳥と馬でその憎しみをあおり続けるよ」

6

「クリスチャン・トレント、アシュフォード侯爵です」弁護士が部屋に入ってくると、クリスチャンは言った。「ワース家の友人として同席します。レディ・ジュディスからおききしたいことがあるそうです」

弁護士はおざなりに握手をした。さっき同盟を結んだときにジュディスがした握手とはまるで違う。

「弁護士のエニスです」彼は入念に梳かしつけた薄い白髪頭を叩きながら言った。「お茶はいかがですか？」

「いえ、結構です」

「早速本題に入りましょう」ジュディスが言った。

「おふたりと話をするんですか？」ミスター・エニスがふたりに座るよううながし、自分も腰かけた。

弁護士はこちらのことを知っていると、クリスチャンはほぼ確信していた。だが人は普通、反応を見せない。彼はここでちょっとにらんでおくことにし、目を細めて弁護士を見た。クリスチャンがジュディスについてきたことを意外だと思う理由をききだそうとするかのように。

一、ジュディスがクリスチャンを嫌っているから。

二、クリスチャンがジュディスの兄を殺したから。

簡単すぎてきくまでもない。

「はい」ジュディスが答えた。

ミスター・エニスはため息をついた。「アシュフォード卿、一家のご友人とおっしゃいましたね？」

クリスチャンは目にいっそう力を込め、うなるように答えた。「はい」

「最近はそう言うんですね」ミスター・エニスは天を仰いだ。「この何年かで、友人の基準が相当変わってしまったようだ」ジュディスを見ようとはせず、悲しそうな笑みをクリスチャンに向けた。「まあ、できる限り善処しますよ……ご用件はなんでしたっけ？　そうだ、ききたいことがあるとか」

「ぼくではありません」クリスチャンは言った。「ぼくはあくまでもサポート役です。レディ・ジュディスが質問します」

ミスター・エニスは息をゆっくりと——ため息に聞こえないくらいそっと——吐きだし

たあと、作り笑いを浮かべた。「答えられる質問にはすべてお答えします。アシュフォード卿が同席なさる必要はありません。かえって逆効果かもしれませんよ」

ジュディスも作り笑いで応じた。「そう言っていただけてうれしいです。今日おうかがいしたのは、妹のカミラの――」

ミスター・エニスが片手をあげた。「それについてはお答えしかねます、レディ・ジュディス。あなたはレディ・カミラの法定後見人ではありません。彼女の具体的な状況については、ご本人か、後見人が認めた人にしかお話しすることはできないのです」

「前はこういった質問に答えてくださいましたよね」

「事情が変わったのです」ミスター・エニスは鼻をぴくぴくさせながら遠くを見つめた。

「どう変わったんですか？」

「えー……」弁護士はいかにも気まずそうだった――嘘をつきなれていない人が突然、死んだおじをでっちあげなければならなくなったかのように。「現状を維持することが難しくなったのです」

「それなら」クリスチャンは言った。「レディ・カミラを連れてくれば、質問に答えてもらえるんですね？」

「ご本人も後見人も反対なさらず……わたしがお話しすることのできないそのほかの事柄に触れないとしてですか？　かまいませんよ。先日、レディ・ジュディスにもそうお伝えしました」

クリスチャンは彼女にきいた。「どうしてカミラを連れてこなかったんだい?」きいてはいけなかったと、すぐにわかった。ジュディスが口をへの字に結ぶ。はなをすすり、膝の上で手を組んだ。

「黙って」ジュディスが彼にささやいた。「にらみつけて」

「なるほど」ミスター・エニスが誰に言うともなく言った。「たしかに一家のご友人ですね。事情にお詳しい」

クリスチャンは頬が熱くなるのを感じた。

「言わなかったかしら?」ジュディスがやけに明るい口調になった。「カミラはいま一緒に住んでいないの。一年以上音沙汰がないのよ」

ミスター・エニスが眉をあげた。「一年以上?」

「八年くらいかしら」ジュディスはわざとらしい作り笑いを浮かべた。

黙っていろと言われてよかった。クリスチャンは言葉が見つからなかった。ジュディスの家を訪ねたとき、たしかにカミラは見かけなかった。だが、家のなかは騒がしかったので、上の階で軍隊が演習を行っていたとしても気づかなかっただろう。

カミラもどこかにいるのだと思っていた。しかし、弁護士の疲れきった笑みから判断すると、これはつらい話題のようだ。

クリスチャンは顔をしかめた。ワースきょうだいがこれ以上ばらばらになるなんて信じられなかった。〝ジュディスにいまだに嫌われているのも当然だ〟彼は心の声を振り払った。

「それなら、テレサの話をさせてください」ジュディスは言った。「テレサはこの数カ月のあいだにある通知を受け取った――」

「マイ・レディ」ミスター・エニスは鼻筋をつまんだ。「レディ・テレサに関することについてもお話しできません」

「どうしてですか？　わたしはテレサの法定後見人だし――」

「あなたは法定後見人ではありません」ミスター・エニスが言った。

ジュディスは手袋をはめた拳でこめかみをさすった。「まさか。わたしは最近親者です。女でも後見人になれます。四年前にこの話をして、あなたも同意したはずです。あれから何があったんですか？　わたしでないなら、いったい誰が法定後見人なんですか？」

「わたしが考えたことではありません」ミスター・エニスが首を横に振った。「それはわかってください」

「では、誰の考えですか？」

「レディ・テレサの後見人である紳士がお考えになったことです」ミスター・エニスはゆっくりと言った。「守秘義務があるので、後見人の身元を明かすことはできません。ご本人がそれを望んでいらっしゃいませんし、状況が……」言葉を探した。

「普通でない?」クリスチャンは助け船を出した。「あり得ない?」

ジュディスが身を乗りだした。「想像を絶する、とか。とんでもない、かも」

ミスター・エニスは首を横に振った。「許さないと言っておきましょう」

「失礼を承知で言いますが、たわ言に聞こえます」クリスチャンは椅子の肘掛けを指でトントン叩いた。「そんな話は聞いたことがありません」

弁護士は無視して続けた。「また後見人は、不在中に代わりを務める権限をふたりの者に与えると、明確な指示を残しました。ひとりはわたしであり、もうひとりの命令に従うよう言われています」

「それは誰ですか?」ジュディスがきいた。

「あー……その方から最近、あなたには何もお教えしないようにと、明確な指示を受けました」

ジュディスが自分に助けを求めたのも無理はない、とクリスチャンは思った。たしかに誰かがにらみを利かせてやる必要がある。彼は身を乗りだした。

「これはペテンだ。まったくもって理不尽だ」

ミスター・エニスは大声を出した。「理不尽なのは認めますが、決してペテンなどではありません。法律書を徹底的に当たりましたが、問題は見つかりませんでした」

もっとにらみを利かせる必要がある。クリスチャンは弁護士の目をじっと見た。「レデイ・ジュディスがあなたを詐欺罪で告訴したらどうなるだろう？　評判はがた落ちでしょうね」

ミスター・エニスは怯むことなく、鼻にしわを寄せ、肩をすくめた。「閣下、これはたしかです。レディ・ジュディスはこの件を公にすることを望んでいらっしゃらない。率直に申しあげますと、あなたが何をお望みなのかわかりかねます。しかし、ほかの選択肢を検討することを強くお勧めします。この問題を解決する方法はほかにもあります。ですが、状況が……」

「許さない？」

「とんでもない状況なんです」ミスター・エニスが言葉を継ぐ。「とにかく、わたしから答えをお教えすることはできません」

何もかもおかしかった。クリスチャンは蛇のようなものをつかんでいると確信していた。それでも、自分が〝群盲象を評す〟の盲人ではないかという思いをぬぐえなかった。もしかしたら、手のなかにあるものは象につながっているのかもしれない。

クリスチャンはあきらめずに言った。「お金を送った人物を連れてくることもできます。その人になら答えてもらえますよね」

ミスター・エニスは眉をひそめ、首をかしげて思案した。「あー」ようやく口を開いた。

「それは……どうでしょう。なぜなら……あー」

「それで弁護士を名乗っているんですか？　〝あー〟しか言えないのに？」

「あー」弁護士はさらに大きな声で繰り返した。「よろしければ何度でも言いますよ。しかし、法的な助言をお求めなら、一五分ごとに相談料をいただくことになります。それは本意ではないでしょう」

「それに」ジュディスが制するようなまなざしをクリスチャンに向けた。「お金は匿名で送られたのよ。送り主を特定するのは難しいかもしれないわ」

「あー」クリスチャンは言った。

ミスター・エニスがうなずいた。「そうでしょう？　わたしの見解に同意していただけたようですね」

何も成果はなかったと、ジュディスは帰りの馬車のなかで思った。クリスチャンににらみを利かせてもらっても、彼女が問いつめても無駄だった。新たな策を考えなければならない。

クリスチャンはまっすぐ前を見て、唇を噛みながら考えこんでいる。夕方になり、頬にひげが伸びてくると、さらに不真面目に見えた。そんなことはどうでもいい。この一日を乗りきったのだから。

「あなたについてきてもらっても意味がなかったわね。でも――」

「いいから」クリスチャンはかぶりを振った。「ぼくたちは味方同士だ。礼なんか言わなくていい。やめてくれ。きみはぼくを嫌っている。礼儀正しくふるまう必要はない」

そうだった。

クリスチャンが言葉を継ぐ。「それに、ぼくを追い払おうとしているようにも聞こえたよ。それでは約束が違う。金が振り込まれていることをきみが確認したら、ぼくは日記を受け取るんだろう。まだ終わっていない」

「そうだけど」

「ぼくの考えでは、可能性はふたつある。一、きみの弁護士は本当のことを言っている。二、彼は嘘をついている」

ジュディスはクリスチャンをにらんだ。「あなたは質問しないって約束だったわよね」

「質問なんかしていない。きみに嫌われるようなことをしているだけだ。真実を探りだそうとしているだけだ」

「あなたは――」

「ぼくが思うに」クリスチャンは彼女をさえぎって続けた。「きみたちに信頼されている顧問弁護士が嘘つきで、彼の背信行為を暴いて嫌われるか、誰かワース家の親しい友人が詐欺師で、そいつが金を着服したことを証明して嫌われるかのどちらかだ。完璧だ。ぼくたちの同盟は、まさにこのようなお互いに損をするシナリオの上に成り立っている。ぼくたちのあいだの不信感と嫌悪感をあおるのに、これ以上のものはない」

ジュディスは口をつぐんだ。どうせクリスチャンにさえぎられるのなら、話すつもりはない。腕組みをした。

「いや、ひとつだけある」クリスチャンが言う。「きみの話をさえぎること。いやだろ。ぼくはうまくやれているかい？」

ジュディスはため息をついた。

「あるいは、こんな話もしたくないほどぼくを嫌っているというのなら、前段階をすっ飛ばして、ぼくに日記を渡してもいい」

ジュディスは鼻を鳴らした。「ただで渡すわけないでしょう」

「やっぱりな」クリスチャンは肩をすくめた。「とにかく、金の行方を突きとめたいなら——」

「こっちも話の腰を折らせてもらうわ。もうすぐカミラがデビューするから、急がないといけないの。わたしが法定後見人でないのなら、なおさら。いったい誰になったの？　デビューも妨害されてしまうの？　もうお金だけの問題じゃないわ」

クリスチャンはうなずいた。「なら、次の標的を決めよう。ミスター・エニスの言ったことが本当だとしたら、突然現れてぼくたちの邪魔をしたその法定後見人とやらは誰だと思う？」

「ぼくたちじゃなくて、わたしよ」ジュディスは指摘した。「ええと……ひとり思い当たる人がいるわ。おじよ。カミラの保護者。おじしかいない。ほかに後見人を引き受けるような人に心当たりはないわ」

「そもそも、その金がどこから出てきたのか、聞いていなかったね」クリスチャンが眉をつりあげた。「きみが匿名で送ったそうだが、どうやって手に入れたんだい？　おじ上が関係しているのか？」

ジュディスは彼をにらんだ。「それは質問よ。質問に答える必要はないと約束したわ。わたしとおじは血がつながっていないの。下の三人の実のおじよ。でも、父とアンソニーが外国へ行っていたあいだ、わたしもおじの家でお世話になったの。ずっとウィリアムおじ様と呼んでいるわ」

今度はクリスチャンが顔をしかめた。「どういうことだ？　おじ上はカミラだけ引き取ったのか？」

ジュディスの胸に苦々しい思いがよみがえった。「いいえ。そういうわけじゃなくて。わたしとベネディクトも引き取ると言ってくれたわ。一緒に暮らすなら、わたしたちに何ひとつ不自由はさせないと。衣食を与えるだけでなく、女の子は社交界にデビューさせ、男の子は学校に入れてくれると。醜聞がおさまった頃、おじはそう申し出たの。カミラはその申し出を受け入れた」

「きみは断ったのか？」

ジュディスは拳を握りしめた。「また質問したわね」

「断ったんだな」クリスチャンが息をのんだ。「きみとカミラとベネディクトだって？　テレサは？」

「難しい子だから」ジュディスは前を向いたまま言った。「小さい頃はさらに扱いにくかったわ。父の事件があったあと……テレサはアンソニーを求めて泣き叫んだ。想像上の友達がいる子どものことを知っている？　あの子は架空の妹を生みだして、わたしたちがどんなに言い聞かせても、本当にいるんだと言い張った。おじはテレサを女学校に入れようとしたわ。あの子の精神をくじくことがいいことだと言って。父がまだ幼かったテレサを中国へ連れていったのには、理由があるの。おじに預けたくなかったのよ。あの子の視野を広げたかったわけじゃない」

クリスチャンに憐（あわ）れむようなまなざしで見られた。彼の同情はいらない。

「それで、断ったんだね」クリスチャンが低い声で言った。

「そうよ」声がうわずった。「当たり前でしょう。そんな犠牲を払って支援を受け入れることはできないわ」

あれは苦渋の決断だった。

「おかげで手間が省けるよ」クリスチャンがつぶやくように言った。「ぼくたちは友達じゃない。きみはぼくを嫌っている。きみの家がめちゃくちゃになったのはぼくのせいだ。きみにわざわざ思い出させる必要もない」

ジュディスは手袋をはめた手をじっと見た。困難で苦しい日々だったけれど……ささやかな成功を積み重ね、数々の障壁を乗り越え、爽快でもあった。彼を嫌うことと、自分が誇りに思っていることで同情されることとは別の問題だ。

「いいえ」ジュディスは言った。「あなただけのせいじゃないわ」

クリスチャンは黙りこんだ。

「わたしたちは友達じゃないけど、味方のようなもの。あれからずっと真実に悩まされ続けているの。父は難しい人だった。わたしは父のことをあまり理解していなかった。父は伯爵位を継ぐ前は軍隊にいて、そのあとは大使館の仕事で何年も家を空けていた。インドでの最後の任務から帰ってきたとき……様子が変だったの。父はおかしな考えを持つようになっていた」クリスチャンを見ることができなかった。「思いがけず爵位を継ぐまで、何度も戦争に行った。裁判の証拠すべてに目を通したけれど、いまでも動機がわからないの。アンソニーなら知っているかもしれないけど……」深く息を吸いこんだ。「認めるのに何年もかかったけれど……あなたが正しかったのかもしれない」

「ちょっと待て」クリスチャンは体を引いて彼女から離れた。「こんな話はしちゃいけない。ぼくたちの見解が一致したように聞こえるよ」

「違うわ。父が不在でも、いつもアンソニーがいてくれた。問題は、兄のことなの。あなたは見つけた証拠がアンソニーを不当に巻きこむことになるとわかっていたはず。裁判でアンソニーのために証言すべきだった。それでも、うちの家族は何もかも失ったかもしれない。でも、アンソニーを失うことはなかった。いまも力になってくれていたでしょう」

クリスチャンは息を吐きだした。反論しようと口を開いたあと、首を横に振った。「そうか」痛みをこらえるような声で言った。「よかった。嫌われたままで。同盟を維持できるね」一瞬目をそらしたあと、厳しい目つきで彼女をにらんだ。「弁護することなどできなかった。アンソニーは犯罪を犯していた」

ジュディスは息を吐きだした。

クリスチャンが首を振った。「おじ上を訪問する約束を取りつけてくれ」

「あなたがして」ジュディスは彼を見ずに言った。「おじもあなたなら受け入れるでしょう。議員だし。わたしからの問い合わせには答えてくれないわ。ずっとそうだから」

ジュディスの家がある通りに到着した。狭い道なので、馬車を乗り入れたらUターンできなくなってしまう。この辺りには芝は生えておらず、しゃれた公園も、白鳥が泳ぐ人工の池もない。あるのは紙切れが散乱する石畳だけだ。

クリスチャンが馬を止めた。「ぼくが先におりてきみに手を貸すが、別に意味はないからね」

ジュディスはクリスチャンの好きにさせた。手を取られ、馬車をおりた。別に意味はない。彼のしかめっ面と同じくらい無意味な行為だ。

クリスチャンの熱い視線を感じた。

見つめ返すつもりはなかった。絶対に。クリスチャンの手の感触を意識しないようにした。腕をかすめる彼の上着や、スカートに触れる彼の脚のことも。

地面におり立つと、クリスチャンが手を離し、ジュディスはふたたび呼吸ができるようになった。思いきって彼を見あげた。

「どうしてこんなことをするの？」

「アンソニーの日記が欲しいからだ」

「そうじゃなくて。どうしてわたしを安心させようとするの？」

クリスチャンは否定しなかった。通りの向こうをちらっと見たあと、肩をすくめた。「アンソニーの日記が欲しいから。きみはぼくを嫌っていることを忘れそうになったら、パニックを起こして、自分の問題を解決する前にぼくを追い払おうとするだろう」

クリスチャンはジュディスのことをよくわかっている。彼女はいまもうろたえて、心臓が激しく打っていた。

「ぼくとしては」クリスチャンは肩をすくめたあと、彼女の目を見た。「きみに嫌われていることを忘れるわけにはいかない。絶対に。そうでないと、ぼくは……」

クリスチャンはジュディスの隣に立っていた。ジュディスは彼と馬車に挟まれている。かつてジュディスは彼に恋をしていると思っていた。岩にぶつけたときにできた頬の傷跡に。カールした黒髪に。彼女を笑わせるやり方に。

ジュディスを見る彼のまなざしが好きだった——いまのように。彼女の想像をかきたてる。手をつなぐ以上のこと、キス以上のことを求めていた。ジュディスに安らぎを与えると同時に、落ち着かない気分にさせることができるのはクリスチャンだけだ。

彼を嫌っていなければ、パニックを起こしてしまう。

無理やり彼の目を見た。「何？　わたしに嫌われていなければ、あなたはどうするの？」

クリスチャンがジュディスを見つめ返した。彼の目を見たのが間違いだった。その目の輝きが、何かに火をつけたような気がした。ジュディスは激しく狼狽した。

かつてクリスチャンは、ジュディスが夢に見たすべてだった。心の奥で、いまもそうだと思っている。

クリスチャンは答えなかった。拳を握りしめて言う。「何がなんでも、きみに嫌われていることを忘れないようにしよう」

7

ジュディスが家に入るとまず、テーブルの椅子に腰かけたテレサが、目にかかったブロンドの髪をかきあげているのが見えた。向かいに座っているベネディクトがきいた。「大丈夫かな？」

ふたりはテーブルの上の、毛布に包まれて小声で鳴いている茶色の子猫をじっと見ていた。テレサが布切れで猫の足を拭いた。「ただのかすり傷よ、キャラメル」なだめるような声で言う。「すぐに治るわ」

キャラメルというのは、一家が飼っている四匹の猫のうちの一匹だ。

「よその猫に引っかかれたのね？」テレサが言葉を継ぐ。「あの子はおなかがすいていただけで、意地悪したわけじゃないわ。チキンを——」

「だめよ」ジュディスはドアを閉めた。

キャラメルが跳びあがり、毛布を振り払って廊下を逃げていった。

「ジュディス」テレサが立ちあがり、服についた茶色の短い毛を払い落とした。「お帰りなさい」完璧に近いお辞儀をし、行儀作法のレッスンもまったくの無駄ではなかったことを示した。

テレサは姉を操る方法を知っている。

「お辞儀は、ダンスの前や身分の高い人に自己紹介するときにするのはいいけど」ジュディスは言った。「もう一匹猫を飼わせてほしいと姉に頼むときはふさわしくないわ。特にその猫が野良猫の場合は」

「ああ、お願いよ」テレサは行儀作法を放棄した。「お願い、お願い。飼わなくていい。餌をやるだけでいいから」

「それは飼うということよ」ジュディスは経験から言った。「ロンドンじゅうの猫に餌をやることはできないわ。四匹で充分よ」

テレサはすばやく戦術を変えた。「わたしがしたいことにはなんでも反対するのね」

「ええ」ジュディスはため息まじりに言った。「するわ。わたしは恐ろしい人食い鬼だもの。文字どおりの意味よ。一週間後にあなたの骨を粉々にするつもりだから、幸せにしてあげるだけ無駄だわ」

テレサが鼻にしわを寄せた。「むかつく」

ジュディスはおなかをさすったあと、ウインクした。「おいしかった」

ふたりは同時に笑い、ベネディクトもかすかに微笑んだ。ジュディスは彼を問いつめたくなるのをこらえた。

〝笑ったわね。気分はよくなった？　あなたを傷つけたのは誰？　どうしたらやめさせられる？〟弟が帰ってきてからまだ数日しか経っていない。問題を解決する時間なら一カ月以上ある。心の傷を探るのは、せめて唇の傷が治ってからにしよう。

代わりに、普通のことをきいた。「どんな一日だった、ベネディクト？」

ベネディクトは肩をすくめた。「まあまあかな。猫を押さえて縫う方法をテレサに教えてもらった」

「毛布よ」テレサは当然のことのように言った。「なんでも毛布でくるんであげればいつかはよくなるの」

自分もそうならいいのに、とジュディスは思った。大きな羽根布団にくるまって、責任から逃げてしまいたかった。布団の下で縮こまっていれば、妹たちの信託財産が魔法のように現れて、クリスチャンは必要なくなればいいのに。

「毛布といえば」ジュディスは言った。「もう寝る時間よ。支度をして」

テレサはふくれっ面をするよりも狡猾だった。ジュディスを見て返す。「まだだめよ。掃除が終わっていないから」

「やれやれ」ジュディスはかぶりを振った。「都合がいいわね。まだ寝たくないときに限って終わっていない仕事を思い出すなんて。いいから、もう寝なさい。わたしがやっておくから。わたしもすぐに行くわ」

ふたりはぶつぶつ言いながらも寝室へ向かった。

ジュディスは棚とテーブルを拭いたあと、食器棚の前で立ちどまった。磁器は全部ここにしまってある。彼女がひとつずつ買い集めたのだ。どうにかそろいに見えるものを――目を細めて見ればそう見えるものを一生懸命探した。弟と妹たちへの誓いのようなものだった。状況が変わっても生きていくという。

とはいえ、今夜ジュディスの目を引いたのは磁器ではなかった。羊飼いだ。

父が有罪判決を受けたあと、売れるものはすべて売り払った――自分のものは何もかも。まず来シーズンの服を手放した。それから、宝石や絨毯も。それらを売ったお金でこの家を一〇年借りた。残ったのはわずか五〇ポンドだった。

だが、クリスチャンにもらったぜんまい仕掛けの置き物は売らなかった。これは受け取るべきではない贈り物だった。

ジュディスの生みの母は、彼女が赤ん坊の頃に死んだ。父が再婚したのはジュディスが四歳のときで、新しい母親を実の母だと思って育った。

父が留守がちだったにもかかわらず――あるいは、だからこそ、母はよく笑った。明るい色が好きな人だった。ジュディスに刺繍を教えるときはいつも、赤や黄、明るい青や鮮やかなオレンジを入れるよう勧めた。

ジュディスが一七歳のとき、その母も死んだ。ジュディスは葬儀のあと集まった人々から逃げだした。彼らと一緒にただ暗い顔をしているのはいやだったのだ。悲しみと怒りでいっぱいだった。母はしめやかな会など望まなかっただろう。家に黒い布をかけることも嫌っただろう。母が生きていれば、ジュディスに黒い服など着せなかったはずだ。ウインクをして、赤ワイン色やあたたかい茶色を着なさいとささやいただろう。

けれど、母は死んでしまった。一カ月後には、アンソニーと父もいなくなってしまう。窓に黒い布のかかった感傷的な家から逃げだして、中国へ行くのだ。

ジュディスは出窓のカーテンの陰で丸くなった。母は逝ってしまった。父もいなくなる。結局、ジュディスは社交界にデビューできず、二年間も生真面目で堅苦しい田舎のおじと暮らさなければならない。またたく間に人生がすっかり変わってしまった。不当にも。

もう一七歳なのだから、自らを憐れんではいけないと自分に言い聞かせていたとき、クリスチャンが部屋をのぞきこんだ。室内を見まわしたあと、ドアを開けっぱなしにして入ってくると、脇に抱えていた箱をテーブルに置いた。

彼もまた去っていこうとしているのを、ジュディスは認めたくなかった。アンソニーがいなければ、休暇中に訪ねてくる理由はない。

その夏は、ふたりでよく話をした。週に何回か。

別に深い意味はない。クリスチャンは二歳年上で、ジュディスは喪に服しているあいだは社交界にデビューできない。ふたりは友達。ただの友達だ。

少なくとも……クリスチャンは優しかった。兄の知人に憧れた結果、失恋する友人たちを見てきたので、同じ過ちを犯すつもりはない。

「ジュディス」クリスチャンが言った。「きみを捜していたんだ。調子はどう？」

ジュディスは彼をにらんだ。「きみは感情を表に出さない強い子だなんて言ったら、本棚をあなたの頭の上に倒してやるから」

クリスチャンが頭に触れた。「鎧をつけていないし、ぼくはばかじゃない。ふたつの点で安全だね」体を左右に揺らす。「ちょっと話してもいいかな？」

「どうぞ」ジュディスは言った。「みんなが悲嘆に暮れて静まり返っているのを見たら、母はばかにして笑ったでしょうね。何もかもいやがったと思うわ」

クリスチャンがうなずいた。「きみにプレゼントがあるんだ」

ジュディスは廊下をちらっと見た。人の声がかすかに聞こえてきて、まだ客が帰っていないのだとわかった。母が埋葬されてから何時間も経ったのに。「それは不適切かもしれないわ」

クリスチャンがドアを閉めたので、ジュディスはごくりと唾をのみこんだ。それは――ドアを閉めることは許されない。たとえ家族ぐるみの友人でも。たとえ七歳のときから知っている相手でも。

「そうだな」クリスチャンはゆがんだ笑みを浮かべた。「これはどんなときも不適切だ。この贈り物は渡すべきではない」

ジュディスはなんと言えばいいかわからなかった。「アンソニーと議論していたときの意味で言っているの？　妥当性なんてナンセンスだという？」

クリスチャンは天を仰いだ。「すべての妥当性がナンセンスだというわけではない。多くが役に立っている。予防的に」

ジュディスはいぶかしげに彼をじっと見た。「予防的？　あなたがこの前アンソニーと予防法について議論していたときは——」

クリスチャンの耳が赤くなった。「立ち聞きしていたのか？　ハハッ、驚いたな！　あれは気にしないでくれ。この場合の予防とは、幅広く保護するために作られたルールを意味する。たとえば、拳銃を思い浮かべて」

「どんな拳銃？」

どういうわけか、クリスチャンはさらに赤面した。「どんなのでもいい。拳銃を携帯する場合、覚えておかなければならないルールがある。相手を傷つける意思がないときは、決して人に向けてはいけない。もっとも重要なルールのひとつだ。銃を向けてもほとんどの場合は何も起こらないとしても、万一恐ろしいことが起きたときに人を守るためのルールだ。

動揺して引き金を引いてしまうかもしれない。頭の上にクモが落ちてきたとか。なんであれ、恐ろしい事故を予防する唯一の方法は、絶対にふざけて銃を人に向けないことだ」

ジュディスは目をしばたたいた。「拳銃をわたしに向けるために来たの？」

クリスチャンは片手で顔を覆った。「ある意味では」つぶやくように言った。「紳士はレディに高価な贈り物をしてはいけないというルールがある。花はいい。リボンもたぶん。だが、非常に高価なものや心のこもったものはだめだ」

「それを受け取ったら、身持ちが悪いと思われるから」ジュディスはうなずいた。

「違う。たしかにレディはそう教えられる。でも、本当の理由は別にあると思う」

「そうなの？」

「本物の紳士でない紳士もいるからだ。プレゼントをあげると言って、そのあと見返りとして特別な好意を得ようとする男もいる」

ジュディスは笑った。「ばかね。あなたがわたしに求愛するなんて思う人はいないわ」

クリスチャンは笑わなかった。唇を噛み、ジュディスをじっと見た。「そうかな？」

そして、持ってきた箱を彼女に渡した。

それは重かった。ジュディスは両手で受け取って膝に置いたあと、蓋を開けた。

木箱の中身は、すばらしい置き物だった。首を曲げて振り返る羊飼いの女が野原に座っている。微笑む唇を照らす太陽の光がとらえられていた。

だが、一番の見所はほかにあった。羊飼いのスカートを囲むレールに、三匹のぜんまい仕掛けの羊が並んでいる。羊飼いを箱から取りだすと、その下に分厚い本が入っていた。背表紙に『ぜんまい仕掛けの原理』と書かれている。

「まあ」ジュディスは羊飼いに触れ、ねじを見つけて巻いた。すると羊が跳ね、くるりとまわったあと、一匹ずつ小さな木の柵を飛び越えた。

ジュディスはクリスチャンのほうを向いた。なんとも言えない表情で彼女を見守っている。表情は読めなくとも、この贈り物の意味は理解できた。これは親友の妹に気まぐれであげる子どもだましの品物ではない。

ジュディスはうれしかった。「最高のプレゼントよ」

クリスチャンは足で絨毯をこすった。「ひっくり返してパネルを開ければ、ぜんまい仕掛けが見られる。なんなら、分解したっていい」

そのとき、クリスチャンがジュディスのことをずっと見ていたのだとわかった。彼女が一番好きなものを知っていて、それをあげたかったのだと。キスよりも親密な行為だった。

ジュディスは一七歳。クリスチャンは一九歳。この先、何年かは会えそうにない。

ジュディスは男の子を意識するようになっていたけれど、真剣に考えるほど大人になってはいなかった。その瞬間まで、クリスチャンを男性として意識しないようにしていた。

彼は毎年夏をジュディスの家で過ごしている。彼の前で緊張するなんてばかげている。

でも、緊張していた。

「これは極めて不適切だ」クリスチャンが言う。「贈り物としては高価すぎる。それに、きみのために特注で作らせたものだから、なおさら悪い。でもぼくは、見返りは求めない。あげたことすら忘れるよ」

「そうなの？」ジュディスは残念な気がした。

「ああ。父君とアンソニーがいないあいだ、きみは三つ離れた郡にあるおじ上の家で暮らすことになる。喪中だから訪問を受けつけないし、朝食の席で話すチャンスはない。果樹園で会うこともない。きみは社交会にデビューしない。だからだ、ジュディス。きみに求愛する機会がないから。二年間は」

ジュディスはうなずいた。「これはお別れのプレゼントね」

クリスチャンが彼女の目を見つめた。「今度会うときは、きみは一九歳になっている。もう一人前のレディだ。ぼくはきみに不適切なことをしてほしいと頼んでいるわけじゃない、ジュディス。ただ……」

ジュディスはわけがわからず、話の続きを待った。

「ぼくのことを忘れてほしくないんだ」

ジュディスは忘れなかった。夢に歯車が出てくるほど、羊飼いを何度も分解しては組み立て直した。本を熟読し、お小遣いを貯めて羊をうしろに跳ねさせるために必要な部品を買い、最初の試みが失敗したあとも挑戦し続けた。

クリスチャンのことは決して忘れなかった。父が外国へ行き、おじの家で喪に服していた二年間のあいだずっと。久しぶりに再会したときも。父が裁判にかけられたあとも。ぜんまい仕掛けの踊るカップルの設計が初めて売れた日、クリスチャンのことを思い出した。

そしていま、羊飼いを手に取ってぞんざいにぬぐった。

記憶力がよすぎるのだ。ベネディクトの唇の傷も忘れられない。妹たちのためにかき集めたお金が、本来持っているはずだった財産のほんの一部にすぎないことも。この数年間、沈みかけている船から船へと乗り換えているにすぎない気がすることも。

彼らは、ジュディスはこんな人生を送るはずではなかった。

「あなたの言うとおりね」羊飼いに向かって口にした。「クリスチャンが嫌いってことを忘れるわけにはいかないわ」

8

「先に電報を送ってくれ」クリスチャンは自宅の玄関を入りながら、代理人のミスター・ローレンスに言った。「到着したあと、移動手段が必要になる」

「承知致しました、閣下」

彼の横で、執事がかすかにうなずいて挨拶したあと、頭をわずかに右に傾けた。

クリスチャンは代理人に向き直った。「グラフトン卿との打ち合わせの日程を変更してほしい」

「はい、すでに手配済みです」

執事がクリスチャンの視界に入るようわずかに移動し、軽く咳払いをした。

「それから、できたらワース事件の記録を捜してくれ。ちょっと確認したいことがある」

「承知致しました。すぐに持ってこさせます」

執事が先ほどより大きな音で咳払いをし、それでも無視されると、拳を口に当てて咳をした。

「頼む」クリスチャンは帽子と手袋を執事に渡し、それで執事が満足することを願った。

「それから――」応接間をのぞきこんで、言葉を切った。

こわばった表情の母がソファに座っていた。隣にはとこのリリアン、そして彼女の夫のスタッフォード子爵もいた。三人とも苦々しい顔つきでクリスチャンを見つめている。彼が広場で赤ちゃんゾウを大量殺戮し、いまも血をしたたらせているかのように。あるいは、些細なマナー違反を犯したかのように。

たとえば、家に入ったときに訪問客がいるのに気づかなかったこととか。

そしてたぶん、今日は客が来るから家にいると母に約束したのを忘れていたことも、マナー違反なのだろう。しまった。

クリスチャンは部屋に入って言った。「リリアン。元気そうだな。産後の肥立ちがよかったみたいだね」

「おかげさまで」

「スタッフォード、来てくれてうれしいよ」

クリスチャンはビスケットに手を伸ばした――が、母が顔をしかめたのを見て、何も取らずに手を引っこめた。

「あなたも座りなさい」母が猫撫で声で言う。「お話ししましょう」

世間話などしたくない。スタッフォードとふたりきりなら、議会で取りあげられている問題について話してもよかったが、女性も同席している。リリアンの話を聞くのも楽しいが——彼女がこっそり教えてくれなければ、女同士でどんな話をするのか絶対にわからなかった——夫の前で秘密を打ち明けるはずがない。それに、旅の計画を立てなければならない。

それでも、母から紅茶を渡されると、クリスチャンは従順にソファに座ってカップをサイドテーブルに置いた。

「アシュフォード」リリアンが編んで頭に巻きつけた黒髪に触れた。「大事な話があって来たのよ。よく……考えてほしいの」

クリスチャンはサンドイッチに手を伸ばした。「熟慮するよ」

「大変なことになっているの」リリアンは慰めを求めるようにカップを手に取った。「本当に恐ろしいことに。あなたの評判は回復できないわ」

「おっと」クリスチャンは背筋を伸ばした。「ゾウの件がばれたのか」

リリアンは眉根を寄せた。「なんですって？」

「赤ちゃんゾウだよ。トラファルガー広場の。ギロチンで……あれがぼくの仕業だってことはばれていないのか？　よかった。この話は忘れて。続けてくれ」

リリアンがため息をついた。「クリスチャン。真面目に聞いて」

「だから、続けてくれ。本当に恐ろしいことって？」

リリアンは鼻を鳴らした。母がハンカチを渡し、彼女はそれで目を押さえた。

「アシュフォード卿、あなたはわたしの一番大切なはとこよ。実の兄のように慕っている。たとえユーモアのセンスが――なんでもないわ。とにかく、あなたが苦しむ姿を見たくないの。あなたを幸せにするためならなんでもするわ」

「ぼくが苦しんでいるって？」

リリアンはふたたび目を押さえたあと、彼を見た。「あなたを結婚相手として望ましい独身男性のリストから外すべきだと、レディ・ケイリングが言うのよ」

クリスチャンはサンドイッチをひと口食べた。パンはぱさぱさで、キュウリはしなびている。料理人にひと言言っておかなければならない。それに……。

いや、別のことを考えている場合ではない。母とリリアンが返事を待ち受けるように、彼をじっと見ている。

「それで終わり？」

「クリスチャン、レディ・ケイリングは社交界の重鎮よ！」

そうなのだろう。クリスチャンはため息をつき、真剣に受けとめようと努力した。「どうしてぼくがそんなに非難されなければいけないんだ？　殺人罪で起訴されたか？」

リリアンはハンカチを落とした。「その可能性があるの？」

「ただのジョークよ」母がかぶりを振った。「こういう人なの。殺人をネタにした冗談ばかり言って」非難のまなざしを彼に向ける。

「人だけじゃないよ」クリスチャンは余計なことを言った。「赤ちゃんゾウ殺しをネタにすることもある」

三人の上品な人々が、ぞっとして彼を見つめた。

「でも自己弁護をさせてもらうと、今回は正確には赤ちゃんゾウではなかった——何カ月か過ぎていた。最悪の場合でもよちよち歩きの幼児だ。これで気が楽になっただろう」

「クリスチャン」リリアンが両手に顔をうずめると、夫は慰めるように彼女の肩をさすった。

クリスチャンはため息をついた。「赤ちゃんゾウが死ぬジョークはいつ言っても受けないな。お茶の席でもだめらしい。朝食の席のほうがいいかな?」

リリアンが母のほうを見た。「ええ、同感だわ。悪化している。はるかに」

クリスチャンはゆっくりと息を吸いこんだ。はとこと母をからかうのはよくないことだ。だが、ふたりが暗い顔をし、深刻な口振りで言うので、もっと重要な話かと思ったのだ。とはいえ、クリスチャンのためを思ってのことだし、彼もふたりを大事に思っている。「わかった。ふるまいには気をつけるようにするよ。だが、どうしてぼくがそこまで非難されているんだ? それに、そんなひどいことを家族に向かって言うなんて、レディ・ケイリングは礼儀作法がなっていないな。誰か教えてやるべきだ」

「もちろん、わたしに直接言ったんじゃないわ! そんなわけないでしょう」リリアンが鼻を鳴らした。「レディ・ウィットフォードに言ったのよ。それがレディ・ダンワースに伝わって、彼女がマッジおば様に話して、おば様がわたしに教えてくれたの」

クリスチャンは微笑んだ。「なんだ。ぼくは社会ののけ者にされたわけじゃなかったのか。それどころか、噂の的になっているんだね」

「クリスチャン」母が彼をにらんだ。「こんなときにどうしてそんな冗談が言えるの？　あなたのイメージが悪くならないよう、わたしたちが頑張っているのに……」身震いをする。

「その独特のユーモアセンスがイメージを傷つけているわけではないことは認めるわ。みんな楽しんでいるようだもの」

「みんなあなたのことが大好きよ」リリアンが言う。「でも、最近のあなたは何かに取りつかれたようだという噂が立っているの。貿易協定とか密輸とか輸入とか輸出とか、そんなことばかり考えているでしょう。舞踏会に参加しなくなったし、オペラにも行かない。紳士クラブでも議会のことしか話さない」

「それか、赤ちゃんゾウのジョークを言うか」母がつぶやいた。

リリアンは無視して続けた。「このままだと、精神的に不安定だと言われるようになるわ」

スタッフォードがうなずいた。「大事になりかねない」

クリスチャンは肩をすくめた。「社交界の噂話にしては、驚くほど正確だな。噂の連鎖がめずらしく真実に行きついたというわけか。これはめでたい」

母がカップを置いた。「クリスチャン、あなたはわたしのひとり息子、生きがいなの。わたしは……」一瞬声を詰まらせたあと、助けを求めるようにリリアンとその夫を見た。「あなたの体調に関する噂が広まらないよう、すべてを捧げてきた。噂がどういうものか知っているでしょう。パーティーに出て、若いお嬢さんたちと踊ってきなさい」肩をすくめる。「そのうちの誰かと結婚すれば、もう何も言われなくなるわ」

クリスチャンはこらえきれずに笑いだした。真面目にやろうとしたが、無理だった。「パーティーに行く。ダンスをする。生涯を誰かとともにすると誓う。ひとつだけ次元の違う話だと思いませんか？」

「クリスチャン」母が制するように言った。

「心配でたまらないみたいだから、心が落ち着く方法を教えてあげます。夜会服を買う。友達と公園を散歩する。イギリス国籍を放棄して、モルディブに引っ越す」

母が彼をにらんだ。

「ほら、いきなり次元の違うことを言われても困るでしょう。赤ちゃんゾウの話のほうがよっぽど面白い」

「クリスチャン、真面目な話をしているの」

「わかっています」クリスチャンは言った。「すみません。ぼくも努力はしたんですが、そんなことをしてもしょうがないと、すぐに思い直しました。ぼくはぼくだ。人におかしいと思われたって気にしない。いつになったら結婚するのかと不審がられたって。なんのリストから外されようとかまわない。ぼくはぼくであることをやめるつもりはないし、それが悪いことだとは思いません」

母が身を乗りだした。「あなたの夜驚症のことは誰にも知られないように気をつけたわ。リスト作りとか、数を数えるとか、変わった癖のことも話さなかった。あなたはウィットに富んでいて、人当たりがいいとみんな思っている。少し変わっているけれど……これまでは誰も気にしなかった。そのイメージを保つために、計画を立てないとならないわ」

「ああ」クリスチャンは言った。「それならいい考えがあります。議会で取りあげてはどうでしょう。新聞に寄稿してもいい。それとも次元を変えて、子どもの頃、父上に精神病院に入れられそうになったと、みんなに話すというのはどうですか？」

「クリスチャン！」

「うーん」クリスチャンはサンドイッチをもうひと口食べた。「母上が考えたゲームですよ」

母は使用人に聞かれていないか確かめるように、周囲を見まわした。「あそこは精神病院じゃないわ。ベドラムとは違う」取り澄ました口調で言う。「それに、結局行かなかったわ。わたしが反対したから」

「そうでしたね」

「でも、気をつけなければならないのは、まさにそこよ。あなたがアジアのアヘン取引に取りつかれていると、みんなをとまどわせる――いいえ、害を与えるの。興味を持つことはいいのよ。でも、執着は度を越していると見なされる。一〇年くらいそのことを忘れるわけにはいかないの？　ほかの目的を見つけたらどう？　イングランドには孤児がいる。すばらしい大義になるわ」

「うーん」クリスチャンはかぶりを振った。「幼いゾウにぼくがしてきたことを考えると、ぼくに孤児を任せるのは賢明とは思えませんが」

リリアンがこめかみに指を押し当てた。「アシュフォード卿、クリスチャン。わたしたちはあなたを愛している。あなたに幸せになってほしいの。わたしと一緒にお茶会に行ってちょうだい。明日、レディ・エニッシュに招待させるわ。ジョークを言って、みんなに笑ってもらいましょう。礼儀正しくふるまって、うまく合わせるの。それがみんなの望みだから――あなたはやっぱりわたしたちの仲間だと、安心したいのよ」

まさにそれが問題だ。もはや仲間ではないのかもしれない。

「よくわかった。申し訳ない」クリスチャンは母の手をさすった。「ぼくもみんなのことを愛している。ぼくがジョークを言うのは、ほかにどうしようもないからなんだ。だが、見てのとおり……」自分は仲間でいるのをやめたのだ。いつからかはわからないが。「ぼくはもう紅茶は飲まない」

「うわべだけでいいの」リリアンが懇願する。「前は少なくとも、仲間のふりをしていたでしょう」

ずっと自分をだましていた。とてもうまく。アンソニーを乗せた船が出港したとき、彼は教訓を得て七年後に帰ってくるのだと、クリスチャンは自分に言い聞かせた。いずれ事態はよくなる。アンソニーは自らの過ちを認めるだろうと。アンソニーが行方不明になったと聞いたあともずっと。調査団を派遣したときでさえ、報告書が間違っているのだと思いこもうとした。だが、調査団が持ち帰った調査結果のすべてがアンソニーはもうこの世にいないことを示していて、ごまかしは破綻した。

もう謝罪できない。光明はない。和解の道は閉ざされた。クリスチャンのしたことは取り返しがつかない。見て見ぬふりをしてきた疑念が、もはや抑えきれなくなった幻想とともに夢のなかであふれだした。

「本当にすまない」クリスチャンは言った。「もう自分を偽ることはできないんだ」

クリスチャンと会ってから三日が過ぎた。

デイジーが訪ねてきて、ぐらつく椅子に腰かけている。テレサとベネディクトはジュディスと一緒にソファに座っていた。

「明日のことで話があるの」ジュディスは言った。

テレサが片手をあげた。「悪いけど、もう少し待ってもらえる？　猫が全員そろうまで」

ジュディスは妹をにらんだ。テレサの隣にいるスクイッドは、王のように堂々と前足を伸ばしている――このポーズで、キトンズリー男爵スクイッド卿という爵位を獲得した。

キャラメルはベネディクトの膝の上で丸くなり、耳をさすられている。パーソンはサイドテーブルにのっていた。

「ほとんどそろっているじゃない」ジュディスは言った。「それに、そもそも猫に英語がわかるとは思えないけど」

「ジュディスの話し方ではわからないでしょうね」テレサがつぶやいた。

「それなら、イーヴリン――」

「レディ・イーヴルになったの」

邪悪（イーヴル）だなんて、あの猫にぴったりの名前だ。ジュディスは驚かなかった。

「じゃあ、わたしはレディ・イーヴルと話せないから、彼女がご臨席されたら、あとはあなたに任せるわ」

テレサが鼻を鳴らした。「これだから、猫たちはジュディスの話を聞かないのよ」

これだから、ワース家では簡単なことを決めるのにも委員会を開かなければならず、九時間もかかるのだ。ジュディスはため息をついた。「ちょっと黙（ホールド・ユア・タン）っていて、テレサ」

「前にも言ったけど、舌をつかむ（ホールド・ユア・タン）ことはできないわ」

ジュディスは無視した。「明日の早朝、用事があって町を離れるの。夜遅くまで帰ってこられない。だから、テレサとベネディクトには、自分のことは自分でしてもらわなければならないわ」

テレサとベネディクトは視線を交わした。やがてテレサがうれしそうに笑い、それを見たジュディスはうなじの毛が逆立つのを感じた。

「すてき」テレサが言う。「どうして大騒ぎするの？　わたしたちのことなら心配いらないわ。行ってらっしゃい」

ジュディスは言い張った。「緊急事態が起きたときは、デイジーのところへ行って。助けてくれるから。二時まではお花屋さんにいて、そのあとは向かいのアパートメントにいるわ。わかった？」

テレサは目をぐるりとまわした。「はい」

「サンドイッチがうまく作れないのは緊急事態じゃないから。サーカスが見たいというのも。命の危険があるときだけよ」

「猫の命もね」テレサが言った。

冗談（ダックス・アライブ）じゃない。最強の抜け穴を見つけたわね。

「スクイッドとパーソンとキャラメルだけよ」ジュディスは言った。「ほかの猫はだめ」

テレサが恐怖に目を見開いた。「レディ・イーヴルは？」

「絶対にだめ。わたしの手で溺死させるわ」

「まあ」テレサは鼻にしわを寄せた。「わたしをからかっているだけよね。レディ・イーヴルはジュディスのお気に入りでしょ」

実はそうだ。ジュディスは認めたくなかったので、代わりに妹をからかったのだ。

「意地悪ね」テレサが眉をひそめた。

「女王のように」ジュディスが言った。

「そんなこと言ったらだめでしょ」テレサが返す。

「どこへ行くの？」ベネディクトがきいた。

嘘をついてもしかたない。「ウィリアムおじ様に会いに行くの」

テレサがはっとした。「カミラに会うの？」

ベネディクトが眉根を寄せる。「目的は？」

ジュディスはデイジーと目を合わせられなかった。過去の話をしたことはない。ごっこ遊びなんかしていたのに、実はジュディスのおじが子爵で、父は伯爵だったと知ったら、デイジーはばかにされていたと思うだろう。

「おじ様にききたいことがあるの。それだけよ」

「カミラを連れ戻すの？」テレサがきいた。

「もちろん、いつでも帰ってきてほしいけれど――」

「どこで寝るの？　わたしたちの部屋？　あのベッドで三人は寝られないわ。レディ・イーヴルとスクイッドとパーソンとキャラメルの居場所がなくなってしまう」

「先走りしすぎよ、ティー」

「でも、猫を追いだしたくない」

「社交上の訪問なの」ジュディスは声を張りあげた。「それ以外の何物でもないわ。でも、カミラは大勢の猫よりも大事でしょう」

テレサがはっと息をのんだ。「なんですって！」

「ただ親戚を訪ねるだけよ」わたしがあなたたちのために一生懸命働いて稼いだお金を着服したかもしれない人を。「たったそれだけのことなのに、世界の終わりみたいに言わないでちょうだい」

「でも、世界が終わりに近づいているのなら、猫の行く末を考えておかないと。この子たちはわたしが責任を持たなければならないの。ジュディスがいつもそう言っているでしょう。わたしは責任を果たそうとしているだけ。それがいけないことなの？」

ジュディスは無視するしかなかった。「仕事が終わったら、デイジーが様子を見に来てくれるわ。彼女の言うことをよく聞くのよ。コンロは使用禁止。家を燃やそうとするのもやめて。ナイフで喧嘩するのも――」

「ナイフで喧嘩したいなんて思ったことないわ」テレサは蔑むように顎をあげた。

妹がそれ以外への興味は否定しなかったことに、ジュディスはもちろん気づいていた。

「それから、何があろうとこれ以上猫を拾わないで。四匹で充分よ。わかった?」

二匹でも充分だ。一匹でも。

「でも、もし――」

「つべこべ言わないの。とにかく、猫を拾っちゃだめ。火事を起こしちゃだめ。だめと言われたことはやらないで。〝はい、ジュディス〟と言いなさい。言えないなら、黙って」

「はい、ジュディス」テレサは目をぐるりとまわした。「でもやっぱり、〝舌をつかむ〟って言い方はおかしいわ。舌をつかもうとしたことある? わたしはある」舌を突きだした。

「ほら」舌を指でつかもうとする。「つうつうすびぇるの。しゃかなみたいに」眉をひそめる。

「しゃかな」指を取りだした。「魚みたいに。舌はつかめるものじゃないわ。なのに、どうしてそんな言い方をするの?」

ジュディスは目を細めてにらんだ。「〝はい、ジュディス〟だけでよかったのに」

「待って。ベネディクトには〝はい、ジュディス〟って言わせなかった。じゃあ、ベネディクトはナイフで喧嘩してもいいの? ずるいわ。ベネディクトが人を切っていいなら、わたしもそうして!」

ジュディスはため息をついた。「ベネディクト?」

「はい、ジュディス」ベネディクトは暗い表情で姉を見ていた。いつもの目の輝きは消えている。気の抜けた口調で答えた。「だめと言われたことはしないよ」

ベネディクトに望むことは、自分の部屋から出ることだけだ。

「よかった」ジュディスは立ちあがった。「デイジーが夕飯の支度をしてくれるわ。明日はあなたたちが起きる前に出かけるから。お願いだから、ちょっとは外に出てね。散歩するとか。この時季、川沿いを歩くと気持ちいいわよ」

ベネディクトが肩をすくめた。

「よかった」ジュディスは繰り返した。「じゃあ……デイジー、来てくれてありがとう。玄関まで送るわ」

それは友人とふたりきりになるための口実で、見え透いていた。

「ジュディス」妹と弟に声が届かないところまで離れると、デイジーが言った。「何か困ったことになっているの?」

ジュディスはため息をついた。「大丈夫よ」

「一日出かけるって聞いて、この前あなたを訪ねてきたという男の人のことを思い出したの。彼は身なりがよくて、その——……」デイジーがためらいがちに言った。「本当に侯爵みたいだったたって。侯爵がどういうものか知っているわけじゃないけど」

「そうね」ジュディスは言った。「あなたのお相手は公爵ばかりだったものね」

デイジーがため息をついた。「公爵とろくでなしだけ。わたしが言いたいのは、もし……その——……これが、長いあいだ音信不通で、ずっとあなたに手を差し伸べてくれなかったおじ様に会いに行く旅じゃなくて……何か別の……あなたが、ええと……」

「わたしが？」

「貞操を売る決心をしたのだとしたら」デイジーがようやく言った。

お互いの問題について話すことはめったにないけれど、デイジーのことが心配で買ったカブの数が気になってしまうのは、ジュディスもニンジンを思うように買えなかった時期があったせいだ。だから、デイジーがジュディスの貞操を案じているということは、たぶん彼女もそういう問題を抱えたことがあったのだろう。ジュディスは彼女の身に起きた最悪の事態からデイジーを救ってあげたかった。デイジーも同じように考えたのだと思うと、彼女を抱きしめたくなった。

ふたりが現実の話をめったにしないのには理由がある。現実は醜すぎるからだ。貞操を失うだけのことなら、ずっと簡単だっただろう。そんな話はする必要がない。父と兄を失うほうが穏やかではない。貞操を売ることが口にするのもはばかられるのなら、ジュディスの父が国を売ったと知ったら、デイジーはどう思うだろう。

「本当におじを訪ねるのよ」ジュディスは言った。「あなたの言うとおり、おじはずっとわたしたちのことを無視し続けていたの。楽しい訪問になるとは思えないわ。お金に関する話だから」

「この前訪ねてきた男の人は？　あなたを困らせていない？」

「彼は家族ぐるみの友人だったの」ジュディスは目を閉じた。本当だ。けれど、真っ赤な嘘でもある。「ここに引っ越してくる前の話よ。もう身分が違う。いまのわたしたちを見てぞっとしたと思うわ」

「あなたがそう言うなら」デイジーがジュディスを見つめた。「でも、お願いだから……」声が途切れた。

ジュディスは手を伸ばしてデイジーの手を取った。「間違っても貞操を失う心配はないから大丈夫。あなたの気持ちはよくわかっているわ」

デイジーが居心地悪そうに身動きした。

「あなたはいい友達ね」ジュディスは言った。「すばらしい友人だわ。明日はいたずらっ子たちの面倒を見てくれてありがとう。お金を払えなくて――」

デイジーはばつが悪そうにさえぎった。「いいのよ。わたしも何度も母の様子を見てもらっているし」

ジュディスはうなずいた。「じゃあ、また近いうちに会いましょう」

「ええ」デイジーはちらちらと振り返りつつ帰っていった。ジュディスは自分が隠しているいろいろなことを思い出した。

9

ロンドン発の列車が発車し、ウォータールー橋駅が遠ざかる。クリスチャンの向かいに座っているジュディスは——きちんとして見えなかった。きちんとしていないというのは適当な言葉ではないかもしれない。彼女は茶色の上品な旅行用のドレスを着ていた——おそらく茶色だと思う。色のことはよくわからない。

旅行用のつばの広い地味なボンネットをかぶった頭のてっぺんから、スカートのひだに隠れた足首まで、きちんとしていないところはどこもない。グレーの手袋をはめ、黒のケープはフックにかけられている。

だが、このドレスは弁護士の事務所へ行った日に着ていたのと同じものだ。袖口はよれよれで、肘の部分はよく手入れされてはいるものの若干薄くなっていて、着古されたドレスだとわかる。

決して服に詳しいわけではない。むしろ疎いほうだ。〝この新しいボンネット、どう思う？〟などときかれても、しかめっ面で〝とても……茶色いね……それに……帽子らしい〟

としか答えられないことを、クリスチャンの女性の家族はとっくの昔に学んでいた。そんな答えを聞くと、彼女たちはたいていぞっとして悲鳴をあげる。茶色の帽子は決まって〝茶色〟ではないからだ。〝プラム色〟だの〝赤ワイン色〟だの〝赤〟だの、女性は魔法のように見分けることができる。

茶色。平たく言えば全部茶色だ。クリスチャンが知る限り、色は三色しかない。あとは全部作られたものだ。だから、彼がジュディスのドレスに目を留めたのは、何かよっぽどおかしい点があるからで、猫の毛がついているからというだけではない。

これはきちんとしたドレスではない。きちんとしたドレスとは、体にぴったり合っていて、曲線をあらわにするものだ。きちんとしたドレスとは、首や手首の小さな骨が見えるものだ。

これは実用的（センシブル）なドレスだ。分別（センシブル）のある女性にはさまざまな長所がある——礼儀正しくて気品があり、明敏で賢く、現実的。彼女たちは、きちんとしている女性とはまるで正反対だ。だが、苦境にも気丈に立ち向かうという点を除けば、クリスチャンの母親に褒められるようなタイプではない。

いまはクリスチャンが苦境の原因だ。ジュディスは新聞をじっくり読むことで、彼を見ないようにしている。実用的なドレスを着ていようと、そっぽを向かれようと、クリスチャンは目をそらせなかった。彼女はやけに入念に、時間をかけて読んでいる。すべての記事を順に読み、中断して考えることも、読み飛ばすことも、ひと息入れて彼に話しかけることもしなかった。

最後のページを読み終えると、顔をしかめたあと、また最初から読み始めた。

クリスチャンは気を悪くした。『モーニング・ポスト』の一面に載っているのは、慈善舞踏会の告知広告と家庭教師の求職広告だ。クリスチャンはそのくらいの位置づけなのだ。保険会社の勅許の公示よりも下。おそらくネズミやゴキブリよりも低いだろう。

かつての家族ぐるみの友人と数時間一緒にいなければならないというような苦境に陥ったとき、分別のある女性はこのようにして過ごすのだ。

「大西洋横断ケーブルについてどう思う?」クリスチャンはきいた。

窓から見える景色が、小麦畑から草原に変わった。ゆっくりと流れる川の岸辺で、丈の高いみずみずしい茎が揺れている。ヤナギの並木道が果樹園に取って代わり、鮮やかな葉と、小さな果実がかろうじて見て取れた。

ジュディスが彼を見あげた。「えっ? 何について?」

「敷設中の大西洋横断ケーブル」クリスチャンは繰り返した。「『モーニング・ポスト』の二ページ目に詳しく書かれていただろう」

ジュディスは目をしばたたいた。「たぶん」ようやく言う。「あなたは貴族院の議員だから、わたしよりも事情に詳しいんでしょうね」新聞に目を戻した。

「きみがフォイルハマラム湾に関する長ったらしい論考に興味を持っているようだからき

いたんだ。三つある記事を全部読んだだろう。二度も」

ジュディスが鼻を鳴らした。「フォイルハマラム湾に興味なんてないわ。大西洋横断ケーブルにも。高速でメッセージを送れることがいいことなのかどうかわからないもの。迅速なコミュニケーションによって、本来なら自然と解決したことにまで首を突っこむ機会が増えるだけじゃないかしら」

ジュディスは新聞をめくり、ふたたび顔を隠した。

「ぼくたちは大英帝国の代表だ」クリスチャンは彼女を見ながら言った。「関係ない紛争にかかりあうのがぼくたちの仕事だ」

ジュディスは彼をにらまなかった。クリスチャンの発言がワース家が犯した反逆罪の核心に触れたことに気づいてさえいない。新聞越しにちらっとこちらを見て、眉をつりあげただけだった。「無理やり人の気を引くのがあなたの専門分野なのかもしれないけれど、それが国民的な娯楽だとは思えないわ」

「そいつはどうも。ぼくはそれが大の得意なのさ。でもさっきは、きみが意見を言いたいんじゃないかと思ってね」

「まあ、言ってもいいの？」ジュディスがにっこり笑った。

それが皮肉だとわかっていても、作り笑顔だとわかっていても、クリスチャンはその笑顔にくらくらした。

「どうもありがとう、アシュフォード卿。許されているとは知らなかったわ」

「ほらね？」クリスチャンは微笑み返した。「そのほうがずっといい。ぼくたちは同盟関係を強めなければならない。きみが黙っていたら、ぼくは自分の役目を果たせない。迅速なコミュニケーションがきみの憎しみとお互いの反感をかきたてる鍵だ。気持ちを伝えあないと、単なる無関心に陥ってしまうかもしれない。それではだめだ」

ジュディスがうなずいた。「そうね。それは困るわ」

「だから、レディ・ジュディス、きみに考え、意見を述べることを全面的に許可しよう」クリスチャンは軽くお辞儀をした。「もちろん、自分で考えるのが難しかったら、ぼくは男だから、喜んで意見を教えてあげるよ」

ジュディスは笑いをこらえていた。

「そこが英国紳士のすてきなところね」ジュディスが言う。「いつだってレディに意見を言ってくれる。意見を求める必要さえないと思っているのよ」

「すばらしい」クリスチャンは真面目な顔でうなずいた。「ぼくは見た目も人当たりもいいから嫌われようがなくて、このままではもろい同盟関係が壊れてしまうのではないかと心配していたんだ。でも、これなら簡単だ。きみが詳しいと思っている問題を教えてくれ。ぼくがそれについて説明してみせるから」

ジュディスの唇が引きつった。

「ぜんまい仕掛け。いまもぜんまい仕掛けが好きだろう？」

ジュディスは窓の外に目をやった。「ええ」

「それなら、先日ぜんまい仕掛けの馬を見たんだ。とても優れたものだった。頭をうしろに振るんだ……ごく自然に。歯車と何やら複雑な仕掛けが必要だ」

「たぶんクランクシャフトね」ジュディスがつぶやくように言う。「あれを――」

クリスチャンは眉をひそめた。「〝何やら〟はちゃんとした専門用語だ」精一杯しかつめらしく返す。「ぼくの知っているぜんまい仕掛け専門家たちは、それを〝何やら〟と呼ぶ」

ジュディスは笑った。「あなたって本当にばかね。ミスター・モーティマーのまねをしたんでしょう？」

ミスター・モーティマーはジュディスの父親の代理人だった。ひどく堅苦しくて、彼女に説教ばかりしていた。クリスチャンはジュディスを疎ましく思っていたときから、ミスター・モーティマーから逃げるのを助けたことが何度もあった。彼がミスター・モーティマーの机にあったインクをすべてどんぐりと入れ換えたときのことを思い出したかのように、ふたりは一瞬微笑みあった。

そのあと、ジュディスがはっと身を引いた。

「しまった」クリスチャンは言った。「いまのは間違いだ。ぼくが義務を怠った」

ジュディスは新聞を持ちあげた。

トだよ」

「些細な間違いだ」クリスチャンは言葉を継いだ。「修正できる。何で直すと思う？　リストだよ」

「リスト？」ジュディスが新聞から目をあげ、鼻にしわを寄せた。

「リストだ！」クリスチャンは力強くうなずいた。「リストでなんでも直せる。いいかい。きみがぼくを嫌う理由を列挙しよう。一――きみが一一歳のときに本をなくして問題になっただろう？　あれはぼくのせいだ。ぼくがなくした」

「ギルバートの本？　異教の神話？」

「ああ。ある日、川に落としてしまったんだ。若い女性向けと表紙に書かれていたので、言いたくなかった」

「だから黙っていたの？　わたしはそのせいで、五日間外出を禁止されたのよ。わたしが家に閉じこもることが大嫌いだと知っているくせに」

「わかっているよ」クリスチャンは悲しそうに言った。「ぼくは卑劣な人間だ。子どもの頃からそうで、ずっと変わらない」

「あら、よかった」ジュディスは座席にもたれた。「そのままでいて。都合がいいわ」

「二――いまのは嘘だ。ごめん。ぼくが本をなくしたわけじゃない。ぼくはなんの関係もない。もっと嫌われるためにそう言っただけだ。ぼくは嘘つきの常習犯だ。ぼくの言うことは何ひとつ信用できない」

ジュディスは目を細めて彼をにらみ、腕組みをした。指で袖を叩いている。「次はわたしに言わせて。どこまで行ったかしら？　そうそう、C――あなたはリストを作るときでさえ真面目にやれない。あなたが神聖視しているものなのに」

「いまなんて言った？」クリスチャンはのけぞった。

「真面目にやれない」

「違う、その前だよ。〝C〟だって？」ぞっとして彼女を見つめた。「これはリストだ。数字で始まらないといけない。一、二、三というふうに」

「このリストはそうじゃないの」ジュディスがちらっと微笑んだ。「一、二、Cと続くのよ」

なんてことだ。彼女はクリスチャンのことをよくわかっている。彼は両手で耳をふさいだ。

「やめてくれ」

「次はローマ数字のⅣね」ジュディスが続けた。

こんなふうに彼をにらみつけているジュディスは……戦いに勝った美しい女王のようだった。槍の代わりにめちゃくちゃな番号をつけたリストを使う。相手がクリスチャンの場合は、そのほうが効果的だ。

「うわっ」クリスチャンは顔をしかめたあと、こすった。「ナイフで耳を刺された。殺される。誰か警官を呼んできてこの女をつかまえてくれ」

「Ⅳ」ジュディスが言葉を継ぐ。「芝居がかったふるまいをよくする。それに、わたしを不当に逮捕させようとしている。うちの家族に対してそうする傾向があるみたいね」

「やめろ。アラビア数字を使ってくれ」

「わかった。八——」

「違う！　五から七が抜けている！」

「八」ジュディスがわざとらしく言った。「わたしがあなたを嫌うのは、あなたがわたしの兄を見殺しにしたから」

クリスチャンははっとした。

「九」ジュディスが続ける。「わたしがあなたを嫌うのは、その後わたしがどうなるか気にかけてくれなかったから」

「ジュディス……」

「一一」ジュディスは彼をにらみながら続けた。

「一〇？」

「一一、わたしがあなたを嫌うのは、わたしが失ったものを思い出させるから」

クリスチャンは目を閉じた。リストをそのままにしておくのは耐えられなかった。一、本。二、嘘。三——絶対にCではない——不真面目。残りもすべて適切な番号をつけた。

ようやく目を開けると、ジュディスがこちらを見ていた。いらだたしげに指で袖を叩いている。

「あなたにはやるべき仕事があるでしょう、クリスチャン」彼女が言った。「わたしがあなたを嫌っているってことを忘れさせないで。わたしが忘れてしまったら、あなたはわたしを笑わせるでしょう。そうしたら、次に思い出したときに、余計につらくなってしまう。ふたりのためにわたしが覚えていなければならないのなら、あなたの気に入らないことをするわ。わかった?」

ジュディスの言いたいことはよくわかった。一瞬、ふたりは一緒に笑った。争うのをやめた。その仲間意識をふたたび失ったことで、人生にぽっかり空いた穴を思い出させられた。もう同じ思いはしたくない。

クリスチャンはうなずいた。「ああ」

10

クリスチャンの代理人は前もって電報を送り、無蓋の馬車を用意させていた。馬の息は合っていなかったが――左側の鹿毛は引く力が強く、右側の葦毛(あしげ)はのんびりしている――座席は清潔で座り心地がいいし、一〇キロくらいなら制御できる。クリスチャンにとって二頭の馬をほぼ同時に、ほぼ同じ方向へ走らせることは、ジュディスと協力することより簡単だった。

隣に座っているジュディスは、無表情のまままっすぐ前を見ていて、クリスチャンを拒絶している。

家並が途切れ、野原が広がった。

馬がしぶしぶ速歩(トロット)で走り始めたので、クリスチャンは手綱から手を離した。

そして、鞄(かばん)のなかに手を入れる。「告白しなければならないことがある」

ジュディスがさっと彼を見た。

「ぼくはあることをした。とても悪いことを。取り決めに違反することだ。わざわざこんなことを言うのは、きみに心の準備をさせるためで、言い訳させてもらうと——いや、言い訳のしようがないな」

「クリスチャン、何が言いたいの？」

クリスチャンは鞄から蠟紙で包んだ包みを取りだした。「きみのためにサンドイッチを持ってきたんだ」

ジュディスは疑わしそうに包みを見たあと、目を細めて彼をにらんだ。

「わかっている。こんなことはするべきじゃなかった。こんなの和解のための贈り物だ」

ジュディスがわずかに頭を傾けた。「なんのサンドイッチ？」

「それがまた最悪なんだ。きみはサンドイッチにうるさいだろう」ジュディスと昔、サンドイッチに関する一家言のリストを作ったことがある。ものすごく独断的な意見だった。きちんと番号を振られたリストで、クリスチャンはすべての項目を覚えていた。

ジュディスはますます疑わしそうな顔をした。「なんなの？」

クリスチャンは首を横に振った。「本当にすまない。弁解の余地もないよ。カレーチキンとキュウリのサンドイッチなんだ」

ジュディスは〝わたしの大好物〟とは言わずに、唇を引き結んだ。

クリスチャンは鞄を指さした。「それとも、ハムエッグがいい？」

ジュディスは〝それもわたしの好物〟とも言わなかった。

「まだ望みはある」クリスチャンは言った。「今日の昼食を注文したときは、協定のことをすっかり忘れていたんだ。でも、大丈夫」ジュディスのほうを見て言った。「挽回できる。きみの目の前でふたつとも、ぼくがおいしさを称えながら食べるよ。これ以上にきみを怒らせることはないだろう」

一瞬、目と目が合った。ジュディスは腹を立てているようには見えなかった。あきらめるべきかどうか考えるかのように、クリスチャンが持っている包みを見おろしている。ジュディスは心を決めると、サンドイッチをつかみ取った。「そんなことをする必要はないわ。わたしが食べるから」

「でも、それでいいのかな？　ぼくたちの協定は――」

「怒りながら食べるから」ジュディスはそう言うと、包みを開けた。サンドイッチを見たあと、彼に視線を移した。クリスチャンは唇を引き結んだ。彼女の目が細くなる。

サンドイッチを疑いの目で見ている女性が美しいはずがない。だが、それを言うなら、ジュディスが予想どおりだった例はない。クリスチャンは彼女のことを理解しているので、何が問題なのかよくわかっていた。ジュディスは食べることが大好きなのだ。果物、ビスケット、サンドイッチ、チョコレート、食べられるものならなんでも好きだ。何しろ、食べ物に関するリストも作ったことがある。

これはただのカレーチキンサンドイッチではない。パンの厚さはきっかり二センチ、外側はカリカリしていて、内側はふんわりやわらかい。そのパンに薄く切ったパリパリのキュウリを均等に並べる。そして、カレー味のチキンはけちけちした細切れではなく、ぶつ切りにスパイシーなソースとニンジンのピクルス少々を絡めたものだ。彼女が『ジュディスの完璧なサンドイッチ』という女性誌の編集者だとしたら、毎年このサンドイッチが今年一番のサンドイッチに選ばれるだろう。

クリスチャンは判断を誤ったのかもしれない。ジュディスの笑顔が見たい。それ以外のことは考えていなかった。

「ああ、あなたって人は」ジュディスがぞっとした声で言った。

「これが嫌悪の協定を維持することの問題点だ」クリスチャンは言った。「お互いに対する憎しみやきみの人生を台なしにした事実を乗り越えてしまえば、ぼくたちは最高の友達になれる」

ジュディスは彼をにらんだ。

「お互いに嫌いあっている友達だ」クリスチャンは急いで続けた。「ほら、ぼくと、このまずそうなサンドイッチを見てくれ」

ジュディスはかぶりを振った。「心配いらないわ。男性とサンドイッチを混同するのは論理的誤謬よ。あなたを非難しながらあなたのサンドイッチを味わうことなんて簡単にできるわ」サンドイッチをひと口食べた。「おお、いやだ」咀嚼(そしゃく)する。「うーん」

「なんとしても」クリスチャンは低い声で言った。「ぼくとサンドイッチを混同してくれ、そのサンドイッチはぼくの分身だ。ぼくのサンドイッチを食べて。きみのお口で」

ジュディスは目を細め、とがめるようなまなざしを彼に向けた。「今度は何？」

クリスチャンは……彼女にちょっかいを出した。そんなつもりはなかったのに。本当に。

「非難されるべきことをしたのさ。協定の一部だから、きみは苦情を言うことはできない」

ジュディスはサンドイッチをのみこみながら考えた。「わかった。あなたの分身であるサンドイッチを食べなければならないのなら、歯で食べるわ。こんなふうに」わざとらしく嚙み切った。

「そうだ」クリスチャンは言った。「サンドイッチを殺せ。ぼくだと思って、ずたずたにしてしまえ」

ジュディスがチキンに荒々しく嚙みついた。「あなたのサンドイッチは」のみこんでから言った。「勝利の味がするわ」

「殺せ。殺してしまえ」

ジュディスがまたひと口食べた。

クリスチャンは彼女に体を寄せた。「英国一のカレーチキン殺しは誰だ？」

ジュディスが目を見開いて彼を見あげた。クリスチャンは彼女に答える隙を与えずにささやいた。「きみだよ」

あっという間の出来事だった。ジュディスは笑った。そして、サンドイッチを喉に詰まらせて吐きだした。

「クリスチャン」彼女は片手で顔を覆い、もう一方の手でポケットを探った。「大嫌いよ」

「ほら」クリスチャンは彼女にハンカチを渡した。「ぼくを信じるな。気を緩めたとたんに、カレーチキンを詰まらせるはめになる」

「あなたは世界一悪い人間だと思う」

クリスチャンはお辞儀をしたあと、ふたたび手綱を手に取った。「ご用があれば、なんなりとどうぞ」


ジュディスは約二年間、おじの世話になった。それなのに、だますようなことをしなければ家に入れないなんておかしな話だ。執事はクリスチャンの名刺を受け取ると、ようやく彼女を迎え入れた。

「アシュフォード卿、レディ・アシュフォード」執事が言った。

そう呼ばれて、ジュディスは心がうずいたが、間違いを訂正しなかった。

違和感と同時に、懐かしさを覚えた。一七歳のとき、父が大使の随行員として外国へ行っていたあいだ、ジュディスはこの廊下をスキップで駆け抜けた。玄関のテーブルが大理石とマホガニー製だということは意識していなかった。そこに飾られた彼女の背より高い金の壺や、甘い香りのする無数の蜜蠟（みつろう）の蠟燭（ろうそく）の明かりで夜を照らすクリスタルのシャンデリアに目もくれなかった。

当時は、おじの家は普通の家だと思っていた。ジュディスにとって、裕福な家が当たり前だったのだ。磨かれていない木製品や、体重を少しでもかけたらギシギシきしむ手すりなど存在しなかった。トルコ絨毯を泥だらけの靴で汚してしまったとき、使用人たちにどれほど面倒をかけるか考えたこともなかった。

それが彼女の人生だった――清潔で豊かで、きらきらしていて苦労がない。ジュディスはソファのクリスチャンの隣に腰かけ、息を吸いこんだ。レモンのつや出し剤。リンゴの花。この家はさわやかな香りに満ちている。これがおじが差しだし、ジュディスが断ったもの。カミラが手に入れたもの。妹が幸せであることを願うばかりだ。そして、今回の件におじがどう関わっているのかあっさり判明することを。

廊下から足音が聞こえてきた。おじが満面の笑みで部屋に入ってきた。

残り少なかった髪もなくなり、すっかりはげていたが、真面目で礼儀正しいところは変わっていなかった。

クリスチャンが立ちあがった。

「アシュフォード卿」おじはクリスチャンとがっちり握手をした。「また会えてうれしいよ。ファーンバラを通りかかった際は、いつでも立ち寄ってくれ。仕事抜きで。連れがいると言っていたね。そちらが……」

ウィリアムおじ――ホーリー子爵がジュディスのほうを向いた。そして、眉をひそめた。「おやまあ、「そちらは……」おじは少し遅れて彼女が誰だか気づくと、ぱっと体を引いた。「おやまあ、ジュディスじゃないか」

クリスチャンは平然と言った。「ええ。おやまあジュディスです。実を言うと、ぼくのお気に入りです。なんてことだジュディスとか、まさかジュディスとかよりずっと――――」

ジュディスは咳払いをした。「アシュフォード卿とわたしが今日おうかがいしたのは、おききしたいことがあるからです。おじ様なら知っているのではないかと思って」

おじはごくりと唾をのみこんだあと、ふたりを交互に見た。不意打ちをしかけられたと気づいたのだろう、ポケットからハンカチを取りだして頭を拭いた。

ジュディスはどう質問するのが一番いいか、熟考を重ねてきた。

〝下世話な話で申し訳ないのですが、おじ様、わたしが正当に稼いだお金をあなたが着服したのではないかと疑っているのです〟などと切りだすわけにはいかない。

「ちょっとした問題でお力を拝借したいのです」ようやく言った。「レディ・テレサの後見人の件です」

おじは激しくかぶりを振った。「あの子にはいっさい関わりたくない。きみに任せる」

ジュディスは驚きを隠した。

「あの子は変わったといくら言われようと――あの子は……」おじは身震いした。「失礼。きみの妹なのに。しかし、わたしに押しつける気でいるなら、断る」

後見人はおじではなかった。あの身震いはとても見せかけとは思えない。ジュディスは計画を変更した。「でも、ほかに後見人を探すとしたら、誰に頼めばいいでしょう？　おじ様が家族の誰かに……」

おじは肩をすくめた。「さあ。当てはない。誰も引き受けないだろう」

「本当ですか？」何か真実を突きとめる方法があるはずだ。ジュディスは必死に考えた。カミラに直接質問されたら答えるかもしれないと、ミスター・エニスは言っていた。

「今日は妹にも会えたらいいなと思って来たんです。カミラはいますか？」ジュディスはそのとき初めて、胸の痛みに気づいた。

もう何年も会っていない。カミラがおじの世話になると言ったとき、ふたりは口論になった。

〝おじ様は狭量な人よ。わたしたちのことを愛していない〟ジュディスは言った。

〝ひもじい思いをしないですむわ〟カミラは言い返した。

〝そう。お金やドレスを選ぶのね。愛はいらないというのなら、わたしたちはあなたを愛さない〟それが最後の言葉になった。その後、ジュディスは何度も手紙を書いてその言葉を取り消そうとした。〝わたしが間違っていたわ、カミラ。嘘をついたの。あなたをずっと愛しているわ〟

一度も返事は届かなかった。

おじの笑顔が引きつった。「あー、ええと、そのことか。うーん」頭をかく。「すまない。最近は耳が遠くなってしまってね。もう一度言ってくれないか？」

「はい」ジュディスは身を乗りだし、声を張りあげた。「妹のレディ・カミラに会いたいんです」

声が詰まった。もう一九歳で、社交界にデビューしようとしている。〝二度と連絡しないで〟とさえ言ってこなかった。何度手紙を書いても返事はなかった。

「あれからずいぶん経ちました。わたしは……」いつかあの子に許してほしかった。

口にするまで、自分が妹にどれだけ会いたがっているかに気づかなかった。八年のあいだに、記憶のなかのわんぱくで脚の長い少女は、美しいレディに成長しているだろう。ホーリー子爵の家で育ち、あらゆるチャンスを与えられたはずだ。醜聞も影響しないかもしれない。それほどは。

「ああ」おじがハンカチを取りだして頭を拭いた。「やはりそのことか。いや、そのー」

ジュディスは苦しいほどの切望に駆られた。

そして、不安に襲われた。「わたしに会いたくないと言っているんですか？　ちょっと会うだけでも……いやなんでしょうか？」

「いや、そういうことじゃない」おじがぎこちない笑みを浮かべる。「彼女は、あー、ここにはいないんだ。いまは」

ジュディスはがっかりした。もちろん、いるはずがない。社交界から締めだされてからずいぶん経つのですっかり忘れていたが、夏はハウスパーティーが開かれ、妙齢のレディが招かれる。事情が事情だけに、ロンドンの社交界でなくとも、そういう形で上流社会に慣れるのが賢明だ。気づくべきだった。

「そうですよね。いつ戻るんですか？」

おじはハンカチを握りしめた。「あー、それは……もう戻らない」

ジュディスははっとした。「まさか、病気に？　それとも、結婚したんですか？」

「いや」おじは目をそらした。「それはわたしの知るところではない。ただ……そのー、最初の数週間は、彼女もおとなしくてかわいかった。だが、わかるだろう？　女の子というものはおしゃべりで質問ばかりする。それで、そのー、平穏が乱されるし、わたしももう若くない。それで、わたしのはとこのジェームズ・ロリンズを覚えているかね？」

「いいえ」ジュディスはじわじわと恐怖が込みあげてくるのを感じた。

「そうか。彼はピーク・ディストリクトに住んでいるんだ。よければ住所を教えよう。カミラと同じ年頃の娘がふたりいてね。彼に話して、そのー、きみの妹は向こうで暮らしたほうが幸せだろうということになったんだ」

「そんな」自分の声が遠く聞こえた。妹たちと弟の後見職をおじが引き継いだのだと思って会いに来た。わずか一〇〇ポンド足らずのお金のために。そんなはずはないと、もっと早く気づくべきだった。この家の玄関には、大理石のテーブルと金の壺が置いてある。クリスタルのシャンデリアは、父が死んでから八年のあいだにジュディスが蓄えたお金を注ぎこんでも買えないものだ。

おじが姪(めい)のお金を着服するほどモラルの低い人間だったとしても、彼にとっては道に落ちている小銭を拾うようなものだ。手間暇をかける価値はない。

妹たちの保護者役を、みんなも自分と同じように喜んで引き受けたがるとジュディスは思っていた。

だがおじは、あっさりと放棄した。

「さて」おじが微笑んだ。「話はそれだけかな。よければレディ・カミラの連絡先を教えよう」

「どれくらい?」ジュディスは無意識のうちに尋ねていた。

おじが眉をひそめた。「なんだね?」

「どれくらい持ったんですか?」ジュディスはおじをじっと見た。「妹に家や服を与えて、社交界にデビューさせると約束してから、放りだすまで」

おじが引きつった笑みを浮かべた。「彼女にとって最善のことをしたんだ」ようやく言った。「カミラがロリンズ家に引き取られてから、七年半になる」

つらい答えが返ってくるとわかっていた。だが、少なくとも一年は持ちこたえたと思っていた。ところが、半年しか持たなかったのだ。

おじは半年しか我慢できなかった。

「わたしの手紙は?」ジュディスはきいた。「わたしが送った手紙はどうなったんですか?転送してくださいましたか? どうしてわたしに新しい住所を教えてくださらなかったんですか?」

「それは……」おじは額をさすった。「前の家族のことは忘れたほうがいいと思ったんだ。きみの手紙は処分するよう使用人に言っておいた」

前の家族? おじはジュディスのことをそう見なしているのだ。赤の他人よりも、カミラの幸福を脅かす存在だと。

ジュディスはおじに背を向け、玄関の金の壺を取りに行くことを想像した。あれをはげ頭に叩きつけたらさぞかし気分がいいだろう。

けれど、そんなことをしても妹は取り戻せない。

「わかりました」これ以上おじの顔を見ていたら、本当に理性を失ってしまいそうだった。

「妹の連絡先を教えてください」

11

先ほどまでは心地よく感じた日差しが容赦なく照りつけた。クリスチャンの隣に座っているジュディスは、膝の上で手を組みあわせ、前方の野原を見ていた。

彼女を知らない人が見れば、落ち着いているように見えるかもしれない。

だが、動揺しているのだとクリスチャンにはわかった。動揺のあまり感情を抑えこみ、ひた隠しにしているのだ。

「お金を着服したのはおじ上だと思う？」クリスチャンはきいた。

ジュディスはかぶりを振った。「あの家を見た瞬間に、ばかげた考えだと気づくべきだったわ。一〇〇〇ポンド足らずのお金を盗んでもなんにもならないでしょう」

「誰もがみな合理的な行動を取るとは限らない」

「でも、弁護士をだませたはずがない。カミラを家から追いだしたのに、テレサの後見人に名乗りをあげることはできないでしょう。それに、おじだとしたら、ミスター・エニスが黙っているのはどうして？　わけがわからないわ」ジュディスは腕組みをした。「ミスター・エニスが嘘をついているとは思いたくない」

クリスチャンはちらっとジュディスを見た。彼女の立場になって考えてみると……。

まさにぞっとするような事態だ。父親は家族を裏切った。兄は流刑に処せられた。おじはテレサを引き取ることを拒み、ジュディスにその負担を押しつけ、もうひとりの姪もすぐに放りだした。

ジュディスがミスター・エニスを信じたがるのも無理はない。彼女を裏切らなかったのは彼だけで、クリスチャンも裏切ったほうに含まれている。

ジュディスの手は震えていた。クリスチャンはその手を握りたかったが、協定に違反することになるのでこらえた。

ジュディスがまぶたを震わせながら目を閉じた。「ああ、カミラ」

「同じ年頃の女の子たちがいる家で暮らしたほうが幸せだとは思わないか？」

ジュディスはごくりと唾をのみこんだ。「この件について、カミラと話しあったの。というより、口論になった。おじは妹に何ひとつ不自由させないと約束した。社交界にもデビューさせると――田舎の社交界だとしても、そのほうが醜聞の影響は小さいわ。おじには子どもがいないから、実の娘のように扱うと約束したのよ」声が震える。「それなのに、はとこに押しつけた。カミラにとっては見ず知らずの相手に」

「もしかしたら」クリスチャンは半信半疑の口調で言った。「幸せに暮らしているかもしれないよ」

「そうね」ジュディスは自信なさげに返したあと、きっぱりとした口調で言った。「少なくとも、連絡先はわかったわ」顎をあげる。「よくないことになっていたとしても、わたしがなんとかしてみせる」

それは使い古された文句のようだった。何度も言っているので、いまでは気休めにもならない。「妹たちのお金の行方を突きとめる」ジュディスは人差し指を立てた。「ベネディクトの学校での問題を解決する。テレサがそれなりの相手と結婚できるよう行儀作法を教える。カミラを捜しだして、幸せにやっているかどうか、誰かがきちんと将来を考えてくれているかどうかを確かめる」指を立てて数えながらうなずいた。「たいしたことじゃないわ。なんとかしてみせる」

「ジュディスのことはどうするんだい?」クリスチャンはきいた。

ジュディスが手をおろして膝に置いた。「わたしのこと?」

「きみが幸せになるためには、何をしている?」

ジュディスはしばらく黙りこんだあと、ようやく言った。「別に不幸ではないわ。心配するようなことはないし」

おかしな話だ。ジュディスは妹たちのために信託財産を設けた。どうして自分の分を取っておかないのだろう? 取っておくべきだった。カレーチキンサンドを自分で持ってこられるように。同じ服ばかり着ずにすむように。自分のことも心配するべきだ。誰かが彼女のことを気にかけてやるべきだ。たとえその相手が彼女が嫌わなければならない男だとしても。

クリスチャンは馬車を路肩に止めた。町の外れで、埃っぽい道の片側にはカブ畑が広がり、反対側は草地で小道が続いている。

ジュディスが目を見開いた。「どうしたの？」

「別に。なんでもない」

「でも――」

ジュディスはクリスチャンのことをまったく信用していないが、それも当然だ。この八年間、彼女はとてつもなく大きな負担を担ってきた。いまでも毅然としていられるのは驚くべきことで、彼女が成し遂げたことは奇跡と言ってもいい。

「ぼくにはやるべきことがある」クリスチャンは切りだした。「きみに嫌われることだ。きみは長いあいだ家族のことばかり考えているうちに、自分のことをないがしろにしてしまったらしい」

ジュディスがうつむいた。

「ぼくの知っているジュディスは」クリスチャンは言葉を継いだ。「好奇心に満ちあふれていた。夏の日差しを楽しみ、向こう側に何があるのか確かめるためだけに小道を歩きまわり、妹の後見のことや弟の学校のことで頭を悩ませたりしない。そんな必要もなかった」

ジュディスが小道に目をやった。

「彼女なら、毎日少しでも自由な時間を作って忘れないようにしただろう」

「何を？」ジュディスが小声できいた。「自分が本当は身分の高い人間ではなかったということを？」

「違う。義務を背負っていようと、楽しむ権利があるということを」

ジュディスがスカートを握りしめた。「わたしがあなたを嫌うように仕向けなくていいの？」

クリスチャンはジュディスを見つめ、彼女が顔をあげて見つめ返すのを待った。彼女は苦悩に満ちた表情を浮かべていた。その手を握って慰めてやることはできない。目をそらさないのが精一杯だ。

「きみの人生に喜びが足りないのは、ぼくに奪われたせいだと思い出すだろう」クリスチャンは肩をすくめた。「ぼくはここで本を読んでいるから、きみはジュディスの面倒を見てやるといい」

彼は鞄から本を取りだして読み始めた。ジュディスがボンネットの紐（ひも）をほどいたときも、手袋を脱いで座席に置いたときも、顔をあげなかった。

手袋を脱ぐ姿を見たら、ドレスのボタンのことを考えてしまう。コルセットの紐のことを。

体を寄せてうなじに……だめだ。彼女が必要としているのは、そんなことではない。ジュディスに馬車をおりさせ、ひとりの時間を与えた。

クリスチャンは顔をあげなかったが、昔の彼女を想像した。彼女は夏の日なたへと入っていく。空を見あげ、存分に日差しを浴びる。胸いっぱいに空気を吸いこみ、振り返ってようやく——ようやく笑った。

小道を行くと、小川にたどりついた。シダや草に覆われた砂利の向こうをサラサラと流れている。太陽は空高くにある。クリスチャンの言うとおりだった。ジュディスはこれを必要としていた。澄んだ空気を吸い、胸のもやもやを晴らすこと。八年間ロンドンの煙霧を吸い続けたせいで健康を損なっていた。こんな時間をほとんど持てなかった。

クリスチャンはそれをわかっていた。彼を嫌うのは難しい。これまで起きたこと、彼がしたことがどうであれ、ふたりはお互いを理解している。彼を嫌うよう仕向けてくれとジュディスが言い続けたとしても、そもそも彼は憎めないタイプだ。

いやな人であってほしいとどんなに望もうと、いやな人だと自分に言い聞かせようと、そうでないことをジュディスは知っている。クリスチャンは彼女の好物のサンドイッチを持ってくることをやめないだろう。彼女を笑わせることを。馬車を止めて、彼女が自分の時間を持てるようにすることを。

いつそうすべきか、クリスチャンはわかっている。

ジュディスは川辺に立ち、うなじに日差しを浴びた。彼のことが嫌いだと思い続けるのはひどく難しい。正当な怒りにしがみつこうとしても、それは川の水のようにするりとすり抜けてしまう。

嫌おうと努力した。カミラが捨てられたのも彼のせい。そうでしょう？

もはやそれが真実だとは思えなかった。ジュディスのせいでもある。おじに冷たくされても泣きついてこないでとカミラに言ったのだから。大事な約束を果たさなかったおじも悪い。

そのふたりに比べれば、クリスチャンの犯した過ちなどどうということはない。

ジュディスは川辺で太陽を仰いだあと、そっと、ようやく心を解き放った。冷たい水のなかで指を動かして、強い憎しみが黒いインクのように流れでるのを想像した。手がかじかむまで、すべての苦しみがゆっくりと流れていき、澄んだ水のなかに消えていくのを思い描いた。

カミラが愛されていないと思ったのは、クリスチャンのせいではない。父が反逆罪を犯したのは、クリスチャンのせいではない。彼はただ近くにいて、責めを負わせやすかっただけだ。

一五分経って、馬車に戻った。クリスチャンは何をしていたのかきかなかった。ジュディスをからかわなかった。ただ本を置いた。

「新しい協定を結ぶ必要があるわ」ジュディスは言った。

「そうかい?」

「いまの協定には問題がある」ジュディスは彼の目をまっすぐ見つめた。「わたしがあなたを嫌っていないのなら、あなたのことが嫌いだと思い出させることはできない」

手綱をまとめていたクリスチャンの手が止まった。

「嫌いになれたらいいと思うわ」ジュディスは正直に打ち明けた。「そのほうがずっと楽だもの。わたしはあなたに怒っている。あなたを一生許せない」彼の目をのぞきこんだ。「憎しみしか感じていなければ簡単なのに。でもわたしたちの関係は、そんなに単純じゃない」

クリスチャンがジュディスの唇を見たあと、ゆっくりと視線を戻した。彼の視線がたどったところがかっと熱くなる。

「あなたの言うとおりよ」ジュディスは言った。「わたしたちはお互いのことをよく理解していて、嫌いになんかなれない」

「おいおい」クリスチャンが低い声で言った。「きみはいま理性を失っている。ぼくに可能性を……希望を与えている」さらに声を潜める。「期待させたら、きみを一生許さないぞ」

「期待しないで」ジュディスは目をそらした。「わたしはあなたを許すなんて言っていない。

許せるわけないでしょう」

クリスチャンが息を吐きだした。「いったいなんなんだ？　これでは問題を増やしているだけだ。きみはまだ真相を突きとめていないし、ぼくはまだアンソニーの日記を手に入れていない。金は――」

「いまとなっては、お金のことを心配している場合ではないわ。妹を捜さないと。あの子が元気でやっているかどうか確かめないと。わたしたちはできるだけ会わないほうがいいと思う。わたしはカミラの所在を確認してみる。あの子が無事だとわかるまではほかのことはどうでもいい。あなたは……」

「ぼくは弁護士に相談してみるよ。どうしたらこんなおかしなことになるのか、醜聞を起こさずにミスター・エニスに知っていることを白状させる方法がないか調べてみる」

ジュディスは鼻を鳴らした。クリスチャンは言い直した。

「これ以上の醜聞を」

「じゃあ、これで決まりね」

クリスチャンが手綱をもてあそんだ。「新しい協定について、提案してもいいかな？」

ジュディスは彼を見やった。

「お互いを傷つけないよう努力する」クリスチャンが言った。

「つまり、わたしはあなたを大ばか者呼ばわりしないようにして、あなたは――」

クリスチャンが彼女の手に手を重ねて話をさえぎった。ジュディスは言葉を失った。彼に触れられると、理性的な考えは消え去った――指で蠟燭の芯をつまんで消すように。かっと熱くなり、光の残像だけが見えた。

「ジュディス」クリスチャンが言う。「ぼくは前に結婚を申し込んだ。八年後にようやくきみから手紙が来て、ぼくは四時間も経たないうちにきみの家を訪ねた。たしかにアンソニーの日記は欲しい。でも、それだけじゃないってことは、ふたりともわかっている。きみはぼくを傷つける方法をよくわかっている。頼むから、それはやめてくれ」

〝傷つけてくれ〟彼の目はそう言っていた。〝その手をひっくり返して。ぼくの手を握って。成り行きに任せて、ぼくを傷つけて〟

クリスチャンだけに非があったわけではないと認めたことで、自分が彼を傷つけていたことに気づいた。

クリスチャンはジュディスと結婚したかった。彼女を愛していると言い、たぶん愛していた。彼女を一生忘れないと言い、実際に忘れなかった。

謝ることはできない。いまは。彼の手が触れているときは。まだ心がひりひりしている。

ジュディスは手を引っこめた。「もう一生分傷つけあったわ。これ以上は、あまりしゃべらないほうがよさそうね」

クリスチャンがうなずいた。「そうだね。これからはすべてがうまくいくことを願おう」

馬車を発進させる。

「いいえ」ジュディスは念を押した。「わたしたちの関係は、うまくいかないほうがいいのよ」

12

ジュディスがようやく帰宅したとき、家は静まり返っていた。夏の夜の八時で、まだ外は明るかったが、誰も玄関まで出迎えてはくれなかった。

ジュディスは家のなかに入った。廊下はきれいに掃除されていた。テーブルの上に残飯が残っているようなこともなかった。

変だわ。

ジュディスの席にだけ食器が並べられていた。古びた金属製のカバーの両脇にナイフとフォークが置いてある。ジュディスはカバーを持ちあげた。

夕飯が用意されていた。おいしそうなローストポテトとニンジンのグラッセが、かたいパンとチーズに添えてある。皿の下に、折りたたんだメモが挟んであった。

ジュディスはそれを恐る恐る手に取った。

〝お帰りなさい、ジュディス。大好き。今日は寂しかった〟

ベネディクトとテレサの署名があった。なんて……優しいのかしら。

それ以上に、うさんくさいけれど。

カバーを置いた。砂糖を四つ入れた甘い紅茶と同じ。そんなに砂糖を入れるのは、長く抽出しすぎて渋くなったのをごまかすためだ。

家のなかはどこもかしこも片づいていた。階段に本が積まれていることも、ペチコートが脱ぎ捨てられていることもない。

妹と弟がご機嫌取りをしている。ジュディスは怖かった。心から。

階段をあがりきると、ふたりの声が聞こえてきた。ジュディスとテレサの寝室で、小声で話している。

「だめだ」ベネディクトが言う。「やめて。くすぐったいよ」

「じっとして」テレサが答える。「動いちゃだめ。その子たちをつぶさないで」

その子たち。なんてこと。ジュディスがドアを勢いよく開けようとしたそのとき、ベネディクトの笑い声が聞こえた。まあ。笑っている。心臓が止まるほど驚いた。また笑ってくれた。イートン校での出来事が弟の心を壊してしまったのではないかと心配していたのだ。でも、いまも笑うことができるのなら、いずれ回復するだろう。

だからドアを乱暴に押し開けるのはやめて、そっと数センチだけ開けた。

弟と妹はベッドの上であぐらをかき、子猫に囲まれていた。おびただしい数の子猫に。ベネディクトの膝の上に三匹いる。弟が誘うように指を動かすと、三毛猫が飛びついた。

一本だけ足が白い黒猫が、彼の腕のなかで丸くなって眠っている。さらに、ピンクの鼻をした白いふわふわの小さな猫が、登山初心者のように腕を危なっかしくのぼっていた。

それだけではない。テレサのスカートの上で遊んでいるのが二匹。さらにベッドの端で三匹が取っ組みあっている。

勘弁して。これ以上猫を拾わないと約束したのに。

この大勢の猫たちはかわいいけれど、時間とミルクと、欲望に身を任せる自由を与えたら、ざっと八〇兆匹に増えてしまう。こんなにかわいくなければいいのに。

ベネディクトが笑ってさえいなければ。

そのとき、テレサが顔をあげ、戸口に立っているジュディスに気づいた。たちまち、笑顔が凍りついた。

「あら、ジュディス！」テレサはうさんくさい作り笑いを浮かべると、髪に絡まった猫の爪を外そうとした。「お帰りなさい」爪は外れず、猫の体が顔にぶらさがった。「ちょうど……うーん……」

ベネディクトはもう笑っていなかった。腕のなかで眠っている子猫に指で触れたあと、不安そうに額にしわを寄せた。「これ以上猫を拾うなって言われたけど……この子たちは子猫だから。子猫は猫じゃないよね？」

ジュディスは感情をぐっとこらえた。「ベネディクト、子猫も猫よ。ふたりともわかっているくせに」

ふたりはがっかりしてうなだれた。

「川沿いを散歩するよう提案されたでしょ。テムズ川のほとりで、石を詰めた袋に入れられているのを見つけたの」テレサが言う。「誰かが川に袋を投げたけど、橋に引っかかって落ちなかったみたい。放っておけなかったの」

ベネディクトはジュディスの困惑の表情を読み違え、口を挟んだ。「大丈夫だよ。拾うのは危なくなかったから。落ちたら大変な橋の真ん中じゃなかった。端のほうだったんだ」

そわそわした様子で言う。「だいぶ、真ん中ってわけじゃない」

実際どの辺りだったのかを想像して、ジュディスは身震いした。だが、それは関係ない。あの橋のどこから落ちようと危険だ。

「飼ってもいい？」テレサがきいた。「たった一匹よ」

たった一匹。ジュディスは泣きたかった。ワース家の猫の数はすでに食糧難に陥りそうなほど多いのに、四倍近くも増えることになる。

けれど、上等な服や使用人を持てなくても、思いやりだけは失わないようにしようとふたりに約束した。女の子はおしゃべりだからと追い払われたカミラのことを思い出した。イングランドのどこかにいる妹は、まったく愛されていないかもしれない。

ベネディクトの笑顔を思い出し、黒い子猫のやわらかい毛に指を走らせている彼を見た。

クリスチャンのことを思い出した。かつてはジュディスにとって、彼がすべてだった。少なくとも、希望のすべてだった。彼はジュディスと結婚したがっていたのに――いまでも気にかけてくれているのに、いざというときに彼女の幸せを考えてくれなかった。

ジュディスはベッドに近づき、抗議の鳴き声をあげる黄色の猫を抱きあげた。

「ベネディクト、テレサ、わたしたちはルールを決めた。これ以上猫は拾わないって」

テレサの唇が震えた。ジュディスがボンネットを脱いで紐をベッドの上に垂らすと、たちまち大騒ぎになった。この新しい獲物に心を躍らせた三匹の子猫がいっせいに飛びかかってきた。

「あなたたちを誇りに思うわ」ジュディスは言った。「子猫よりもルールが大事だと思うようだいじゃなくてよかった。あなたたちは正しいことをした」

ふたりは顔をあげ、喜びの表情を浮かべた。

「新しいルールを決めましょう。それぞれ一匹だけ子猫を飼っていいわ。ほかの子には飼い主を見つけてあげて」

「はい、ジュディス」

「秩序は保ってね。のぼり方を教えたりとか、そういうことはしないで。それから、発情期にはメスを部屋に閉じこめること」

いたずらっ子たちが微笑んでうなずいた。いまならどんなことにも〝はい〟と答えるだろう。あとで苦労するのは自分だと、ジュディスはわかっていた。

けれど、ベネディクトが笑ってくれるのなら、それでもかまわない。

「それを忘れたら」念を押した。「そういう不注意のせいで、子猫が袋に入れられて橋からぶらさがったり、それよりひどい目に遭うことになるのだと思い知るでしょう。がっかりさせないで」

「はい」テレサが元気よくうなずいた。「ありがとう。ああ、本当にありがとう、ジュディス」

「それから、飼い主が見つかるまでは……」

ジュディスはふたりを見つめたあと、手首を振ってボンネットの紐を弟の膝にのせた。

「子猫戦争よ！」

四匹の子猫が爪を立ててベネディクトの膝に駆け寄った。まだ小さいので、引っかかれてもくすぐったいだけだろう。子猫たちは走りまわり、前足でかき、飛びかかった。ベネディクトが悲鳴をあげ、ジュディスは弟の脚の上で紐を動かした。

子猫たちが集まり、転げまわったあとふたたび飛びかかると、ベネディクトは笑いだした。

「息が――できない」声を詰まらせながら言う。「猫が多すぎる」

「たった一匹なんでしょう？」ジュディスは目を細めてふたりをにらんだ。「わが怒りを恐れよ。爪を感じろ」

「いやだ！」ベネディクトが金切り声で叫んだ。「爪はやめろ。やめろ！　仕返しするぞ！」

弟は笑いながら子猫たちを抱きしめた。

「やれるものならやってみなさい」ジュディスは言った。

翌日、クリスチャンは正午の鐘の音で目覚めた。

これが社交シーズンの中盤で、社会的に受け入れられる理由で夜更かししたのだったら、問題はない。だが、ばつの悪いことに、クリスチャンは昨夜一一時にベッドに入ったのだ。それでもよく眠れなかったせいで頭が痛いし、目がごろごろする。また夢を見たが、ほとんど覚えていなかった。ロンドン塔のからっぽの部屋や、終わりのない廊下が出てきた。

下へおりる前に、ヤナギの樹皮のお茶で頭痛をやわらげようとした。脈打つような痛みはどうにかおさまったものの、不快感は消えなかった。

応接間から聞こえてくる声も、不快感をやわらげてはくれなかった。

クリスチャンは息を吸いこんだあと、開いたドアの前を通り過ぎた。

「クリスチャン」

その声に引きとめられ、クリスチャンは振り返った。

「どこへ行くつもり？」

母とリリアンがさりげなさを装って座っていた。水飲み場で獲物が通りかかるのを待ち構えていたヒョウのように。

「さあ」リリアンが近くのソファをぽんと叩いた。「あなたも座って。近況が聞きたいわ」

「約束があるんだ」

「弁護士と会う約束のこと?」母が微笑んだ。「それなら、わたしが変更しておいたわ」

「母上」クリスチャンはつかつかと部屋に入った。「ぼくはもう二九歳ですよ。責任や義務や仕事があるんです。子どもじゃないんですから、勝手に予定を変えないでください」

母の笑顔がこわばる。「そうね、でも――」

リリアンが母の腕に手を置いた。あらかじめ取り決めておいた合図だろう。

彼女がため息をついた。「クリスチャン。あなたのことが心配なの」

厄介な話になりそうだ。クリスチャンは勧められたソファに腰かけた。「ぼくは義務を怠っている?」

「ええ。自分を大事にしていない。この一年で五キロ以上痩せたでしょう。それに冗談を言うだけで、ほかの人の言うことにはほとんど笑わない。顔色だって悪いわ。もう乗馬もしないし、全然楽しんでいない」

昨夜の夢の断片が突然脳裏に浮かんだ――終わりのない廊下の角を曲がると、目の前にアンソニー・ワースがいた。護衛兵の青っぽい略式軍服を着ていた。

〝それはきみのじゃない〟クリスチャンは言った。〝きみが着るべきじゃない〟

夢のなかのアンソニーは首を横に振ったあと、眉をひそめた。〝きみは誰だ？　ぼくはきみを知らない〟

クリスチャンは助けを求めて叫んだ。護衛兵がやってきた――今度は本物のロンドン塔の衛兵隊で、顔は陰になっている。彼らに取り押さえられ、アンソニーは石を投げつけられた花瓶のごとく粉々になった。

やれやれ。睡眠不足になるのも無理はない。一年前、最後の調査員が戻ってきた。彼は輸送船に乗っていた三名の囚人から話を聞いた。三人とも同じことを言った――アンソニーはあの船からおりなかった。

そのときまで、クリスチャンは希望を持っていた。希望にしがみついていた。アンソニーが死んだはずはないと、必死に信じようとしていた。

「お医者様に診てもらったほうがいいと思うの」母が言った。

母はよかれと思って言っている。クリスチャンを愛している。父が死んだいま、母を守るのはクリスチャンの役目だ。それが真実を隠すことだとしても。

クリスチャンはリストを作ったり、物の数を数えたりするのが好きな変わった子どもだった。あらゆるものの色のことでかんしゃくを起こした――ほかの子たちのように色を覚えられなかった。だが、一番ひどかったのは悪夢だ。真夜中に発作を起こした――悲鳴をあげ、いくら起こしても目を覚まさず、翌日には覚えていなかった。

気が触れたのではないかと心配した父は、クリスチャンを病院に入れたがった。母はそれを止めた。医者を見つけ、息子が朝まで眠れるようふたりで治療に取り組んだ。そのことを忘れてはならない。愛情ゆえにしたことだ。母はクリスチャンを守った。助けた。

その結果どうなったか知ったら、母は一生自分を許せないだろう。いまの状態はどうすることもできないが、母を真実から守ることはできる。

だから、あの医者の話は二度とするなとは言わずに、腕組みをした。「医者の世話になる必要はありません」ぶっきらぼうに言った。「あの医者の薬の味が嫌いなんですよ」

リリアンが彼の手を取った。「クリスチャン。わたしたちは家族よ。あなたを愛している。具合が悪いのなら、力になりたいの」

クリスチャンは彼女が握った手を見おろした。愛し、心配してくれるはとこと母がいるのは、悪いことではない。

「どうしちゃったの、クリスチャン？」

さすがにクリスチャンでも、ここで鶏殺しのジョークを言うことはできなかった。

「ただの罪悪感さ」クリスチャンは言った。「英国人が抱きがちな罪悪感、それだけだ」

母とリリアンは彼をじっと見つめた。「話してみて」母が言った。

「頭から離れないんです」クリスチャンは言った。「ぼくがアンソニー・ワースにしたことは――」

「よしなさい」母が彼の手をさすった。「ばかなことを考えないで。あなたは何も悪くない」

〝母上に殺されかけたとき、アンソニーがぼくの命を救ってくれたんですよ。それなのに、恩返しができなかった〟

「とにかく。あれから――アンソニーが……」クリスチャンは言葉に詰まった。

「亡くなってから？」母が代わりに言った。

「ええ」クリスチャンはごくりと唾をのみこんだ。「そう確信して以来ずっと、取りつかれているような気がするんです」

母はうつむいた。「ねえ、クリスチャン、治療は必要ないし、もう子どもじゃないからああいうのは卒業したって言うでしょうけど、試しに……」

「いりません」クリスチャンはあわててさえぎった。

本当は欲しい。卒業などしていない。やめてから何年も経つのに、まだ求めている。少しのあいだでも忘れられるなら。ひと晩だけでも。クリスチャンは拳を握りしめ、爪を手のひらに食いこませて不健全な欲望を押し殺した。

アヘンでアンソニーのことを記憶から消し去るほどおぞましいことはない。

「それで眠れたとしても、熟睡はできません。アヘンチンキは夢を悪化させるんです」

母はため息をついた。「あなたがそう言うなら。でも、試してみるだけならいいんじゃない？」

クリスチャンは無視した。「もっといい解決法を考えているんです。ジュディス・ワースと連絡を取って、アンソニーの日記を貸してもらう約束をしました。それを読めば、ようやく過去にけりをつけることができるでしょう」

母が眉をひそめた。「あなたたちが気安く会話できるような関係だとは思わなかったわ」

「ええ、違います。でも事態は改善しています。少しずつ」ふたりは友達ではないが……特別な関係だ。いまにもジュディスは、クリスチャンが助けてくれると確信して、日記を先に渡してくれるかもしれない。

日記を早く手に入れれば、それだけ早く悩みが解決し、クリスチャンがアヘンへの欲望に屈する可能性も低くなる。

「実は」クリスチャンは言葉を継いだ。「これからまた彼女に手紙を送るつもりです。今日じゅうにすべて解決できるかもしれません」

13

「会ってくれてありがとう」クリスチャンは言った。待ち合わせ場所に選んだのは、中立地点だ――ジュディスの家の近くの波止場で、彼女の家のように居心地がいいわけでも、彼の家のように落ち着けるわけでもない。

波止場を歩いても、昔、果樹園で一緒に散歩したことを思い出すことはない。空気は汽船の煙突から吐きだされる煙のにおいがするし、クリスチャンとジュディスはふたりきりではないからだ。

波止場は混雑していた。世界じゅうの船乗りたちが集まっているようだ。インド人がかたまって大声で話している。ポルトガル人の集団もいる。端のほうでスコットランド人が、重いものを持ちあげている上半身裸の男たちにかけ声をかけていた。

それに、ふたりは腕を組んでいない。

ジュディスは〝実用的な(サービサブル)〟グレーの服を着ている。母なら〝奉公(サービス)〟という部分を強調するだろう。

「あなたの弁護士に相談してくれたんでしょう?」ジュディスが期待のまなざしで彼を見た。

「困惑していた」クリスチャンは言った。「わからないそうだ。詳しく調べるなら——」

「別にいいわ」

「先例を探すこともできるが、そういった奇妙な事例を探すのには時間がかかるらしい。何週間も」

ジュディスが鼻にしわを寄せた。「そんなに」息を吐きだす。「でも……急いでいたのはカミラがもうすぐ社交会にデビューすると思っていたからで、無一文じゃないということだけでも知らせておきたかったの」眉をひそめた。「いまとなっては、どこにいるかもわからないのだから……」

ジュディスは口をつぐんだ。妹が見つからないから緊急事態ではなくなったと口にする愚かさをわかっているかのように。

「きみのほうは急ぐ必要はなくなったかもしれない」クリスチャンはごくりと唾をのみこんだ。「だが、ぼくのほうは……ききたいことがあるんだ」

ジュディスが目を細めて彼を見た。疑いのまなざしではない。本物の恐怖が表れている。

最後に一緒に散歩したときは……。

当時は毎日何時間も散歩していた。慎みを忘れずに。とはいえ、クリスチャンは夏のあいだずっと欲望に駆られていた。アンソニーの警告を思い出し、我慢しなければだめだと自分に言い聞かせていた。彼女はまだデビューしていない。口説くことさえしてはいけない。長い散歩をし、友達みたいにふざけあうのが精一杯だった。そのあとクリスチャンは、冷たい川に長い時間浸かった。

クリスチャンは紳士的にふるまった――だいたいは。最後の夜までは。あたたかくて、魔法にかけられたような夜だった。リンゴの実も形を成し始め、夏が終わりに近づいていた。

表向きは、別々に散歩に出たことになっていた。クリスチャンは書斎の葉巻のにおいが鼻についたからと言って出てきた。ジュディスがどんな口実を見つけたのかはわからない。あの頃は、偶然出くわす言い訳をわけがわからなくなるほど作った。

クリスチャンは礼儀正しくお辞儀をし、ぎこちなく腕を差しだした。散歩の邪魔をしてもかまわないかと尋ねると、ジュディスは思案するように小首をかしげた。

〝かまわないと思うわ〟彼女はそう答えた。

ときどきジュディスのことを思い出すと、あの夜彼女に触れられた肘の辺りが熱くなる。彼女に触れてほしかった。

だが、アンソニーから妹に手を出すなと警告されていた。ジュディスには社交界にデビューする権利がある。多くの男性と知りあう権利が。取り返しのつかないことをしてはならない。不作法なことをしてはならない。

クリスチャンはそう約束した。あの夜は、そのことを後悔した。取り返しのつかないみだらなことをしたくてたまらなかったからだ。

〝お披露目舞踏会でわたしと踊ってくれる？〟散歩の終わりが近づくと、ジュディスがきいた。

〝そのときになってもきみの気が変わらなければ〟クリスチャンは高潔に答えた。

当時のジュディスは崇めるようなまなざしで彼を見た。英雄を見るようなまなざしで。

〝変わるわけがないわ〟ジュディスが言った。

〝いまはそう言っていても、デビューすれば大勢の男に囲まれるんだよ。きみの美しさに見惚れる、高潔で真面目な男たちに。きみのカードはすぐに埋まって、兄のちょっとだけ面白い友達と約束したことを後悔するかもしれない。きみにそんな思いをさせたくないんだ、レディ・ジュディス〟

自分の腕に置かれた彼女の手がこわばったのを感じ、クリスチャンはジュディスのほうを向いた。

彼女の手がゆっくりと、とてもゆっくりと腕を撫であげた。クリスチャンはごくりと唾をのみこんだ。

〝レディ・ジュディスなんて呼び方はしないで〟ジュディスが言った。〝やめて。今夜は。アシュフォード卿と呼ばれたい？〟彼の上着の襟をもてあそんだ。〝何もわかっていないふりはしないで〟

クリスチャンは息を吸いこんだ。〝まさか。アシュフォード卿なんて呼ぶはずがないよな〟

〝どうかしら〟

クリスチャンは彼女の手をつかんだ。彼の肘に戻すつもりだった。だが、一度握ると放せなくなった。

〝こんなことをしてはだめだ〟指を絡みあわせながら言った。〝月明かりの下で散歩しているだけでも誤解される。きっと……〟もう一方の手を握られ、言葉を失った。指が震えていた。

〝きっと、何？〟ジュディスがきいた。〝友達同士ではなくて、結婚の約束をしていると思われる？〟

〝ジュディス〟クリスチャンの声がかすれた。〝結婚の約束をすることはできない。きみがデビューするまでは〟

〝そうなの？〟ジュディスが彼を見つめた。〝もう約束したと思っていたわ〟

〝ジュディス〟

〝何を考えているの？　わたしに社交シーズンを経験させなければならないと思っているの？　わたしがほかの人と恋に落ちるのを見たいの？　わたしはもうあなたに恋をしているのに？　自分が完璧じゃないのはわかっているわ。わたしといるとおかしくなりそうで怖いの？〟

〝おかしくしてくれ〟クリスチャンはささやいて、ジュディスを引き寄せた。小枝が踏み折られる音がした。アンソニーとの約束を破棄した音だ。両手で彼女の顔を包みこみ、キスをした。

唇をかすめるだけの優しいキスだった。クリスチャンはジュディスの顎を持ちあげたあと、抱き寄せた。彼女が震えているのを感じられるほど近くに。全身が生き生きするようなキスだった。波の音や潮の香りで目覚め、浜に出て太陽を浴びるのが待ちきれないというような感じがした。

クリスチャンはようやく体を引いた。〝お披露目舞踏会でダンスしよう。きみが望むなら。出席しなければならない行事は全部、ぼくがエスコートするよ。公園で散歩したり、馬に乗ったりしよう。アイスクリームを買ってあげる。きみを誘惑する暇もないほど忙しくする。ほかの男を知るチャンスを与えて、五月になったら、それでもぼくを選ぶかきみにきく〟

〝あなたを選んだら？〟

クリスチャンははっと息をのんだ。身をかがめ、もう一度キスをした。さらに甘くて優しいキスを。さらに情熱を込めて――彼女が自分を求めていることがわかったから。ジュディスが口を開けた。クリスチャンは彼女の背中を撫でおろし、きつく抱き寄せた。

たったの数カ月だと、自分に言い聞かせた。数カ月経てばまた会える。そのあと、一シーズン待てばいいだけだ。あの頃は、それがひどく長く思えた。

〝そうしたら〟クリスチャンは言った。〝ぼくをおかしくさせる法的権利を与えよう。永久に。ぼくたちが死ぬまで〟

結局、ジュディスはデビューできなかった。ふたりにチャンスは与えられなかった。そして、クリスチャンがあの質問をしたとき……。

あれ以来、深夜に孤独や欲望を感じ、利己的な気分になると、アンソニーとの約束を完全に破ってしまえばよかったと思った。あの夜、もっと取り返しのつかないことをしてしまえばよかった。ジュディスをベッドに誘い——彼女もその気だったのだから、簡単だったはずだ——すぐに結婚しなければならない状況に持ちこめばよかったと。

ジュディス・ワースと結婚していたら、彼女の父親の裁判に協力するよう頼まれることもなかっただろう。

身勝手にふるまえばよかった。

アンソニーがクリスチャンに警告した理由がわからない。罪を犯したあとのことだった。それなのに、妹を守ってほしくなかったのか？

つかまるとは思っていなかったのかもしれない。あるいは、クリスチャンが事実を知らずにワース家に深入りするのを防いだのかもしれない。〝もしかしたら〟罪悪感が頭をもたげた。〝もしかしたら……〟

「どうしてアンソニーの日記が欲しいの？」ジュディスが彼の思考をさえぎった。

一瞬、クリスチャンは混乱した。日記。日記のことをきかれている。

「もう話しただろう」

ジュディスがため息をついた。「友情がどうのとかいうたわ言はよして。そんな理由なら、もっと早く頼んだでしょう。あなたが手紙を送ってきたのは五カ月前よ。本当のことを言って、クリスチャン」

クリスチャンは目を閉じた。「きみは父君の裁判について、どれくらい知っている?」

「わたしはアンソニーの裁判を傍聴したのよ。全部」ジュディスは抑制の利いた声で言った。拳を握りしめている。

「じゃあ、アンソニーが——そして父君が考えていたことは知っているね。英国は中国にアヘン貿易を合法化させる必要があった。父君には独自の考えがあった。交渉は決裂し、戦争は避けられなかった。父君は——」

ジュディスが片手をあげた。「父の話は飛ばして。たしかに……公正な裁きが行われたのかもしれないけれど、だからといって父の犯した罪について詳しく聞きたいとは思わないわ。日記について教えて」

「アンソニーが反逆者だという事実は——」

ジュディスは目をそらした。「心の底からそう思っているわけじゃないでしょう、クリスチャン。あなたはアンソニーのことをよく知っている。アンソニーはそんな邪悪な人間じゃないわ」

アンソニーが邪悪な人間だと思ったことはない。まさにそれが問題なのだ。「それが事実だという確信がなかったら、ぼくが情報を公表するわけがないだろう?」クリスチャンは波止場で怒鳴りつけるつもりはなかった。「アンソニーが反逆罪を犯したと、ぼくは確信している——それどころか、状況を考えれば刑が軽すぎたと思っているよ」

ジュディスが彼をにらんだ。「毎年わたしたちの家で夏を過ごしていたくせに」

「父君は英国が砲撃する予定だった標的の情報を中国に渡した」クリスチャンは言い返した。「アンソニーはそれを知っていて何もしなかった。ぼくにどうしろと言うんだ? たしかに毎年夏をきみたちの家で過ごした。だからといって、国を裏切る仲間にならなければならないとは知らなかった。証拠は——」

「あんなの」ジュディスの声が震えた。「書類よりたしかな証拠があるでしょう。あなたはアンソニーの長年の友人だった。性格証人になれたでしょう」

ジュディスが話すあいだ、クリスチャンは目をそらさなかった。

「あなたはアンソニーのことをよく知っていたのに。許せないのはそこよ——友情よりも、記録や公文書や銀行取引の証拠を重視した。アンソニーがどういう人がわかっていたのに。アンソニーは失敗しても必ず本当のことを言った。家のなかで走って花瓶を割ってしまったときも、正直に言った。怒ってわたしを川に投げこんだときも、わたしに謝ったあと、父に話した。罰を受けた。腹立たしいほどきちんとした兄よ。アンソニーが反逆罪を犯すことができたと思っているなんて、わたしの目を見てよくも言えたわね」

「簡単な話だ」クリスチャンは怒鳴った。「ぼくはきみよりアンソニーのことをよく知っていた」

ジュディスがはっと息をのんだ。「よくもそんなことを!」

「ぼくはアンソニーが反逆罪を犯すことができたと思っているだけじゃない。罪を犯した理由も知っている。きみの言うとおりだ。アンソニーは自分が間違っていると思うことは絶対にしないし、間違った状況に陥ったときは全力で正そうとした」

「そうよ!」ジュディスが叫んだ。「だから――」

「だから、英国がひどい悪事を働こうとしていると考えたときは、どうしただろう?」クリスチャンはきいた。「ねえ、ジュディス、どうしたと思う?」

ジュディスはごくりと唾をのみこんだ。「アンソニーは……」かぶりを振る。「いいえ、そんなことはしないわ。何か別の方法を考えるはず……貴族院に請願するよう父に頼むとか、新聞に寄稿するとか」ふたたび拳を握りしめた。「反逆罪を犯す以外のことならなんでもしたわ。きっと」

真夜中にクリスチャンを苦しめるものは、アンソニーが無実だったという恐れではない。クリスチャン――と全国民が間違っていたという疑惑だ。アンソニーが正しかったのなら、ほかに解決法がなかったのなら……。

クリスチャンが持っているものは全部——彼のシーツも、母のシルクのドレスも不当に手に入れたものということになってしまう。できることは、その事実に目をつぶるか……。

アンソニーが正しかったと信じるわけにはいかない。

「だから、日記が必要なんだ」クリスチャンは低い声で言った。「中国にいるあいだに、アンソニーに何かあったに違いない。何かを見て、人々が間違ったことをしているのに気づいた。それを止めるには、国を裏切るしかないと考えたんだ」クリスチャンは目をそらした。「ほかの選択肢があったと思いたい。いまさらでも確かめることはできる」

ジュディスが拳を握りしめた。「日記が欲しいのは、アンソニーがただの反逆者ではなく、愚かで無能な反逆者だと証明したいからなの？」

「違う」そういう言い方をされると、自分が極悪人に思えた。

「わたしはアンソニーの日記を読んだ。別に何も書かれていなかったわ。そういうことについては」

「そうだろうね。きみが気づくようには書かれていないだろう。でも——」

「アンソニーの家族——父親を、命を奪ってもまだ足りないと言うの？　思い出まで汚すつもり？」

「そういうわけじゃない、ジュディス。このままではいられないんだ。ぼくは間違いを犯したわけじゃないと確かめたい。ろくに眠れないんだ。ぼくは——」

「それがあなたの望みなの？」ジュディスが彼をじろじろ見た。「日記を貸すと約束したのは、あなたに助けてほしかったからよ。でも、あなたは正しい選択をしたなんて絶対に言ってあげないから。良心の呵責（かしゃく）を感じているのなら、それなりの理由があるからよ」

「ジュディス」アンソニーは彼女の手を取った。果樹園で散歩したときの記憶がよみがえり、彼女の信頼のまなざしを思い出した。

こんなまなざしではなかった。ジュディスが手を引き抜いた。「日記をあげるわ」怒った声で言う。「わたしたちは友達じゃない。嫌いにはなれなくても、あなたがアンソニーにしたことを思い出したら……眠れなくて当然だわ」

その後の数日間、ジュディスはクリスチャンと関わろうとしなかった。彼のことは思い出したくもなかった。アンソニーのことをわかっていないと責められたことも。ばかげた言いがかりだ。

自分の兄のことを知らないわけがない。

そんなたわ言を浴びせられたあとの月曜、家計簿をつけていたとき、ジュディスは少しのあいだだけ彼の言葉について考えた。鉛筆で合計金額をトントン叩きながら。

クリスチャンは自分のほうがアンソニーのことをよく知っていると思っている。笑わせる。

ジュディスは兄が幼いときから知っているのだ。アンソニーは妹が悪いことをしたら告げ口したし、自分がしたときも正直に打ち明けた。優しくて信頼できる正直者で……うんざりするほど道徳心が強い。

クリスチャンはアンソニーのことをこれっぽっちもわかっていないのだ。彼の言ったことなど気にする必要ない。彼は自分を正当化したかっただけだ。

それより、帳尻を合わせなければ。残ったお金はわずか一五〇ポンド。ベネディクトの卒業までの学費にすら足りない。クリスチャンのことを考えている場合ではなかった。

火曜日、クリスチャンの言ったことについては考えなかったけれど、パン生地のガス抜きをするとき、彼の顔だと思って叩いた。

水曜日、郵送された手紙を受け取ったとき、クリスチャンのことは考えていなかった。田舎へ旅したことや、彼が馬車を止めて自然を楽しむ時間を取ってくれたことを考えまいとした。ジュディスが楽しむ必要があるとわかるくらい、クリスチャンが彼女のことをよく知っていることを認めてしまえば、たぶん兄のことも……。

違う。そんなわけはない。認めるつもりはなかった。

ジュディスは手紙を開封した。ピーク・ディストリクトのロリンズ家からだった。

〝ミス・ワース〟レディ・ジュディスとは書かれていなかった。彼女に対する侮辱だ。〝あなたは誤解なさっているようです。妹さんがこちらに滞在していたのは事実ですが、二週間だけで、それも何年も前のことです。

こんなことを言いたくはないのですが、カミラに新しい立場をわきまえさせることのできる人物に預ける必要がありました〃

「新しい立場って?」ジュディスは声に出してきいた。

手紙は答えてくれなかった。侮辱的な文章がさらに続いた。

〝本人のために、レディングにいるわたしのおばのシャーリーンのもとへ行かせました。厳しい方なので、カミラをその地位にふさわしくふるまえる女性に育ててあげてくれたでしょう。連絡先を同封します〃

ジュディスは激しい胸の痛みを感じ、手紙をくしゃくしゃに丸めた。二週間? 二週間しか預かってもらえなかったの? 「嘘つき。どうしてみんな嘘ばかりつくの?」

ジュディスは怒りを抑えこんでシャーリーンに手紙を書いた。

翌日、朗報が届いた。いくらかましな知らせが。エディンバラにいる取引業者からだった。

〝レディ・ジュディス。ブリストルのウィットフィールド・ファクトリーが五〇〇ロット分のサーカス猫の設計の使用を希望。提示金額は二〇ポンド〃

ジュディスは提示された条件に目を通した。前よりさがっている。彼女の設計は以前ほど高く売れなくなった。ぜんまい仕掛けの人形の流行は過ぎたのだ。目新しさがなくなったのだろう。以前と同じように稼ぎたければ、何か新しいものを、人々の興味を引くようなものを作らなければならない。とはいえ、収入がないよりはましだ。

承諾の返事を書いた。

金曜日、シャーリーン・ハイルフォードから返事が届いた。

〝ミス・ワース。カミラには腹が立つこともありましたけれど、懐かしく思い出されます。彼女は二年間わたしの家にいました。最後には、すばらしい話し相手(コンパニオン)になっていました。ですから、バースにいる友人、ミス・アビゲイル・トロワースに譲りました。秘書に連絡先を同封させます〟

譲る？　馬みたいに？　コンパニオンですって？　カミラはレディで、コンパニオンじゃない。ジュディスは叫びそうになるのをこらえた。ミセス・ハイルフォードは少なくとも二年間カミラを家に置いた。

少なくとも。

そのあいだに、カミラはその家に愛着がわいていただろう。そしてまた、追いだされた。八年のあいだ、手紙を送ることしかしなかったのが悔やまれた。妹は恥でしかない家族と縁を切ったのだと思っていた。手紙を受け取っていないとは思わなかった。もっと何かするべきだった。もっと……。

それなのに、何もしなかった。友人や親戚たちはジュディスを非難し、手紙の返事もくれなくなった。カミラもそのひとりだと思っていた。

もう問い合わせの手紙をすらすら書けるようになった。

〝ミス・アビゲイル・トロワース。リーズのご友人、ミセス・シャーリーン・ハイルフォードから、わたしの妹のカミラ・ワースが一八六〇年か一八六一年からお宅でお世話になっていると聞きました。妹がいまもそちらにいるのなら、その旨、お知らせ願えますでしょうか。また、カミラに姉が話をしたがっていると伝えていただけると幸いです。もしすでにそちらを出ているのなら、誠に恐縮ですが、ご存じの範囲で現在の連絡先をお教えくださいますようお願い申しあげます〟

手紙に封をし、切手を貼ったあと、郵送する前に幸運を祈ってキスをした。

今度こそちゃんとした返事が来ますように。

今度こそ妹が見つかりますように。

14

悪夢はひどくなった。午前二時に目を覚ましたとき、クリスチャンは冷や汗をびっしょりかいていた。それから二時間寝つけなかった。ビーズの数を数えても役に立たなかった。ジュディスから日記を手に入れる方法のリストまで作ったのに無駄だった。ようやくローブを羽織ると、廊下をさまよい、暗い部屋で計画を立てた。

「一」クリスチャンは声に出して言った。流砂に旗を立てるかのように。このリストで何もかもうまくいくかのように。これまでいくつ作っても役に立たなかったのに。一は始まりで、始まりは終わりをもたらす。一――アンソニーの日記を当てにはできない。それに期待をかけていたが、手に入れるまで何カ月もかかるかもしれない。

この調子では、何カ月も持たないだろう。

「二」脇道に面した窓の前で立ちどまった。夜の石畳はぼんやりした黒い斑点にしか見えない。「アンソニーは死に、ぼくに責任があるという事実を受け入れなければならない」

その言葉を口にしただけで、鼓動が速く、弱くなった。だが、それが問題の核心だ。

計画がうまくいったとしても、何も変わらない。アンソニーはクリスチャンの命を救ってくれたのに、クリスチャンはアンソニーの人生を狂わせた。

「三」

「クリスチャン？」

はっとして振り返ると、そこに母がいた。心配そうな表情で彼を見ていた。この数カ月間、そんな顔ばかりしている。

「母上」ささやくように言った。「どうして起きているんですか？」

母は質問に答えなかった。首を横に振って言う。「このままじゃいけないわ」

そのとおりだ。いつかは疲れがたまって眠れると思っていた。だがもう、疲れ果てて眠ることもできない。

「力になりたいの」母がそばに来て言った。

「あれならいりません」クリスチャンは母に片腕をまわした。「あれは役に立たないんです。お願いです、母上。母上たちがよかれと思って言ってくれているのはわかっていますが、あの医者のやり方では解決しないんです。もうこの話はしないでください」

切羽詰まった口調になっていた。

「でも……」母は唇を噛んだ。「昔はいやがらなかったのに。思い出して……」

一〇年以上前のことを、クリスチャンはよく覚えていた。あの慣れ親しんだ味。恍惚とした放心状態。

やっとのことで抵抗した。「アヘンチンキで夢を見ないようにすることはできません、母上。さらに鮮明になるだけです。それはご免です」手が震えた。「お願いです。言い争う気力もありません。

母が息を吸いこんだ。もうやめてください」

「考えておいてください。母上のことは愛していますが、このままだと一緒にいられません。どこかに部屋を借ります」

「クリスチャン」

クリスチャンは母の肩に手を置いた。「ぼくもそんなことは望んでいません。お願いですから見守っていてください」

母が鼻を鳴らした。いや、はなをすすったのだ。泣かせてしまった。最悪だ。片腕をまわして引き寄せ、泣かせておいた。母は泣くしかない。

クリスチャンにできることはない。

〝三〟どうすることもできない。過去は変えられない。計画を立てても、リストを作っても、日記を手に入れても、アンソニーを生き返らせることはできない。それが自分の未来だ

――親友は死んだ。生き返ることはない。

〝四〟別の方法を考えなければならない。

「別の方法を考えないと」声に出して言った。

ずっと罪悪感でがんじがらめになっていた。罪悪感を取り除こうとしていた。自分の感情しか考えていなかった。

だが、別の方法があるのかもしれない。もっといい方法が。罪悪感を受け入れて活用する方法が。アンソニーの日記が欲しかったのは、それがあれば過去を修正できると思っていたからだ。

だが、過去は変えられない。日記を調べるチャンスがあれば調べるが、それでも起きたことは変えられない。何をしようと。

変えられるのは未来だけだ。

〝五〟。

いや、五じゃない。「E」声に出して言った。ぞくぞくした。

「えっ？」腕のなかの母が身動きした。

世界の表面がはぎ取られて歯車とコイルがむきだしになり、何もかもが順番に並んだような感じがした。大きさ順ではない。昔、ジュディスが時計の部品をテーブルの上に並べたように、使う順に。

「E」母に言った。「今回は、四の次はEなんです」

母はとまどって首を横に振った。

「すみません」クリスチャンは言った。「扱いにくい息子で。生まれたときからそうで、いまは最悪だ。過去は変えられません。この一年をなかったことにはできない。でも、未来は変えられる。もっとましな人間になれる」

「あなたは本当にいい息子よ、クリスチャン」母が言う。「お金の心配をさせたことは一度もないし。町で騒ぎを起こしたこともない。あなたみたいな息子がいてわたしは幸せ者よ。だから、あなたにも幸せになってほしいの」

「ぼくも母上みたいな母親がいて幸せ者です」クリスチャンは言った。「今夜、ここにいてくれてよかった。それだけで充分なんです。助けになった」

母はその言葉を聞きたかったのだろう。わずかに体の力が抜けたのがわかった。

E——ジュディスは金の行方を突きとめたがっている。罪悪感を取り除きたいのなら、クリスチャンは自分のことばかり考えるのをやめなければならない。悪夢や日記のこと、自分がどうしたいかということしか考えていなかった。

E——この数年間、自分のことばかり考えて、その身勝手さは心を曇らせるアヘンチンキのようだった。甘ったるくて、分別を失わせる。

アヘンの夢の世界から覚めて、明瞭な現実世界に戻ってきたような気がした。

ジュディスを助けなければ。アンソニーの日記を手に入れるためではなく。自分の目的をかなえるためではなく。見返りを期待せずにそうしなければならない。

変えられるのは未来だけだ。ひとつたしかなことがある。夢のなかでアンソニーの目を見たければ、もしアンソニーが生きていたならジュディスのためにしてやったことを代わりにしなければならない。

15

数日後、ジュディスがミルクをあたため、子猫たちに餌を与えようとしていたとき、玄関のドアをノックする音がした。配達が来る予定はないし、デイジーの仕事が半日で終わる日でもない。いったい誰かしら……。

〝カミラ〟楽天的な考えが脳裏をよぎった。〝カミラだわ。手紙を受け取って、帰ってきたのよ〟

「テレサ」スプーンを手渡したあと、エプロンで手を拭いた。「ミルクをかきまぜて、あたたまったらコンロからおろしてね」

猫の世話は、テレサに任せられる数少ない仕事のひとつだ。

「誰が来たにせよ」テレサが言った。「子猫が欲しくないかきいてみてちょうだいね！　何匹でも！」

これがカミラだったら、子猫を全部飼うことを許そう。だめよ。期待は禁物だ。期待が外れたときのショックが大きい。

果たして、ドアを開けると、そこにいたのはカミラではなかった。クリスチャンがイチゴの入ったかごを手に、ポーチに立っていた。どことなく気まずそうで、そわそわと足踏みしている。

当然だ。ジュディスは兄のことをわかっていないと言ったのだから。クリスチャンはカミラではないどころか、いまもっとも会いたくない相手だ。期待は粉々に打ち砕かれた。

ジュディスは一瞬、そのままドアを閉めたい衝動に駆られた。そのあと、もう一度開け、また閉めることを想像した。

「これを」クリスチャンがかごを差しだした。「お詫(わ)びの印だ」

イチゴは親指より少し大きくて真っ赤だった。かすかな甘酸っぱい香りが、子ども時代の夏を思い起こさせた。ロンドンでは値が張る。どんな味だったか、ジュディスはもはや思い出せなかった。

大好きだったことだけは覚えている。父の領地の温室から簡単に手に入った頃でさえ、大好物だった。

そのことをクリスチャンは知っている。

ジュディスはイチゴを受け取り……そのあとやはり彼の眼前でドアを閉めるところを想像した。

ああ、もう少し卑劣な人間だったらよかったのに。自尊心は失ったとしても、もっと楽しめただろう。

「本当にすまなかった」クリスチャンが言う。「いろいろ考えたんだ。きみはこの八年間、家族に対する暴言をいやというほど聞いてきただろう。ぼくまで言うことはなかった。きみはぼくに助けを求めた。きみを助けたい」

クリスチャンはあまり具合がよくなさそうだった。

この前会ったときから、全然眠っていないかのように見えた。目は充血していて、隈ができている。ひげはきれいに剃ってあるものの、剃ったばかりのようで、小さな切り傷が見て取れた。

「お願いだ」クリスチャンが言葉を継ぐ。「きみの言うとおりだ——ぼくは良心の呵責を感じている。アンソニーがここにいないのはぼくのせいだ。だから、きみに借りがある」

「イチゴで返すの？」

「違う」クリスチャンがぐっと感情をこらえた。「きみを助ける」

クリスチャンがこんなに誠実な人でなければよかったのに。この八年間、ジュディスは彼を悪人だと思いこもうとしてきた。早とちりする人。ジュディスとその家族を自らの意志で傷つけた人。考えなしで冷酷無情な人だと。彼が思慮深く、優しい人だったことを思い出すのはつらかった。

どうしてジュディスの家族をめちゃくちゃにできたのか理解できないけれど……。

イチゴを持ってきてくれた。

食い気が勝って、ジュディスはかごを受け取った。「ありがとう。あがって。子猫をあげるわ」

「えっ？」

「子猫よ」ジュディスは脇によけて彼を通した。「二匹くらい連れていって」

クリスチャンが眉をひそめた。「何か遠まわしに言っているのか？」立ちどまって首をかしげる。廊下の向こうから猫の鳴き声が聞こえてきた。

「順番を待って」テレサの声がする。「引っかかないで。スミジン、だめ。ほら。それでいいわ」

「ああ」クリスチャンが困惑の笑みを浮かべた。「遠まわしな言い方でもなんでもなかったみたいだ」微笑むと、疲れた感じは消えてただただ……すてきだった。

すてきになんてなってほしくないのに。

「この状況では、〝二匹〟というのが婉曲語法ね。本当は一〇匹以上と言いたいところよ。猫園へようこそ！　すぐに閉園できるといいのだけれど」不安を振り払い、明るい口調で言った。「ワース家ではこういうこともあるのよ。気にしないで」

「まあ」クリスチャンが咳払いをした。「よくあることだ」帽子を脱いでサイドテーブルに置いた。「考えていたんだ。別の形できみの役に立てたらって」

ジュディスは両手を打ちあわせた。「まさか、三匹欲しいの？　今日はいい日だわ！　お客様は大歓迎。イチゴと物々交換よ」

「実は」クリスチャンは天を仰いだ。「子猫のことはまったく頭になかった。ベネディクトのことなんだ」

ジュディスは口をつぐんだ。弟は二階にいる。一見、前より元気そうに見える。あざは消えたし、午後は散歩に出かける。笑うことも増えた――特に猫のこととなると。でも、ひとりでいるときは、体を丸めて小さくなっている。部屋の隅をぼんやり見つめながら。そのなんとも言えない表情を見ると、弟をこんなふうにした、弟から人生の喜びを奪った少年たちを捜しだしたくなる。そして……。

そこで想像は尽きた。ジュディスは大人だ。弟がひどいことをされたとしても、子どもたちを叩きのめすわけにはいかない。そもそも、ベネディクトは絶対に犯人の名を明かさないだろう。つまり、彼女にできることは、子猫やジンジャー・ジンジャー・ビスケットで無理やり笑顔を引きだすことくらいだ。

「ベネディクトのことって？」ジュディスはクリスチャンを見た。「男性の力が必要だなんて言ったら、あなたを殴るわよ」周囲を見まわして武器を探した。「椅子で。イートン校は男性と男の子しかいないけど、うまくいっているようには見えないわ」

「違う」クリスチャンが言う。「ぼくはただ、同じようにイートン校で問題を抱えていた仲間として話がしたいんだ」

ジュディスは彼を見つめた。問題を抱えていたなんて知らなかった。クリスチャンは楽しい人だ。みんなに好かれている。

ジュディスがビスケットを山ほど焼いたとしても、何も変わらない。それに、イチゴを受け取ってしまった。「あなたなら助けられると思うの?」

「それはわからない」クリスチャンは肩をすくめた。「でも少なくとも、ぼくなら正しい質問ができる」

「正しい質問があるの?」

「ない。でも、間違った答えならある。男の子というのはものすごく残酷になれるんだ。異性には理解できないかもしれない」

「わかったわ」ジュディスは彼を二階へ案内した。

ベネディクトはベッドに座って本を読んでいた。三匹の猫――スクイッドと子猫二匹がぴったりと寄り添っている。ジュディスがドアを叩くと、弟は顔をあげた。

あざは消えた。唇の傷も治った。ひどく傷つけられて学校に戻りたくないと言っている少年には見えない。

だが、そうなのだ。

「ベネディクト」ジュディスは言った。「アシュフォード侯爵クリスチャン・トレントを覚えている？」

〝アシュフォード侯爵〟と聞くと、ベネディクトはおそらく無意識のうちに体を丸め、二四の子猫をかばうように腕をまわした。

「こないだ会った」ベネディクトが低い声で言った。「子猫をもらいに来たの？」

クリスチャンが首を横に振った。「そんなにたくさんの子猫、どうしたんだ？」

「そうよ」ジュディスはクリスチャンを無視した。「子猫をもらいに来たの。でも、スニペットとスミジンはあげないから、心配しないで」

ベネディクトが目を細くしてにらんだ。「スクラップは？」

「スクラップはわたしの猫よ。あげないわ」

クリスチャンが目をしばたたいた。「ぼくがスクラップを欲しいと言ったら？」

言うと思った。「そのときは、あなたの希望は却下されます」ジュディスは気取った口調で言った。「わたしの子猫は、どれだけイチゴをもらってもあげないわ。フィレットはどう？　優しくてかわいくて、しょっちゅう飛びかかってくるの。最高の相棒になるわ」

「猫にひれ肉（フィレット）なんて名前をつけるのは、いったいどんなやつだ？」

「丸くなると」ベネディクトが口を挟んだ。「牛ひれみたいに見えるんだ。脇腹に太い縞（しま）模様が入っているから」

ジュディスはばかにするようなまなざしでクリスチャンを見た。「猫にフィレットなんて名前をつけるのは、一匹もの子猫に名前をつけなきゃならない人よ」両手を腰に当てる。「そんな経験のない人からの批判は受けつけないわ」

クリスチャンは思慮深くうなずいた。「そのとおりだ。ぼくは猫の名付けに関してはずぶの素人だから、猫の名付けは猫の名付けの専門家に任せるべきだ。この若者もそのひとりかい？」

ベネディクトの唇にかすかな笑みが浮かんだ。本物の笑顔を見て、ジュディスは胸がきゅんとした。さすがクリスチャン。彼がこういうことが得意なのを忘れていた——いや、忘れていたわけではない。彼のいいところを意図的に記憶から消し去ったのだ。

クリスチャンが椅子に座り、ジュディスも同様にした。

「ジュディスが」クリスチャンが言う。「ぼくのことを覚えているかってきいたのは、八年前に会ったときのことを覚えているかって意味だよ。ぼくはアンソニーの友達だったんだ。休暇をいつもきみたちの家で過ごしていた。きみが生まれる前から」

ベネディクトが背筋を伸ばした。「アンソニーのことを知っていたの？」

「ああ。イートン校の同級生だった」

ベネディクトが肩を落とし、責めるようなまなざしでジュディスを見た。「ああ」口調が変わった。

クリスチャンは気にせず続けた。「あそこの生徒がいろいろな形で虐げあうことは、ぼくもよく知っている。子どもの頃、ぼくは悪夢に悩まされていたんだ。悲鳴をあげたり、じたばたしたり、眠ったまま歩くこともあった。誰かが止めようとすると暴れた。最悪なのは、翌朝には何も覚えていないことだった」

ジュディスは驚いて目をしばたたいた。初耳だ。もっとも、一〇代の男の子は親友の妹に秘密を打ち明けたりしないだろう。彼の口調には真実味があった。

「イートン校の生徒は鶏の群れのようなものだ」クリスチャンが言葉を継ぐ。「鶏がどういうものかわかるだろう」

ベネディクトは首を横に振った。「鶏は飼ったことがない」

「ああ、そうか」クリスチャンは肩をすくめた。「なら、ぼくが教えてあげよう。鶏はばかで残酷で喧嘩っ早い。弱い鶏を見つけるとつつく。一羽が傷をつけると、ほかのやつらもやってきて、誰も止めなければ――死体が出る」

ベネディクトは悲しそうにうなずいた。

「ぼくは弱かった」クリスチャンが言う。「最悪なのは、それはぼくのせいだと思っていたことだ。夜に暴れるのが自分のせいであるように、自分に問題があるからつつかれるんだと。それで、そのときアンソニーに言われた三つのことを、きみに教えようと思ったんだ。その言葉がぼくの人生を変えた。アンソニーはここにいないから、代わりにぼくが話す」

ベネディクトが身を乗りだした。

「ひとつ」クリスチャンが言う。「そいつらに何をされたにせよ、きみのせいじゃない。きみは何も悪いことをしていない。誰がなんと言おうと、きみは悪くない」

ベネディクトが息を吸いこんだ。ジュディスは胸が苦しくなった。クリスチャンは椅子の背にもたれてベネディクトを見ていた。彼の口調は少しアンソニーに似ている。そこに兄が座っているような感覚に陥った。

「ふたつ」ふたりに見つめられていることに、クリスチャンは気づいていない様子だった。「きみはその連中よりも優れている。囲いのなかでほかの鶏をつつくことなんて誰にでもできる。だが、リーダーの座につくやつは、いつかは引きずりおろされる。若い鶏や、もっと強い鶏に。一位になる唯一の方法は、鶏にならないことだ。きみは鶏じゃないだろ？」

「うん」

「そのとおり。きみはそいつらより優れている」

ベネディクトは少し考えたあとで言った。「三つ目は？」

「三つ」アンソニーが腕組みをして微笑んだ。「これは面白いぞ。そいつらは罰を受ける。きみが罰を与えなければならない。不当な扱いを受けたきみが、ふさわしい罰を決めるんだ。とはいえ、ジュディスが——もちろんきみが望むならぼくも、復讐(ふくしゅう)に手を貸す。きみがどう思おうと、気持ちをすっきりさせたほうがいい」

ベネディクトはアンソニーの話を理解すると、本を閉じて子猫の頭を撫でた。「復讐はしたくない。自分がされたことをそいつらにしたら、同類になる」ジュディスのほうを見ようとはしなかった。

「それはまた別の話だ」クリスチャンはベネディクトを見つめた。「ぼくは叩かれたり、悪口を言われたりするのは日常茶飯事で、下着を便器に突っこまれたりもした。きみも経験あるだろ？」

ベネディクトがうなずいた。

「食べ物を盗まれることもあったんじゃないか。実家から送られてきたものや、食事の好物なんかを」

「ほら、そいつらはやっぱり鶏だ」

ベネディクトはふたたびうなずいた。

ベネディクトが微笑んだ。

「襲いかかられた回数は、ぼくより多いんじゃないか？　毎日か？　一日二回？」

「それ以上のときもあった」

ジュディスは想像しただけで痛みを覚えた。

「そいつらはきみが悪いように見せかけたんだろう。誰かに見つかっても、きみのほうが罰せられるように」

ジュディスは思わず拳を握りしめた。

ベネディクトが目を閉じた。「うん」

「もっとひどいことをされた？」クリスチャンがさりげなくきいた。

それ以上ひどいことなんてある？

ベネディクトは子猫を見つめたまま答えた。「ううん」声がうわずった。「でも、戻りたくない。それ以上ひどいことはされなかったのに」

「いいんだよ」クリスチャンが言った。「そう思って当然だ」

それ以上ひどいことなんてある？　ジュディスは当惑してクリスチャンをまじまじと見つめた。そのあと、はっと気づいて言葉を失った。そんな質問をすることは思いつきもしなかったし、いずれにせよ、どうしたらいいかわからなかっただろう。吐き気が込みあげてくる。

一方、クリスチャンはまったく動じず、うなずいた。「いいかい、きみは悪くない。きみは鶏じゃないんだ、ベネディクト。どうしたい？」

ベネディクトは少し考えてから答えた。「あなたはどうしたの？　どうやって復讐したの？」

クリスチャンは肩をすくめた。「いつも母が送ってくれたお菓子を盗まれていた。だから、大きなかごいっぱいに送ってくれるよう頼んだんだ。ある土曜日、一番悪い連中がぼくの部屋に集まってきて、ケーキやジュースを飲み食いし始めた。そのジュースに、酒をたっぷり入れておいたんだ」天井を見あげて微笑んだ。「やつらは眠りこんだ。ぼくはアンソニーと一緒に、やつらの部屋のドアを外した。代わりに木の板を打ちつけて、急いで漆喰を薄く塗った。午後遅くに、酔っ払ったやつらがふらふらぼくの部屋から出てきて、行き場がないことに気づいた。部屋がなくなっていたんだ。ドアも、何もない。やつらが暮らしていた場所は、ただの廊下になっていた」

ベネディクトがにやりと笑った。「それいいね」

「最高だった。やつらは壁に穴を開けたという理由で退学になった」

ベネディクトは少し考えてから答えた。「でも、それはできない。学校に戻りたくないから」

「戻らなくても借りは返せる」クリスチャンが言った。

「どうやって？」

「それはきみが考えるんだ。きみのアイデアでなければならない。そいつらはきみから大事なものを盗んだ。人生を変えられるという自信を。取り戻せ。きみならできる」

ベネディクトは子猫の頭を撫でた。「うーん」

「そいつらは鶏だ」クリスチャンが言葉を継ぐ。「でも……」かがみこんでベネディクトに身を寄せた。「英文学史上最高の鶏殺しは誰だ？」

ジュディスは息を詰まらせた。

ベネディクトは目を見開いてアンソニーを見つめた。「誰なの？」

まさかハムレットのおじと答える気じゃ……。

「きみだ」クリスチャンが言った。「断言する」

ベネディクトはうろたえた。「でも――」

「本物の鶏のことじゃない。本当に殺すわけでもない」

「ああ。それなら大丈夫だと思う」

「考えてみて」

ふたりは考えこんでいるベネディクトを残して部屋を出た。これは著しい進歩だ。

ジュディスも眉根を寄せ、物思いにふけりながら階段をおりた。

そして、首を横に振り、二階を指し示した。「本当にありがとう。いい話だったわ。うまくいくかどうかはわからないけど――絶対に学校には戻らないと言い張っているから――でも――」

「そのことはいったん忘れたほうがいい」クリスチャンが言う。「ベネディクトが戻るときは、自分の意思で戻らなければならない。きみに強制されて戻ったら、無力感を覚えるだろう。それではいじめっ子たちと戦えない」

「無理強いしたくはないわ」ジュディスは言った。「わたしはただ……」

「ベネディクトにきみが思うとおりの人生を歩ませようとしているんだろう？」

そんなふうに指摘されると、気がとがめる。

ジュディスは返した。「そんな言い方をしなくてもいいじゃない。さっきの話もアンソニーのせいにするなんて。アンソニーはそんなこと言わないわ」

クリスチャンがジュディスのほうを見た。眉根を寄せ、首を横に振る。「やれやれ、これは反論せざるを得ないな。アンソニーは実際に言ったんだ。ぼくに」

「ほかの男の子たちより優れているとかそういう話なら言ったでしょうね。でも、復讐なんて。ドアをふさぐなんて。アンソニーはそんなこと……」ジュディスは口をつぐんだ。

クリスチャンはつらそうな笑みを浮かべた。疲れきった様子で、世界じゅうの重荷を背負っているかのように肩を落とした。「きみはやっぱりアンソニーのことをわかっていない」ため息をつく。「ジュディス、アンソニーは厳格なモラリストだったが、がちがちに規則を守っていたわけじゃない。そのふたつは別物だ。大人たちが見て見ぬふりをしていたら――校庭を支配しているのが、フェアプレーよりも威張り散らして脅すのが好きな子たちで、いじめっ子が野放しになっているとしたら？　そんな状況で復讐するのは、違反行為ではなく〝正義〟だとアンソニーは言っていた」

クリスチャンの声は低く、まなざしは暗かった。一瞬、ユーモアの仮面の奥にある、本当の姿が見えた気がした。ジュディスに信じさせようとするかのように、彼女をじっと見つめている。アンソニーが規則や法律や……あらゆるものに違反できることを理解させようとするかのように。

それを信じられたら、クリスチャンがしたことを理解できる。それを理解できたら……。

「ドアをふさぐというのはぼくのアイデアだ」クリスチャンが言う。「だが、アンソニーも手伝った。賛成してくれたんだ。そして、誰にも言わなかった。あれは正義だった」

ジュディスは理解できなかった。クリスチャンを信じたくなかった。

けれど、クリスチャンが〝あれは正義だった〟と言ったとき、どこかで聞いたような気がした。アンソニーが同じことを言っていたのだ。

クリスチャンはイチゴを持って謝罪に来た。ベネディクトと話をし、弟は失っていた目の輝きを取り戻した。それでも何も変わらない。

クリスチャンはアンソニーが反逆者だと信じている。ジュディスの好き嫌いがわかるくらい、彼女のことをよく知っている――夏しか一緒に過ごさなかったのに。ジュディスにはできなかったやり方で、ベネディクトの心をとらえた――会うのは八年ぶりだったのに。そんなことができるのなら、アンソニーのことを理解していないなんてことがあるだろうか？

クリスチャンが間違っていなければならない。そうでなければ。

ジュディスはごくりと唾をのみこんだ。「あなたの言いたいことはわかったわ。アンソニーはわたしが思っていたほど善人じゃなかったのね」

「違う」クリスチャンがかぶりを振った。声を低くする。「それ以上に善人だったと言っているんだ。規則でがんじがらめになったりしなかった。自分にどんな影響が及ぶか恐れたりしなかった。アンソニーは英国を裏切ったとぼくは思っている。でも、悪人だとは決して思っていない。やり方を間違えただけだ。不正には復讐で応じるしかないと、アンソニーはいつも言っていたんだよ」

「それが国を裏切ることとどう関係があるの？」

「もうわかっているだろう」クリスチャンが冷静に言った。「きみがその可能性を考えようとしないのは、真実を認めたくないからだ」

「アンソニーに関する真実？」

「違う」クリスチャンが片手を彼女の手に重ねた。「ぼくたちに関する真実だ」

ジュディスはクリスチャンの目を見た。心の一部は――いいえ、大部分がいまでも彼を求めている。心だけでなく体も。肌が。太腿が。彼のそばにいるとぞくぞくする。彼に引き寄せられる。肩が軽く触れあい、衣擦れ（きぬず）の音がした。

キスがしたくてたまらないけれど、ものすごく後悔するだろう。背筋を伸ばして体を引いた。「関係ないわ」

「あるんだ。アンソニーが反逆者なら、裏切ったのは国だけじゃない。きみを裏切った――きみの将来を危うくすることで。妹たちと弟を裏切った――発覚すれば、頼るものもなく置き去りにされる者たちを。そして、ぼくのことも裏切った。アンソニーを助けたいなら沈黙するしかないという困った立場にぼくを追いこんで」

ジュディスはごくりと唾をのみこんだ。

「わかっているよ。何があったのか、ぼくが示す証拠をきみは認めようとしない。アンソニーが裏切り者だと認めたくないのは、認めたらぼくたちに関する真実も認めることになるからだ」

その真実とは何かと、ジュディスはきかなかった。答えを聞きたくなかった。

答えをすでに知っていた。

「アンソニーが裏切り者なら」クリスチャンが言葉を継ぐ。「ぼくはきみの敵じゃない。きみにあらゆる被害をもたらしたのは、ぼくではない。ぼくは悪人じゃない。きみと同じくらいアンソニーを愛していたのは、ぼくだけだ。きみの苦しみを理解できるのはぼくだけだ」

ジュディスの目に涙が込みあげた。

「アンソニーが裏切り者なら、ぼくたちに共通点がたくさんあることを認めなければならない。ぼくのようにきみを理解できる人間がほかにいないことを。そして……」

クリスチャンが手を伸ばしてきた。離れるべきだ。その手を引っぱたくべきだ。けれど、できなかった。指先で頬を触られ、ジュディスは目を閉じた。クリスチャンは彼女のことをわかりすぎるくらいよくわかっている。

何もかも手に負えないように思えた夜、ベッドのなかで天井を見つめ、兄が自己弁護してくれることを願った夜があったことを、クリスチャンは知っている。どうして何も言ってくれなかったの？　どうして説明してくれなかったの？

アンソニーを憎んだときもあった。兄をつかんで揺さぶり、どうしてそんなことをしたのかと問いつめたかった。

そんな自分が恥ずかしかった。あきらめているときよりもさらに希望がなく、とても孤独だった。

「もしアンソニーが裏切り者なら」声がくぐもった。「あんなことをした兄を憎むわ。絶対に許せない。恨んでも恨みきれない。もう誰のことも信じられないわ」

「ぼくのことは信じられるだろう」クリスチャンが低い声で言った。

「アンソニーが裏切り者なら……」ジュディスはようやく口に出した。「自分のことも信じられない」

少しのあいだだけ、クリスチャンに触れられるままにしておいた。一瞬、可能性が開けたような気がした。彼の指が頬を撫でおろした。目を開けると、こちらを見おろす彼が見えた。あまりにも近くにいるから、キスしそうになった。

「アンソニーは裏切り者じゃない」ジュディスは言った。「あなたを信じない」

クリスチャンは身をかがめなかった。キスしなかった。その可能性を漂わせたまま、じっと待っていた。

クリスチャンがようやく手を離した。「別にかまわない。ぼくを信じる必要はない」

16

帰り道、ジュディスの隣でデイジーがかごを振りまわしながら歩いている。かごの中身は少ない。いくつかのニンジンとジャガイモくらいしか入っていなかった。デイジーはそれらをしつこく値切り、だし用の骨は負けてもらえなかったのであきらめた。それでも、何事もなかったかのように笑っている。「女王陛下をお招きするのは久しぶりだわ」デイジーが言う。「今朝、使者が手紙を持ってきたの。近いうちにいらっしゃるって」

ジュディスはもうごっこ遊びをする気になれなかった。この数日間で、自分が本当にそういう生活をしていたのだということを思い出させられた。

「光栄なことね」明るい口調を装った。「アルバート公がご逝去されてからは、わたしの家にはいらっしゃっていないわ」

「運がいいわね」デイジーは天を仰いだあと、悲しげにため息をついた。「わたしの苦労がわかるでしょう。わたしは明るい性格だから、お嘆きになっている陛下に配慮して神妙にするのは難しいわ」

「紅茶にブランデーを入れてみたら？」

デイジーがくすくす笑った。ふたりは分かれ道となる町角で立ちどまった。

「考えてみて」ジュディスは言った。「ブランデーはきっと役に立つわ。でも、あなたは忙しいでしょうから、わたしが――」

「ねえ」デイジーが唇を噛んだ。「頼みたいことがあるの」

「この前、あの子たちの面倒を見てもらったでしょう。なんでも言って。何をすればいいの？」

デイジーはジュディスを見つめ、考えこんでいる様子だった。ようやく首を横に振る。

「あなたにできることはないわ」

「何かあるはずよ。励ますくらいのことでも」

デイジーはふたたび思案したあと、ポケットをまさぐった。「そうね」ゆっくりと言った。「ちょっと励ましてほしいの。陛下のご訪問のことで少し神経質になっているから、誰かに……話を聞いてもらったら楽になるかもしれないわ」

デイジーが折りたたんだ紙を差しだした。

ジュディスがそれを受け取ると、デイジーの頰が真っ赤になった。

クラッシュからの手紙かもしれないと、ジュディスは思った。クラッシュはデイジーの恋人なのか、友達なのか、敵なのかわからない。彼は以前デイジーに興味を持っていたのだが、どういうわけかうまくいかなかった。だが、デイジーは恥ずかしがっているのではなく、恥じている様子だった。

ジュディスは手紙を開いた。

〝これが最後通告です。これまで寛容に対処してきましたが、貴殿は家賃を二週間滞納しています。明日の午後までにお支払いいただけなければ、強制退去を実行します〟

デイジーが挑むようにジュディスを見た。

ジュディスは胸が苦しくなった。

お金の行方がわからなくなったとか、クリスチャンのこととかで、自分を憐れんでいた。けれど、デイジーは父親を亡くし、母親は病気で、明日には住む場所もなくなってしまう。

「デイジー」ジュディスはゆっくりと言った。「わたし……わたしたち……そのー……もし陛下をお招きすることが負担になるのなら」必死で言葉を探した。「うちに少し余裕があるから、場所を空けるわ」

「助けはいらないわ」デイジーがかごを握りしめた。「わたしたちに必要なものは……ない。何もいらないの」

ジュディスは喉に込みあげたものをぐっとこらえた。デイジーが買ったしなびたニンジンや、買わなかっただし用の骨のことを思った。

デイジーがうなずいた。「じゃあ」手紙を取り返した。「陛下のご訪問に備えて、銀器をぴかぴかに磨いておかなければならないから」

ジュディスは友人の手に手を置いた。「デイジー、力になりたいの。わたしにできることは何もないの？」

デイジーはごくりと唾をのみこみ、少し考えてから言った。「帰る前に、あなたの家でふたりきりで少し話せる？」

ジュディスはうなずいた。ふたりはふたたび歩き始めた。

ここに越してきた当時は、何もかもが耐えられなかった。ごみごみしていて、汚くて騒々しい。けれど、いまでは、クリスチャンの家があるメイフェアはとてつもなくまぶしくて、人が少なく感じる。

ここがわが家になったのだ。

それも、デイジーがいてくれたからだ。

ジュディスはあばら屋のドアを開け、友人を屋根裏部屋に通した。「ここなら誰にも邪魔されないわ」

デイジーはうなずき、作業台の椅子に腰かけると、突然泣きだした。何も言わず、何も要求せず、ただ涙を流した。

当然だ。自分も同じ立場に立たされたら泣くだろう、とジュディスは思った。

「デイジー」ジュディスはハンカチを渡したあと、友人に片腕をまわした。「力になりたいの」

デイジーがはなをすすった。「無理よ。ふた部屋のアパートメントなんて、わたしたちには広すぎたんだわ。一年前に引っ越すべきだった。お父さんが……」声を詰まらせた。「ただ育った場所というだけのアパートメントなんだから」

この数週間、抑えこんでいた感情――クリスチャンに再会した苦しみ、カミラが落ち着ける家もなく、たらいまわしにされていたこと対する深い絶望……それらが突然込みあげてきた。自分のための涙ならこらえることができた。だが、デイジーの失ったものを思うと、ジュディスは泣かずにはいられなかった。

「わかるわ」涙をぬぐった。「もうたくさんよね」

デイジーがジュディスの肩に顔をうずめた。

もうたくさんだ。アンソニー。結局、ジュディスは心のどこかで兄を憎んでいるのだ。ずっと。被告席で黙っていたから。弁解しなかったから。自分は反逆者ではないと叫ばなかったから。何も説明しなかったから。憎んでいた。

一番の理由は、心の奥底で、クリスチャンが正しいのではないかと恐れていたからだ。アンソニーは国を裏切った。ジュディスを裏切った。こんな状況に置き去りにして、家族にとんでもない重荷を背負わせた。

アンソニーはもう死んでしまったから、憎みたくない。兄を愛している。

でも、憎んでもいた。

数分が過ぎた。たっぷり泣くことは春の嵐に似ている。太陽が顔を出すまで、激しい雨が窓に叩きつける。デイジーがしゃっくりし、体を起こした。涙をぬぐい、息を吸いこんだあと、どうにか微笑んだ。

「取り乱してしまったわね」デイジーが首を横に振った。「ありがとう。すっきりしたわ」

ジュディスはハンカチをたたんでポケットにしまった。「五ポンドなら用意できるわ」

「だめよ」デイジーがかぶりを振った。「いずれにせよ、引っ越さなければならないの。お金を借りても、いつ返せるかわからないし」

「貸すんじゃないわ」ジュディスは引き出しを開けて硬貨を数えた。「このままじゃ心配で眠れないもの。自分の問題は解決できないから、せめてあなたの問題を解決させて」

デイジーはため息をついた。「だめよ。ジュディス……」

ジュディスは硬貨をデイジーの手に握らせた。「受け取って」

デイジーは震える息を吐きだした。突き返しはしなかった。

デイジーに本当のことを打ち明けなかったことを、ときどき後悔する。ジュディスは紳士階級の生まれで、一家はちょっとした不運に見舞われただけだと、デイジーは信じている。何もかも話していればよかったと、ときどき思う。

でもいまは、衝撃的な告白をするときではない。デイジーは信用されていなかったと思い、傷つくだろう。裏切られたとさえ感じるかもしれない。いまはこれ以上感情を受けとめられない。

ジュディスはかすかにうなずいた。「次はどこで会えるか教えて」

「もちろん」デイジーは弱々しく微笑んだあと、つんと顎をあげた。「陛下のマナーのひどさについて、愚痴を聞いてくれなきゃ困るわ」

二日後、手紙が届いた。なかなか返事が来ないので、ジュディスは期待するのをやめていた。だが、今度の手紙は分厚く、希望がよみがえるのを感じた。

ようやくカミラを見つけたのだ。妹からの手紙に違いない。これで何もかもうまくいく。またひとりきょうだいを失わずにすんだ。きっとカミラは老婦人と贅沢(ぜいたく)な暮らしを送っていたのだ。老婦人はカミラを心から愛していて、全財産を残した。

その後、カミラは世界じゅうを旅していて、そして……そして……。

またやってしまった。これでは世界昔話だ。ジュディスは震える指で手紙を開封した。

封筒が分厚かったのは、ジュディスが送った手紙が同封されていたからだとわかった。

クリーム色の便箋のレターヘッドには、ダーヴィンの名前が並んでいた。バースにある法律事務所だ。

〝ミス・ワース。手紙を拝読しました。ミス・アビゲイル・トロワースは五年前に亡くなりました。妹君に関する記録は存在しません。相続人ではありませんでした。ミス・トロワースの遺言執行人であるごきょうだいのミセス・ハーボーに問いあわせましたところ、カミラ、あるいはカミールという女性が、ミス・トロワースの晩年にコンパニオンをしていたことがわかりました。しかし、ミス・トロワースの死後に解雇され、現在の所在や、その後職を得たかどうかに関しては不明とのことです。

敬具

アーウィン・ダーウィン〟

ジュディスは無意識のうちに手紙をくしゃくしゃに丸めていた。うってつけのボールを暖炉に投げこもうとしたとき、あとで弁護士の連絡先が必要になるかもしれないと気づいた。まだ過去にとらわれていた。女王が訪問すると想像したのと同じだ。これだけ時間が経っても、自分を欺いていた。一生懸命頑張れば、何もかもうまくいくと。あきらめなければ。弟がイートン校に入れば。笑顔を忘れなければ。

そうしたとして……どうなるの？　悪い魔女が妹を連れてきてくれるの？　努力することが、なんでもかなえてくれる魔法の杖になるとでもいうの？

そんなわけはない。過去には戻れない。あるのは現実だけだ。父は自殺した。兄は自己弁護せず、跡形もなく姿を消した。どうやって死んだのかもわからない。ジュディスに残されたものは虚無感と胸の痛みだけだ。

大事にされ、つつがなく暮らしていると信じていた妹は、どこにいるのかもわからない。絶対に生きている。暗い考えで頭がいっぱいのいまでさえ、カミラが死んでいると考えることはできなかった。

またひとりきょうだいを失うなんて、耐えられない。

弟の面倒さえ見られていないけれど。一万ポンドあれば、妹を捜しに行けるのに。でも、一〇〇ポンドすら持っていないから……。

そのとき、下の階ですさまじい音がした。木が裂け、皿が割れる音が。

ジュディスは手紙をスカートのポケットにしまい、階段を駆けおりた。惨劇の跡が目に入った。すべての食器――皿や鉢、陶磁器をしまっていた居間の食器棚が倒れていた。木や磁器の破片が散らばっている。

そばにテレサがいた。

「大丈夫よ」テレサが両手を振りながら言った。「大丈夫だから！　心配しないで！」

「テレサ」ジュディスは言葉を失った。「なんで――どうして――」

「見かけほどひどくないのよ」テレサがあわてて言う。「猫は無事だし」

「何があったの？」ジュディスは鼓動が速まるのを感じた。

「ええと。ウィスカーズにのぼり方を教えていたら——」

　これまでためこんできた無力感や苦しみ、怒りが一気に爆発した。頬がかっと熱くなる。無意識のうちに拳を握りしめていた。

「のぼり方を教えていたですって？」冷やかな声が出た。「わたしの言ったことを忘れたの？　ルールはなんだった？」

「でも、言ったじゃない！」テレサの顎が震えだした。「子猫のほうがルールより大事だって」

「勘弁して（フォー・ザ・ラブ・オブ・ダックリング）。ルールを全部無視していいと言ったわけじゃないわ、ばかね」

テレサが鼻にしわを寄せた。「ばかじゃないわ」

「いまのあなたはばかよ。禁じられたことをして子猫の命を危険にさらしておいて、ルールより子猫が大事だなんて言うのはおばかさんだけ」

「大声を出さないで」テレサが自分の体に腕をまわした。「レディは大声を出さない」

「お金を出して買ったわけじゃないからって、子猫たちは自由（フリー）だとでも思っているの？それに、この食器は？」ジュディスは皿の破片を拾いあげた。「これはなんなの、テレサ？」

「知らない！　こんなことになるとは思わなかったの！　ただ——」

「あなたはいつもそう。物を壊すの。わざと」

「違うわ」テレサは正直なので言い直した。「まあ、ときどきはそんなこともあるけど、今回は違う。事故だったの」息を吸いこんで続ける。「まだ声が大きいわ。アンソニーは絶対にそんな言い方はしなかった」

アンソニーはしないだろう。カミラも。ジュディスは怒りが頂点に達した。

「アンソニーは」ジュディスは思わず言った。「ここにいない」

「そうだけど、アンソニーはずっとわたしの面倒を見ると約束してくれた。ジュディスは面倒を見てくれない。怒鳴ってばかり。話を聞いてくれないし。いつもベネディクトをえこひいきするの」

ジュディスは破片をそっと置いた。この数年間、どうにか笑顔を絶やさず、妹や弟が安心して暮らせることだけを考えてきたが、家族がいないほうが楽だったと、心のどこかでずっと思っていた。家族がいなければ、稼いだお金を全部自分のために使えた。家族がいなければ、週に二度、数時間だけ家政婦に来てもらうのではなく、フルタイムの使用人を雇えた。そもそも、テレサがいなければ、カミラと一緒にいられたし、こんなことにはならなかっただろう。

弟や妹のいない人生など考えられない。つらいのは、カミラの居場所がわからないからだ。だが、重荷を背負わずにすめばいいのにと願う自分がいた。

心の底ではそう思っていた。最低な人間だ。

「アンソニーは」テレサが言う。「命令口調で話さなかったし、わたしをばか呼ばわりしなかった。叱ったりしなかった。アンソニーが帰ってきたら——」

いやな自分が顔を出した。「アンソニーは死んだわ」

テレサが体をこわばらせ、目を見開く。「そんなこと言わないで」

「アンソニーは死んだの」ジュディスは言った。「八年前、嵐に襲われて姿を消した。それ以来、わたしにも、あなたにも、イングランドじゅうの誰にも連絡してこない。アンソニーは反逆者よ。無実を訴えることができたら、いまもここにいたでしょう。この事実をそのばかな頭で理解しなさい、アンソニーはわたしたちを見捨てたの。わたしたちのことを大事に思ってなんかいない。もう生きていない。死んだのよ」

テレサはさらに目を見開いた。顔をそむけ、込みあげる涙をさっとぬぐった。「やめて！そんなこと言わないで、ジュディス」

「あなたに食事を与えているのは、アンソニーじゃない。あなたの将来のために準備しているのは、アンソニーじゃない。あなたを守るために、身を粉にして働いて節約しているのは、アンソニーじゃない。何カ月も中古屋をめぐってまともなティーカップを探しまわったのは、アンソニーじゃない。アンソニーはこれをしてくれたとかあれをしてくれたとか言われるのはもううんざりなのよ。アンソニーがしたことなんて、国と家族を裏切って、家名に泥を塗って死んだことくらいなのに。ひどい兄だったわ」

「違う！」今度はテレサが大声をあげた。「自分の間違いを責められたくないからそんなこと言ってるだけでしょう。わたしに真実に気づいてほしくないから。でももう気づいてるわ。あなたこそ意地悪な異母姉よ。アンソニーはわたしが本当に必要とするときはそばにいると言ってくれた。アンソニーは嘘はつかない。あなたはいやな人だわ」

そんなことはわかっている。ジュディスはアンソニーのことを思い出すとき、もはやその死を悼むだけではいられなくなった。兄を憎んでいた。愛はナイフだ。正しい持ち方をしようとしても、いつの間にか向きを変えて指を傷つける。

「そうよ」意地の悪い口調で言った。「もうわかったでしょう。あなたの兄は死んだ。一番上の姉はいやな人。でも、落ちこむ必要はないわ、テレサ、あなただってただの悪がきなんだから」

テレサの鼻が震えた。ぐっと感情をこらえたあと、目をそらした。「わたしは……わたしは……」テレサにはいろいろな面があるが、嘘つきではない。その先を言うことはできなかった。

そこが不愉快な真実のつらいところだ。本当のことだから傷つく。テレサは悪がきだと自覚している。だからではなく、ジュディスに言われたから傷つくのだ。

「ジュディスなんか大嫌い」テレサが低い声で言った。「大嫌い、大嫌い、大っ嫌い。アンソニーが帰ってきたら……」目に涙が込みあげる。またもや途中で口をつぐんだ。わがまま扱いにくい悪がきだけれど、ばかではないから。

ばかではないから、真実を知っている。

アンソニーは帰ってこない。二度と。

「大嫌い」テレサが泣きながら言う。「全部ジュディスが悪いのよ」

「わたしは悪くない」ジュディスは反論した。「全部わたしが背負ってきたの。文句があるなら自分でやってみたら」

「大嫌い」テレサは繰り返し、足を踏み鳴らして階段をあがった。「大っ嫌い。あんたは――あんたは――」必死で毒のある言葉を探した。「ばかよ(マラード)」

寝室のドアがバタンと閉まる音がした。壊れた棚に残っていた破片が床に落ちて粉々になった。

アンソニーは死んだ。ジュディスはひとりぼっちで食器の破片に囲まれていて、マラードなんて言葉ではとてもこの惨状を言い表せない。

割れた皿を拾ったあと、蝶番(ちょうつがい)から外れた扉をよけた。一番下の棚に隠してあった三冊の冊子が床に落ちていた。アンソニーが中国にいた頃の日記だが、ほとんど読めない。

ジュディスはそれを長いあいだ見つめた。

それから、日記を拾った。「もうっ、どうにでもなれだわ(ダック・イット)」

17

クリスチャンの家に向かう途中で傘の骨が一本折れて、風が吹くたびにジュディスの顔に夏の雨が打ちつけた。

一時間も歩けばそのあいだに冷静になり、気が変わるはずだった。だが、木や食器の破片が散乱している居間の光景が頭から離れない。

不ぞろいのティーカップは上等なものではないかもしれないが、ジュディスにとっては大事なものだった。上流社会から急に締めだされても、かつて難なくおさまっていた地位にふたたびのぼりつめる可能性があるという証だった。

そんなことはあり得ない。

もう偽るのはやめよう。

クリスチャンの家の玄関をノックしたときには雨はやんでいて、日は沈みかけていた。メイフェアの家々の屋根の上を流れる灰色の雲がピンクに染まっている。帰りは夜道を歩かなければならないが、いまは考えたくなかった。

三〇秒後、ドアが開いた。

クリスチャンの家のなかはどこもかしこも豪華で、まぶしすぎた。オイルランプの煌々とした明かりがあふれていた。金色の凝った模様が入ったクリーム色の壁紙。大理石の床。磨きあげられた木製の家具。おいしそうなにおいが厨房から玄関まで漂ってくる。

ジュディスはみぞおちを殴られたような衝撃を受けた。向こう側の生活、かつて彼女が送っていた生活があまりにも違うことを、すぐに忘れてしまう。服がちくちくしたり、革靴にひびが入ったりすることはなく、割れた皿はさっさと片づけられ、新しいものに取り替えられる生活。

毛玉のついたグレーのショールを羽織り、壊れた傘を差したジュディスは、使い古したキャンバス地の鞄を握りしめた。

執事が目をしばたたいて彼女を見た。

礼儀作法だけはまだ備えている。ジュディスは急いで傘を閉じ、顎をあげた。

水のしたたる壊れた傘を執事に渡した。「レディ・ジュディス・ワースが訪ねてきたと、アシュフォード卿に伝えなさい」

女王のような口調で言った。女王ならためらうことなくあたたかい部屋に入るだろうから、ジュディスもそうした。

「かしこまりました」執事はいくぶんこわばった口調で答えた。「閣下がご在宅かどうか確認して参りますが、おそらくいらっしゃらないと存じます」

これは使用人言葉で、〝あなたを放りだします〟という意味だ。

「ジェフリーズ」

ジュディスは中央階段を見あげた。赤と金色の絨毯が敷かれた大理石の階段の一番上に、クリスチャンが立っている。まるで下界におりようとしている神のようだ。

「ぼくはいるよ」クリスチャンが言った。「レディ・ジュディスはいつでも通してくれ。いいね？」

「かしこまりました」執事はそう言いながらも、ジュディスのスカートをちらっと見た。水をしたたらせてはいない。ジュディスはちゃんと確認した。きょうだいが通った床を何度も掃除した経験があるので、苦労はわかっている。

「メアリーにあたたかい飲み物を持ってこさせるように」クリスチャンが言った。「ビスケットも一緒に。レディ・ジュディス」

クリスチャンに身振りでうながされ、ジュディスは階段をあがった。

気圧(けお)されない。絶対に。自分はこの世界の生まれなのだ。いまもこの世界で暮らしているはずだった。もしクリスチャンが……。

アンソニーが……。

そんなことはどうでもいい。いまは割れた食器や壊れた家具しか持っていなくても、クリスチャンの前で萎縮するつもりはない。この八年間、不可能を可能にするために努力し、合わないピースを組みあわせようとしてきた。

まだ挽回するチャンスがあると信じるなんておとぎ話かもしれないけれど、少なくともこれはジュディスの物語だ。インクや紙は選べなくても、話を作るのは彼女だ。クリスチャンや彼の大理石や絨毯や執事が束になっても、彼女を止めることはできない。ジュディスは拳を握りしめて彼に近づいていった。

「ジュディス」クリスチャンはとまどっていた。「いったいどうした？　それは……」

ジュディスは鞄を持ちあげた。「お茶もビスケットも結構よ。アンソニーのなけなしの評判を台なしにしてちょうだい。もうどうでもいいわ」そう言うと、荷物を押しつけた。

クリスチャンはその重みによろめいた。「なんなんだ、ジュディス？」

「どうぞ。アンソニーの日記よ」ジュディスは顎をあげた。女王が内密にデイジーを訪ねたとしても、これほど威張った口調は使わないだろう。「もういいの。あげるわ」

クリスチャンは鞄をサイドテーブルに置いた。「何があったんだ？」

ジュディスは彼のほうを向いた。「どうぞ読んで。よければ説明してちょうだい。わたしにわかるように、簡単な言葉を使ってね。どうしてそんなに自信があるのか教えて。アンソニーが反逆者だとどうしてわかるのか。アンソニーが大切に思っていた人たちを裏切ったのはどうしてなのか。教えて、クリスチャン。いますぐ」

ジュディスがクリスチャンの胸をつつきながら言うと、彼は指を見おろした。いまいましいことに、彼女の手が震えだした。

「そうだな」クリスチャンがようやく言った。「廊下でぶちまける気はない。ここで話そう」広々とした執務室のドアを開けた。棚が並んでいて、暖炉のそばに机と、数脚の椅子がある。

「入って」クリスチャンが言う。「座って。ビスケットをどうぞ」

「結構よ」ジュディスは嘘をついた。

優しさなんていらない。正義を求めていた。怒りを。クリスチャンの人生を、自分の人生と同じようにめちゃくちゃにしてやりたかった。

ビスケットは食べたい。けれど、食べながら怒り続けるのは難しい。炉端のクッションの上で丸くなっている茶色の子猫を見たら、なおさら。

ジュディスはソファに座った。薪のはぜる音が耳に心地よい。クリスチャンが隣に腰かけた――たっぷり一メートルほどあいだを空けて。ジュディスは前を向いたままでいた。

「簡単に話そう」クリスチャンが言う。「アンソニーが軍事機密を中国に渡したのは、アヘンをめぐる戦争で英国に勝ってほしくなかったからだと、ぼくは考えている」

炉火でようやく手があたたまると、かゆくなってきた。ジュディスはこっそりと手をスカートにこすりつけた。「そんなおかしな話、聞いたことがないわ」

クリスチャンはうなずいた。「英国と中国がなぜ戦争をしたか知っているかい？」

「あのとき、わたしは一七歳だった」ジュディスは答えた。「紅茶の貿易に関係していたのよね」眉根を寄せる。「中国が英国の船を拿捕(だほ)したとか」

「だいたいそんなところだ」ドアが開き、使用人がトレイを持って入ってきて、ふたりのそばにあるサイドテーブルに置いた。ジュディスはナプキンの下にあるのはなんだろうと考えまいとした。もちろん、クリスチャンの家のティーカップはそろいのものだ。そんなことはわかっていたのに、彼がピンクの縁取りが施された磁器のカップにお茶を注ぎ、皿に小さなビスケットを置くあいだ、にらみつけずにはいられなかった。

「どうぞ」クリスチャンがそれらをジュディスの左側にぞんざいに置いた。「きみが頼んだわけじゃないから、ぼくに勧められても感謝する必要はない」

ジュディスはちらっと彼を見た。出された食べ物を口にしなかったことは一度もない。彼女が甘いビスケットをはねつけることができないことを、クリスチャンは知っているに違いない。この距離でも、本物のバニラビーンズがちりばめられているのが見て取れる。バニラ味のものを最後に食べたのはいつだっただろう？

我慢できなかった。ビスケットを取ってひと口で食べた。

クリスチャンはカップを持ちあげ、ふたたび話し始めた。「英国の視点から見れば、関心事はひとつだけだった——紅茶だ」

ジュディスは自分のカップを見おろした。「紅茶？」

「ああ。紅茶は中国から輸入している」

「知っているわ。だからとても高価なのよね」

「それなのに、ぼくたちは紅茶がなくてはやっていけない」クリスチャンはゆがんだ笑みを浮かべた。「中国は紅茶を持っている。英国は紅茶が欲しい。だがあいにく、中国が欲しがるようなものを持っていない。公平にやるなら、毎年中国に莫大な金を送ることになる。中国は豊かになり、英国は貧しくなる」

ジュディスはふたたびカップを見おろした。「英国は紅茶を安く手に入れるために戦争をしたの？　それって……」

とてつもなく無駄なことに思える。たとえ失われた命がひとつだけだったとしても。それが兄の命だったとしても。あの戦争では多くの命が奪われた。ずっと多くの命が。

ジュディスがいぶかしげな表情をしているのを見て、クリスチャンが言った。「それはハーブティーだ。ミントとカモミールの。紅茶じゃない」

ジュディスはひと口飲んだ。

「問題はそれだけではなかった」クリスチャンは彼女の皿にもうひとつビスケットを置いた。「英国は貿易赤字を解消するのに、紅茶の価格をさげるよりも効果的な方法を見つけたんだ。中国が欲しがる生産品を見つけた」

「それは……いいことでしょう？」

クリスチャンが苦々しげに鼻にしわを寄せた。「よくないことだ。それがアヘンなら。アヘンには中毒性がある。人をだめにする。廃人にする。アヘン中毒者は、次はいつ吸えるか、どうしたら吸えるかといったことしか考えられなくなる。どうにかアヘン窟から抜けだした者でさえ、何年経っても心を惹かれる。かすかな香りを嗅ぎ取ったとたんに、理性が吹き飛んでしまう。アヘンを摂取するのはやめられるかもしれないが、依存を断ち切ることはできないんだ。何十年もの歴史を簡単に説明するが、中国政府はアヘン貿易を法律で禁止した。英国はそれを許せなかった。二度の戦争を経たあと……」肩をすくめた。

ジュディスはしばらく黙りこんだあとで言った。「英国は間違っていたと思うのね」

「すべてを考慮すると、疑問の余地はない。でも、きみはぼくの意見を聞きたいわけじゃないだろ」

ソファの肘掛けに何かがぶつかる音がしたので、ジュディスはそちらを見やった。フィレットが炉端を離れて挨拶に来たのだ。ひげのある小さな茶色の顔のなかの青い目で、ジュディスをじっと見ている。ジュディスは手を伸ばして耳のあいだを撫でてやった。

それから、ようやく口を開いた。「英国は間違っていたとアンソニーは思っていたと、あなたは考えているのね。そう信じていたから、自分の国を裏切ったと」

「ああ」

「いったいどうして関心を持っていたのかしら？」

クリスチャンが目をそらし、声を落として答えた。「アヘンを憎んでいたんだ」

「知らなかったわ」

フィレットがジュディスの膝にひらりと飛びのり、前足でもみもみしたあと、喉を鳴らした。カサカサ音がすると思ったら、ジュディスのポケットのなかの手紙を踏んでいた。

ジュディスはこっそり手紙を取りだして、音がしないよう脚の下に滑りこませた。

「だろうね。アンソニーは人の秘密を明かしたりしない。でも――実は――」クリスチャンは言葉を切り、息を吸いこんだ。それからジュディスを見た。

クリスチャンは悲しいときも、うれしいときも、常にジョークをいくつでも言えそうな顔をしていた。

でもいまは、ジョークなどひとつも知らないように見えた。不安に満ちた目をしている。

「実は」クリスチャンが低い声で言った。「アンソニーの親友はアヘン依存症だったんだ」

ジュディスは猫を撫でていた手をぴたりと止めた。「まさか。親友ってあなた……」

クリスチャンが立ちあがった。「ああ、いまのは間違いだ。〝だった〟ではなく、アヘン依存症だと言うべきだった。依存を断ち切ることはできない。たとえ……」ごくりと唾をのみこんで天井を見あげる。「やめてから一四年と八カ月経っていても」

こんな話を聞くことになるとは、ジュディスは思ってもみなかった。

「子どもの頃、ぼくは夜驚症だった」クリスチャンが言葉を継ぐ。「毎日奇妙な夢を見た。真夜中に悲鳴をあげ、誰かがなだめようとすると蹴飛ばした。ほかにも変わった癖があって、父はぼくを施設に入れるべきだと考えた。母は毎晩アヘンチンキを少量ずつ与えることで、その運命から救いだしたんだ。夢は見続けたが、悲鳴はやんだ」肩をすくめ、作り笑いを浮かべた。「イートン校に入る頃には、その量が増えていた」

ジュディスはフィレットの背中を愛撫(あいぶ)した。胸が締めつけられるように痛んだ。

「ある晩、のみすぎて息ができなくなったぼくに、アンソニーが気づいた」クリスチャンの声がかすれた。「アンソニーはぼくを立たせて、顔を叩いた。ぼくが咳をして、ふたたび呼吸ができるようになるまで部屋のなかを歩かせた。ぼくの命を救ったんだ。そして、アヘンチンキをやめるよう言った」

ジュディスは息が苦しくなった。

「長い時間がかかった。家に帰るたびに母が……ぼくが休暇をきみの家で過ごすことを不思議に思わなかったかい？　毎年。夏以外の休暇も」

ジュディスは首を横に振った。「別に……。疑問に思わなかったわ」

「家に帰れなかったんだ。母に薬をのまされるから。拒めなかった、最初の数年は。アンソニーはアヘンの恐ろしさを目の当たりにした。ぼくが混乱してわけのわからないことをしゃべりだしたときは、おさまるまで一緒にリストを作ったり、物を分類したりしてくれた」

ジュディスは息ができなくなった。

「ぼくのアヘンに対する思いは、昔の恋人を憎むようなものだ――もとに戻るつもりはないから、憎まなければならない。アンソニーはきみがぼくを嫌うように、アヘンを嫌っていた――友人を破滅させかけたから」

「ああ」ジュディスは心が重くなった。彼の手を握って慰めたかった。

自分を慰めたかった。

「だから」クリスチャンが言葉を継ぐ。「アンソニーはアヘン貿易を憎んでいて、反逆罪を犯してでも止めたかったんだと思う。止めずにはいられなかったんだ」

「ああ」ジュディスは言葉を失った。これまでの確信が崩れ、怒りが消えていくのを感じた。

「前にも言ったとおり、ぼくはきみの家族に借りがある。ただ、きみが思っているのとは別の理由だ」

ジュディスは息を吸いこんだ。心の奥底ではわかっていた。たぶん最初から。クリスチャンに怒っていたのは、そのせいでもある。アンソニーが弁解しなかったのは、罪を犯したからだと。

胸がいっぱいになった。「ええ」フィレットを膝からおろして立ちあがった。「そうね」世界が一変し、途方に暮れた。何か言わなければ。謝罪するとか。なんでもいいから。

「話してくれてありがとう。ごめんなさい……いろいろ」それ以上言葉が見つからず、猫を渡した。

「ジュディス？　大丈夫かい？」

「もちろん」

「いや」クリスチャンが彼女の膝に触れた。「大丈夫じゃない。うかつだった。重い話を聞かせてしまったね。きみは調子が悪そうだったのに」

ジュディスの口から言葉がこぼれた。「カミラの居場所がわからないの。誰も知らないの。猫が何もかも壊しちゃうし、ベネディクトは……」

クリスチャンは猫を机に置いてから、ジュディスの体に腕をまわした。放してと言わなければ。彼の襟をつかんだり、香りを吸いこんだりしてはならない。抱きしめさせるべきではない。

でも、抱きしめられたかった。相手がクリスチャンでも。

クリスチャンだからこそ。

〝きみはぼくが正しいと認めたくない。認めたら、きみの苦しみを理解できるのはぼくだけだと認めることになるからだ〟

「どうして」ジュディスは言葉に詰まった。「どうしてあんなことができたの？　結果も顧みずに正しいと思うことをするなんて。カミラやテレサやベネディクトにどんな影響を及ぼすか考えもせずに」

「きみもだろう」クリスチャンが耳元でささやいた。「ジュディス、きみもだ。アンソニーはきみにきょうだいの世話を任せた。きみにそんな重荷を背負わせるなんて」ジュディスの腰に片手をまわした。

「あなたも」ジュディスは思わず言った。「あなたに暴露させた……すべて。アンソニーに起きたことに対して、あなたに責任を感じさせた」声が震える。「わたしにあなたを責めさせた。それでもまだ、どうしたらあなたを許せるのかわからない」

「ぼくもどうしたら自分を許せるのかわからない」

ジュディスは彼を見あげた。

ジュディスの人生はめちゃくちゃだった。崩壊した。道を見失った。でも、クリスチャンの目を見つめれば……。

クリスチャンが真剣なまなざしで見つめ返してくる。ああ、かつて彼に結婚を申し込まれたのだ。ジュディスは断った。そうするしかなかった。

「方法を見つけられるかも」ジュディスは言った。「ふたりで」

クリスチャンが息を吐きだした。カモミールと砂糖の香りがする。

昔、一度だけキスされた。あれからどんなに傷つけられようと、もう一度キスしたかったという思いが胸を震わせる。そのあいだの出来事がなかったかのように。ふたりのあいだに苦しみも怒りも存在しないかのように。あの夏の完璧な夜に戻ったかのように。

けれど、ここにリンゴの木はない。月も出ていない。キスでこの苦しみを取り除くことはできない。

ジュディスはうつむいた。

「家まで送るよ」クリスチャンが言った。

「ひとりで帰れるわ」

「わかっている。それでも送らせてくれ」

18

クリスチャンの馬車の座席はスプリングが利いていて、でこぼこ道を走っていても乗り心地はよかった。ひどく揺れる貸し馬車に慣れきっていたジュディスは、こんな馬車——カーテンを引いて目を閉じれば、でこぼこ道や騒々しい人々の存在を忘れられる——があることを忘れていた。

ただし、同乗者は無視できなかった。クリスチャンはジュディスの向かいに座っていた。しゃべらず、狭いのにスカートに脚を触れさせることもせず、彼女にゆとりを与えている。

それでも、ジュディスには充分ではなかった。

兄にとって不利な裁判であることはわかっていた。けれど、ジュディスは常に言い訳をしていた。たくさんの言い訳を。誰かが証拠をでっちあげたとか、誰かが誤解しているとか、手紙は別人のものだとか。真実を認めたくなかったから、大勢の名もなき関係者を生みだした。何かあったに違いないと考えた。アンソニーが国や家族を裏切り、道義心を失ったと認めるより、クリスチャンと全人類が共謀してワース家を没落させたと考えるほうが楽だったから。

海賊と戦い、どこかの岸に泳ぎついたアンソニーのおとぎ話を自分に信じこませたのと同じだ。昔話にすがるほうが楽だった。

アンソニーが道義心のためにジュディスを裏切った世界は、冷やかで真実味があった。今朝、彼女が住んでいた世界よりも寂しい場所だった。だけどいつかは慣れるだろう。慣れなければならない。これまでだってそうしてきた。

ジュディスは自分の体に腕をまわし、真相を思い描こうとした。

兄は反逆者だった。死後に名誉を回復することはない。ジュディスは助けを得られない。クリスチャンをちらっと見たあと、彼のことは考えまいとした。

頭が混乱している。兄と同じくらい、クリスチャンのことが憎い。だから、顔を見るだけでつらかった。手を握りしめ、ポケットのなかの手紙を取りだそうとした。

そのとき、クリスチャンの家のソファに忘れてきたことに気づいた。フィレットが踏んでうるさかったので、取りだしたのだった。

カミラのことを忘れていた。弁護士から送られてきた手紙――カミラを気にかけることなくこの荒涼とした国のどこかに追いやったことを知らせる手紙は、いまもクリスチャンの家にある。

使用人が捨ててしまうかもしれない。

自分の感情を整理する時間もないのに、カミラのことを考える余裕などなかった。

カミラが最後にいた家に飛んでいき、質問攻めにして手がかりを探すこともできる。だが、そうすると、ベネディクトとテレサをふたりきりで家に残すことになる。あの子たちに何かあったらどうするの？

家に近づくほど、つらさが増していった。

いまはカミラのことまで考えられない。ジュディスは洪水の最中、どの子猫を救うか決めかねている親猫のような気分だった。どちらを選ぼうと、もう一匹は溺れる。

曲がり角に差しかかり、馬車がわずかに右へ移動した。

顔をあげると、クリスチャンがこちらを見ていた。

〝きみはぼくが正しいと認めたくない。認めたら、きみの苦しみを理解できるのはぼくだけだと認めることになるからだ〟

クリスチャンの言うとおりだ。まだ認める気になれない。

「どうして結婚しなかったの？」ジュディスはきいた。

暗くて顔が見えないけれど、かえって都合がよかった。憐れみにしろ好奇心にしろ、クリスチャンがどんな表情を浮かべているか知りたくない。夜の帳（とばり）に包まれ、読み取れたかもしれない感情を暗闇が隠していた。

「考えてみたんだが」クリスチャンがようやく答えた。「初恋のせいだと思う。あのあとは誰と出会っても見劣りがした。心から信頼できる相手にめぐりあえなかった。どんな女性でも満足できなかった」

ジュディスの胸に鋭い痛みが走った。彼女もクリスチャンを心から信頼していた。

アンソニーと同じように、クリスチャンはジュディスか道義かの選択を迫られ、道義を選んだ。

クリスチャンはそれ以上何も言わなかった。ジュディスもおかしなことを言ってしまいそうなので黙っていた。馬車が彼女の家のある通りに差しかかった。狭い石畳の道には入れないので、馬丁がおりて馬を押さえた。

「玄関まで送るよ」クリスチャンが言った。

「その必要はないわ。この辺の人たちはわたしのことを知っているから。安全よ」

「それでも送るよ」クリスチャンはかたくなだった。

「きみは?」クリスチャンが暗い道を歩きながら尋ねた。「きみも結婚できたはずだ。醜聞のせいで良縁には恵まれなかったかもしれないが、きみは伯爵の娘だ。きみが望むものを与えてくれる相手を選べただろう」

クリスチャン。父の葬儀のあと、彼はジュディスに結婚を申し込んだ。

ジュディスは激怒した。

ジュディスは彼の質問に答えず、デイジーの家の前を通り過ぎた――二階の窓が暗いので、もうここにはいないのだろう。そして、通りの真ん中にある唯一の街灯の下に集まっている男たちをよけて歩いた。

「おや、ミス・ワース」そのなかのひとりが声をかけてきた。「一緒にやろうぜ」

クリスチャンが前に出ると、ジュディスは彼の腕に手を置いた。昔は彼らのことが怖かった。いまでは顔見知りだ。フレッド・ロッティング、ミスター・パッジ、そして、クラッシュと呼ばれている男。

「パッジ、わたしは賭け事はしないと知っているでしょ」ジュディスは言った。「特に……今夜は何に賭けているの？」

ミスター・パッジが道にチョークで描かれた大ざっぱな円を指し示した。

「どの……コオロギが最初に三番目の円から出られるかに賭けてる」クラッシュが答えた。

ジュディスは彼を見やった。「そこまで暗くないからわかるわよ。ゴキブリでしょう。動きを遅くするために何をくりつけているのかは、知りたくもないけど」

「それは――」

ジュディスが両手で耳をふさぐと、男たちは笑った。

クラッシュが一歩近づいてきた。「きみの恋人かい？」

「ミスター・トレントよ」ジュディスは制するように言った。「家族ぐるみの友人なの」

「ああそうかい。なら、友人としておやすみのキスをたっぷりしておくれ」フレッドが口を挟んだ。

ジュディスは頬が熱くなるのを感じた。「ゴキブリとでもキスしていなさい」

男たちが笑い、ジュディスはおやすみの挨拶をしたあと、ふたたび歩き始めた。

あるとき、ジュディスはテレサが脱ぎ捨てたペチコートで足を滑らせ、急な階段から転げ落ちたことがあった――階段にペチコートを脱ぎ捨てる人なんている？　三週間も腰についたあざが消えず、どこもかしこも痛いと泣き言を言った。

〝それは嘘でしょ〟テレサは言った。〝左手の中指も痛むの？〟

左手の中指は痛くなかった。そして、痛くないところがたくさんあることに気づいた。どこもかしこも痛む（ノット・エブリシング・ハート）わけじゃない。

「わたしが結婚していたら」ジュディスは言った。「ああいう人たちのことを粗野で下品だと思っていたでしょうね」

クリスチャンが首をかしげて彼女を見た。「違うのかい？」

ジュディスは肩をすくめた。「たぶん。四年前、吹雪で屋根が崩れそうになったときは、フレッド・ロッティングが直してくれたの」

クリスチャンが眉をひそめた。

「きかれる前に言うけど、見返りが欲しかったわけじゃなくて、奥さんに言われたからそうしたのよ。フレッドは奥さんを崇拝していて、それを隠そうともしないの。男性からぶしつけに声をかけられることはあるけれど、それはどこでも同じよ。むしろメイフェアにいたときのほうが多かったわ」

「なるほど」クリスチャンが彼女の家の前で立ちどまった。

つらいことばかりではない（ノット・エブリシング・ハート）。ぼろぼろのときにそう気づくと、自由になった気さえする。

「結婚していたら」ジュディスは小声で言った。「自分にどんなことができるか知ることはなかった。キッドスキンの手袋やモーニング・ドレスを取りあげられたおかげで、わたしにはいろんなことができるとわかったの。くだらないと思われるかもしれないけれど、いまの自分が誇らしいわ」

玄関の階段をあがった。

ドアを開け、クリスチャンに別れを告げようとしたとき、居間の様子が目に入った。午後に起きたことは遠い昔の出来事に思えた。だが、割れた木や食器の破片はまだ床に散らばっている。すっかり忘れていた。

「ええと」ジュディスは精一杯明るい口調を装って言った。「どうもありがとう。おやすみなさい」

「本気かい、ジュディス？」クリスチャンがあきれたように首を振り、家のなかに入った。

「水くさいぞ。ひとりじゃ片づけられないだろう」

「もちろん、できるわよ」ジュディスは彼の背中に向かって言った。「さっきの話を忘れたの？」

「もちろんできるだろうが、簡単ではないだろう。きみは食器を片づけて。ぼくは木を運ぶ」

皿の半分は捨てずにすみそうだ——ひびが入っただけで、割れていない。鉢ふたつと、木製の食器のほとんども無事だった。だが、一番上の棚に置いてあった上質のティーセットは一番長い距離を落ちた。

そして……。

クリスチャンが扉の最後の破片を外に運ぶあいだ、ジュディスはかけがえのないもののことを考えていた。

羊飼いと踊る羊の置き物。羊飼いは修復できないほど粉々になっていた。土台も割れ、内部の歯車は曲がり、ばねが折れている。

クリスチャンがそばに来た。

これをクリスチャンがくれた日のことを思い出した。彼が自分に関心を持っていることに気づいたジュディスは、空想にふけった。その空想のなかのふたりは、どこか別の世界にたしかに存在した。

二匹の羊は無傷だった。ジュディスはそのひとつをそっと引き抜いた。

「ぼくが埋めあわせるよ」クリスチャンが低い声で言った。置き物のことだけを言っているのではないと、ジュディスにはわかった。

「無理よ」

「無理じゃない。どこで買ったか覚えている。そこへ行けば……」

どっと疲れが出た。「アーサー・レヴィットのお店で買ったんでしょう。四本向こうのカールソン通りにある。同じのは買えないわ」羊をスカートのポケットにしまった。「八年前、売れるものはすべて売った。ドレスも宝石も、没収されなかったものは全部。あなたに結婚を申し込まれてから半年後に、この置き物もミスター・レヴィットに返品しようとしたの」

クリスチャンが息を吸いこんだ。

「断られたわ。でも、ミスター・レヴィットはわたしが羊をうしろ向きに動くように改造したことに興味を示したの。どうやったか教えると、こんなものは見たことがないと言って、ぜんまい仕掛けの設計の売買を仲介するエディンバラの業者を紹介してくれた。あなたがくれた置き物を分解したり、本を読んだりした結果……」ジュディスは肩をすくめた。「七年間で一〇〇〇ポンドちょっと稼いだのよ」

クリスチャンが彼女を見つめた。

つらいことばかりではない。

「ミスター・レヴィットは半年前に亡くなったの。彼の助けがなければ、どうにもならなかったでしょうね。おかげでベネディクトを学校に入れることができた。妹たちの信託財産を設けることもできた。それぞれ四〇〇ポンドを匿名で送ったのは、お金がないことよりも、商売をしている姉がいることのほうが、まともな結婚の障害になるからよ」

クリスチャンは目をそらさなかった。

「運がよかったの」ジュディスは言葉を継いだ。「さっきも言ったとおり、結婚していたら、自分にどんなことができるか知ることはなかった。つらくて、苦しくて、みじめだった」ぐっと感情をこらえた。「でも、わたしはつらさや苦しみに耐えられるくらい強いし、運がよければみじめさも消えるとわかったの」

「ジュディス」

ジュディスはもう一匹の羊をクリスチャンに差しだした。「受け取って。お金の出所について黙っていたのには理由があるの」

「商売で儲(もう)けた金だと、ぼくが誰かに話すと思っていたのかい?」

ジュディスはかぶりを振った。「違うわ。わたしがぜんまい仕掛けを極めるべきだと、昔、あなたが思わなければ、いまのわたしはいなかった。あなたに恩があると認めたくなかったの。でも……もういいわ。ありがとう」

クリスチャンは羊だけでなく、ジュディスの手も一緒に握りしめて引き寄せた。

「こんなことをするなんて、とんでもないことだ」

ジュディスは胸がどきどきした。「とんでもないことには慣れているわ」ささやくように言う。「運と充分な時間さえあれば、とんでもないことも……」

一瞬、リンゴ園にいるような気がした。長年の苦しみが洗い流されたかのようだった。

「どうなるんだ？」クリスチャンがきいた。

ジュディスは息を吐きだしたあと、彼を見あげた。「とんでもないことも魔法に変わるのよ」

ジュディスの手を握りしめていること、あの大きな澄んだ目でもう一度見つめられていることが信じられなかった。まるで空白の年月が消え去り、新しく始まったのではなくて、昔に戻ったかのようだ。積み重ねたものは崩れ去ったが、土台はしっかりと築かれていたということだろうか。

クリスチャンが身をかがめると、ジュディスは背伸びをし、吐息をもらした。唇が触れあった瞬間、年月の隔たりは消え去った。澄んだ水に反射する太陽の光のようなまぶしさに目がくらんだ。彼女の唇はやわらかく、つないだ手はあたたかい。もう一方の腕を体にまわすと、ジュディスがもたれかかってきた。

だが、それも長くは続かなかった。一分も経つと、めくるめく興奮は冷めた。彼をにらみ、嫌いだと言ったジュディスを思い出した。

一度のキスで——二度のキスでも——この八年はなかったことにはならない。クリスチャンはすべて覚えていた。一年目は毎晩、窓の外を見つめてジュディスはどうしているだろうと考えた。彼女が訪ねてくるのを、毎晩想像した。くだらない夜会に出るたび、すばらしいけれどジュディスの代わりにはならない大勢の女性と出会った。クリスチャンは彼女の背中を撫であげた。ジュディスが口を開いた。

甘い時間に苦みがまじった。

ジュディスの八年間を消すこともできない。彼女は平気なふりをしていた——いつだって。とはいえ、みじめな状況に陥らなければ、みじめさを乗り越える必要もなかったのだ。キスをしただけで忘れることなどできない。お互いに忘れられないことが多すぎる。

羊を受け取ってテーブルに置いた。それから、ジュディスの顔を両手で包みこみ、もう一度キスをした。

「ジュディス、きみのつらい記憶を消すことができたらいいのに」

ジュディスはクリスチャンを見つめたあと、彼の手のなかでかぶりを振った。ああ、ずっと彼女が恋しかった。だが、クリスチャンが会いたかった、心を捧げたジュディスは、果樹園で太陽の光を浴びていた無邪気なジュディスはもう存在しない。

ここにいるのは、ぜんまい仕掛けで生計を立て、ぼろぼろの家に住んでいるジュディスだ。

「あなたの言うとおりね」ジュディスが言った。「わたしたちには共通点がたくさんあるみたい」

「どうしてそう思った?」

「あなたはわたしか道義のどちらかを選ばなければならなくて、道義を選んだのだとずっと思っていた」ジュディスが手を伸ばして彼の頬に触れた。「でも、わたしもあなたに同じことをしたんだと気づいたの。あなたはわたしに、わたしの傷ついた心や、苦しみや、プライドや、家族に対する愛情よりも、あなたを選ぶよう言った。そして、わたしもあなたを選ばなかった」

クリスチャンは息を吐きだした。「そのふたつは比較にならないよ、ジュディス。きみが背負ってきたものは……」

「そうかもしれないけれど、どちらが多くを失ったか比べなくても、あなたを傷つけたことはわかるわ。わたしもあなたを傷つけたのだとしたら……」

ジュディスは言葉を切り、目を閉じた。

彼女にキスをするのは苦しかった。クリスチャンはもう一度キスをして、その苦しみを存分に味わった。ふたりが別の選択をしていたら。ガラスの破片に心を突き刺されるような痛みを感じることも、後悔や苦しみに苛まれることも、暗い影を引きずることもない、甘いキスができたかもしれない。

だが、たとえ苦くても、キスをしたかった。

「うまくいくわけがないわ」唇を離した隙に、ジュディスがささやいた。「わたしたちの関係は一度壊れた。もう一度心から信じることはできないでしょう」

「そうかもしれない」クリスチャンは言った。「でも、修復できるよう努力するよ」

ジュディスが息を吐きだし、もたれかかってきた。家がきしむ音がした。彼女が腕のなかにいる——少なくともいまは。

「ありがとう」ジュディスが言った。「羊を忘れないで」

クリスチャンは微笑んだ。「てやんでえ、フレッド」下町訛りで言う。「おれが忘れるわきゃねえだろ。あれがねえと、池のヒナたちにクリスマスのセーターを作ってやれねえ」

ジュディスは彼の肩に顔をうずめたまま首を横に振った。だがそのあと、楽しそうな声で言った。「クリスマスセーターはもうやめてけろ、ビル。普通に店でお菓子を買うだけでいいべ？　おめはいづも糸を買うだけで、おらが編むはめになる。翼が疲れてしょうがね」

さぞかし疲れているだろう。彼女はひとりでいろいろなことを乗り越えてきたが、今日はクリスチャンが片づけを手伝い、カミラの話を聞いた。つらいことは次々とやってくる。

「きみは休め」クリスチャンは言った。「今度は全部ぼくがこの手で——この翼で引き受ける」実際、そうするつもりだ。何をすべきかはわかっている。

ジュディスが鼻を鳴らした。「あなたの家に手紙を置いてきてしまったの。送り返してくれる？」

「もちろん」クリスチャンは普段の口調に戻って言った。「ちょっと用事があって町を出るんだ。用があるときはジェフリーズに手紙を送ってくれれば、ぼくに電報が届く。できるだけ早く帰ってくる」

「用がないときは？」

「それでも、手紙を送ってくれ。ジェフリーズがぼくに転送する」

「こんなのうまくいかないわ」

「わかっている。だが……」言葉が見つからなかったので、ジュディスを抱き寄せてふたたびキスをした――最後にもう一度だけ、息ができなくなるまで酔いしれた。

それ以上耐えられなくなるまで。

19

ジュディスはめまいを感じながらきしむ階段をあがった。まるで一年が凝縮されたような一日だった。カミラを失い、クリスチャンを取り戻し、キスをして、ふたたび失った。彼女は途方に暮れた。

けれど、次に向かうべき場所はわかっている――二階だ。

寝室には明かりがついていなかった。まずベネディクトの部屋をのぞく。ベッドのなかで横向きになり、眠っているようだった。それから、テレサとジュディスの部屋のドアを恐る恐る開けた。

まるで竜巻に襲われたかのような有り様だった。衣装戸棚から引っ張りだされた服が椅子から垂れさがり、床に山積みになっている。毛布がベッドの上に積み重ねられ、テレサは横になって頭からかぶった枕の端をつかんでいた。眠っているのかもしれないけれど……ジュディスが考えているあいだに、テレサが毛布のさらに奥へともぐりこんだ。

「テレサ」ジュディスはそっと声をかけた。「ティー」

妹は返事をしなかった。

ジュディスはベッドに腰かけた。「ティー、怒鳴ってごめんなさい。ついかっとなってしまったの。反省しています」

テレサがはなをすすった。

「愛しているわ」ジュディスは言葉を継いだ。「あなたがいくつ棚を壊そうと、何匹猫を拾ってこようと、愛している。二度と怒らないと約束することはできないけれど、それでもあなたを愛している」

テレサはふたたびはなをすすったあと、毛布の下で丸くなってジュディスの脚に体をくっつけた。ジュディスは妹の肩の辺りに手を置いた。

「あなたに多くを求めてしまうのは、できるだけいい結婚をしてほしいからなの」

テレサは返事をしなかった。

つらい事実がひとつある。ジュディスは長年抱えてきた怒りや苦しみを見つめ直した。認めたくはなかったけれど……。

「あなたの言うとおりよ」ジュディスは言った。「わたしはベネディクトよりあなたに厳しく接している。それはあなたの……性格のせいでもあるけど……」思い出すと胸が痛んだ。「おじ様はあなただけ引き取らないと言ったの。あなたが悪いわけじゃないわよ。まだ六歳だったんだから。でも、そのことがあったから、あなたにつらく当たってしまったんだと思うの。あなたを恨んでいた。少しだけ。ごめんなさい。これからはそんなことがないよう気をつけるわ」

どういうわけか、認めると楽になった。ずっと自分の醜い部分から目をそらしてきた。おじの家を訪ねたあと、冷たい川に手を浸したときのことを思い出した。その醜さも流れていく気がした。

「ごめんなさい」ジュディスは繰り返した。「愛しているわ。もう何も心配しないで」

テレサは毛布の端に手をかけたあと、顔をのぞかせた。

「ジュディス」テレサが言った。「わたしはレディになんてなりたくないのよ。だから心配いらないわ」

「どうして？」

テレサは目をそらした。「笑顔でじっと座っているのはいやだから」

ジュディスはため息をついた。

「ジュディス、レディはぜんまい仕掛けを設計する？」

「しないわ」夫でない男性にキスをしたりもしない。

「そう」テレサが思案した。「ジュディスはそうじゃないのに、どうしてわたしはレディにならなきゃいけないの？」

「わたしはほかに選択肢がなかったからよ」ジュディスは言った。「家族を養うためにしなければならないことをしたの。あなたとベネディクトにとって最善のことをした。もう戻りたくても戻れないわ」

「まあ」

「わたしが仕事をしていることがばれたら、ものすごい醜聞になるはずよ。ほかに選択肢はないの」

「まあ」テレサは物思わしげだった。

「あなたにはそうなってほしくないの。わたしのことがばれなければ、あなたはいろんな選択肢を持てるかもしれない」

「レディにならないという選択肢も選べる」

「そうね、大人になったら」

テレサは息を吸いこんだ。「ごめんなさい、ジュディス」ようやく言った。「ジュディスの言うとおりよ。あれを……全部買い替えるのに、ものすごくお金がかかる?」

「ええ。でも心配しないで。あなたに手伝ってもらうから」

テレサが体を起こした。「何を?」

「これから二カ月間、パンを買わない。あなたが作るのよ」

テレサはへなへなと倒れこんだ。金色の髪が枕の上に広がる。「絶対にいや。パン作りなんて大嫌いよ」

ジュディスは天を仰いだ。「みんな好きじゃないわ、ティー。でも、あなたが作ってくれれば、わたしはそのあいだに仕事ができるし、お金を節約できるわ」

「待って」テレサが狡猾そうな表情をした。「レディはパンを作るの？」

「ええ」ジュディスはきっぱりと言った。「とんでもないへまをしたときに作るの」

「ちぇっ」

「テレサ」

「わかってる。レディは悪態をつかない」

「少なくとも自覚はあるみたいでよかったわ」

テレサは肩をすくめた。「やめるわ。レディになると決めたら」

「そう簡単にはいかないわよ」ジュディスは言った。「わたしは一一歳のときから水鳥の名前を使い始めたから、もう本物の悪態をつけなくなってしまったの。どんなに腹が立ったときでも」

「それじゃあ」テレサが希望に満ちた口調で返した。「わたしもまねをする。水鳥じゃなくて豚肉で悪態をつくわ。〝くたばれ（ダック・ユー・オール）！〟よりも〝ちくしょう（ハム・イット）！〟のほうがずっといいでしょう」

「ばかね（グース）」ジュディスは妹の髪をくしゃくしゃにした。「ほどほどにしておきなさいよ。ところで、この服はどうしたの？」

テレサは眉をひそめたあと、まるで椅子の上にストッキングが散乱していることに初めて気づいたかのように部屋を見まわした。

「ああ、これ？」テレサはあっさりと言った。「わたしはいないほうがいいと思って、家出するつもりだったんだけど、全部の猫にリードをつけられなかったの。じっとしていてくれないからもう面倒くさくなって、ミルクも足りないし、そのうえ予備のストッキングを持っていくなら、一食分のジャガイモしか運べないと気づいたの。でも、ストッキングは絶対に必要だから。そのうちうっかり眠りこんでしまって、ジュディスが帰ってきた音で目が覚めて、あわてて隠れたの」

ジュディスはゆっくりと息を吐きだした。「家出なんかしないで」妹の頭のてっぺんにキスをする。「もしするにしても、お願いだからジャガイモだけじゃなくてもっと先のことを考えて」

「塩を持っていくつもりだったの」

「ああ、そう」ジュディスは肩をすくめた。「それならよかった。塩をかければなんでもおいしくなるから。さあ、少し詰めて。わたしの寝る場所がないわ」

テレサが少しだけ脇へどき、ジュディスは寝る支度をした。

だが、ジュディスが蠟燭を吹き消してベッドにもぐりこむと、テレサは口を開いた。

「ねえ、ジュディスが出かけているあいだに、ベネディクトが言ったの。アンソニーはいまも……いまも……」

「生きているって？」

「そう」テレサが小声で言った。

やれやれ。ジュディスは寝返りを打ち、妹の肩を叩こうとした。

「痛いっ！」

「ごめんなさい」

「いいのよ。暗いから。朝まで目は使わないし」

妹を失明させる危険を冒すより、おしゃべりするほうがましだ。「ベネディクトはどうしてアンソニーが生きていると思うの？」

「死んでいるはずがないから」

ジュディスは息を吸いこんだ。「テレサ、レディになるつもりがないなら、その選択肢を残しておきたいのなら、現実に向きあえるようにならないとだめよ。信じたいことを信じるのではなくて。慰めになる嘘を信じていいのはレディだけ。だから、正直に言って。八年間も音沙汰のない人が、〝死んでいるはずがない〟と本当に思う？」

テレサが息を吸いこんだ。「ううん」小声で言う。「思わない」しばらく黙りこんだあとできいた。「やっぱりパンを作らなきゃだめ？　アンソニーは死んだという結論に達したばかりなの。悲しくてそれどころではないわ」

ジュディスは長いため息をついた。「本気なの、ティー？　一〇秒も経たないうちに、アンソニーの死を罰から逃れる口実に使うなんて」

「そんな、わたしが鬼婆みたいな言い方しないで。でも……パンなんて。パンがかかっているときは、鬼婆になっても許されるべきだわ」

一九歳の女性を捜しだすことが、そんなに難しいはずない。誰かを派遣するべきだったと、クリスチャンは何度も思った。バースの通りをひとりで歩きまわるなど、まったく無駄な努力だと。とはいえ、理性が働くたびに——いまからでも人に任せれば、人ごみや招待や温泉に対する愚痴を避けられると思うたびに、レディ・カミラが見つかったときのことを想像した。彼女はここバースでまた別の老婦人のコンパニオンをしているかもしれない。クリスチャンは彼女を知っている。子どもの頃の顔立ちを覚えている。彼の使用人は知らない。

合理的ではないが、どんなに面倒でも、この仕事を人に任せる気にはなれなかった。そして今日、面倒くささが頂点に達した。よりによって壮大なポンプルームにいる。栄華の極みにあった摂政時代から変わっておらず、いまやすっかり古びていた。一〇〇年前に死んだ、そのファッションセンスで有名になったと思われる人物の彫像がアルコーブに飾ってある。蛇の頭がついたポンプから流れでる水は、ローマ帝国くらい古そうだ。

ジョン・スノウやルイ・パスツールによる最近の研究を考慮すると、古い水の宝庫は健康ではなく病気の温床となりそうだが、わざわざ言う必要はない。

「孫娘の」隣に座っている老婦人が言う。「ルイーズ——われらが愛するアルバート公のお母様にちなんで名づけたのよ——もちろん、アルバート公はご逝去されたけれど。なんの話だったかしら？　そうそう、ルイーズはとてもチャーミングな子よ。呼び寄せようかと思っていたの。紹介するわよ。まだこちらにいらっしゃるの？」

「たぶん」クリスチャンは失礼にならないよう、曖昧に答えた。「仕事で来ているので、急に呼びだされるかもしれませんが」

ミセス・ウォレスは人差し指でグラスを叩いた。「残念だわ。有能な人を雇ってスケジュールを管理してもらえばいいのに。孫娘は——」

クリスチャンはこらえきれずに笑い声をあげた。「マダム、あなたならウミガメにも馬車を売れますよ」

ミセス・ウォレスの目がきらきら光った。「そうね。信じられないかもしれないけれど、ルイーズは一七番目の孫娘なの。ほかの子たちは全員嫁に出したわ。そのうち三人は二回も。あの子が結婚するまで待てないわ。結婚前の孫娘がいると、年寄りの特権も使えないのよ。言いたいことも言えないし、拳を振りまわして世の中の変化を非難することもできない。あの子が結婚してくれたらすぐに、ずっとなりたかった気難しい老婦人になるわ」物欲しそうに吐息をもらす。「ああ、わたしが若い頃はどんな世の中だったかみんなに教えてあげるわ！　いまいましい変化のひとつひとつを、世界の終わりみたいに嘆いて。列車！　切手！　機械製のストッキング！　とんでもない！　それまでは、ルイーズと結婚したら恐ろしい親戚ができるなんて思われないようにしないと。にこにこして〝わたしの孫娘に会ってみない？　かわいい子よ〟と言い続けなければならないのよ」

「傍観者として、ご成功を心からお祈りします」クリスチャンは言った。

「本当にかわいい子なんだから」ミセス・ウォレスは執拗だった。「わたしとは全然似ていないの。それに、女系家族だなんて心配しないで。男の子も同じくらいいるのよ。多産の家系なの。ウサギみたいだけれどそこまで多くないし、ウサギより賢いわ」少し考えてから続ける。「においもきつくないし。そう思うわ。調べたことはないけれど」

「そうですか」クリスチャンは肩をすくめた。「あなたに似ていないのなら、興味ありません」

「お世辞が上手ね」ミセス・ウォレスが目を細くした。「何かわたしにしてほしいことがあるんでしょう。取引できるかもしれないわ。孫娘と……」

「実は、おききしたいことがあるんです。あなたはミス・アビゲイル・トロワースのご友人でしたよね？」

「ええ。彼女が亡くなって、いまでも寂しいわ」

「彼女にはコンパニオンがいました。当時一五歳くらいの」

「いいえ」ミセス・ウォレスはかぶりを振った。「いなかったわ」

「常に連れて歩いていたわけではないのでしょう。レディ・カミラ・ワースというコンパニオンがいたのはたしかです」

「コンパニオンはいたけれど、名前はアンジェラ・バーベリーよ。五〇歳だったわ」ミセス・ウォレスが眉根を寄せた。「でも……カミラ？　い、いレディ・カミラ？」

「そうです」

ミセス・ウォレスの眉間のしわが深くなった。「背が高くて痩せていてそばかすがある、黒髪で目が茶色の子？」

「そうです。ご存じなんですね」

「カミラという名の小間使いならいたわ。雑役婦のようなものね。でも、レディではなかった。上品な言葉遣いをまねることはできたけれど」

クリスチャンは言葉を失った。

「カミラ・ワース。あらまあ、それはリニー伯爵の家名だったわね？　あの……不幸な……」

ミセス・ウォレスはクリスチャンを見やり、唇を引き結んだ。

「彼女の父親は反逆者でした」クリスチャンは言った。「だからといって、彼女をたらいまわしにしたり、メイドの仕事をさせていいということにはなりません」

「ええ」ミセス・ウォレスはうなずいた。「まったくそのとおりよ。そんなことが起きたなんて考えたくも――そういえば」ふたたび眉根を寄せる。「一度そんなようなことを言っていたわ――たしかに」動揺して指先でテーブルを叩いた。「これだからいやなのよ。生きていると恐ろしいことばかり知って、過去の認識をくつがえされてしまう。二〇歳のとき、砂糖がどのように作られているか知って、憤慨したの。そんなに野蛮なものだとわかってからは、おいしいビスケットを二度と味わえなくなったわ」天井を見あげ、拳を振りまわした。「知識なんてくそくらえよ！　いいものを全部だめにしてしまうの。知識を得ることほど不自由なことはないわ」

あちこちに駆りだされる少女のほうが不自由だろう、とクリスチャンは思った。白砂糖を作って死ぬ奴隷のほうが。

「レディ・カミラがどこへ行ったか心当たりはありませんか？」

「ああ」ミセス・ウォレスがこめかみに指を押し当てた。「ご主人の療養目的で一時的にここに住んでいたエドウィーナ・ヘースティングスのところへ行ったのよ。でも、ご主人が亡くなって、母方の親戚がいるサセックスに戻ったの。カミ――レディ・カミラもついていったと思うわ。子どもの扱いが上手だと評判だったから」

もちろん、そうだっただろう。

この話を聞かせたら、ジュディスは涙を流すだろう。当然だ。

「ミセス・ヘースティングスの連絡先をご存じですか？」クリスチャンはきいた。

ミセス・ウォレスは知っていた。

20

サセックス行きの列車でジュディスに手紙を書いた。わかったことをすべて知らせるつもりだった。だが、どういうわけか出だしを誤った。

〝ジュディスへ
いい知らせだ！　カミラは生きているかもしれない。まだ確信は――〟

違う。これではだめだ。紙をくしゃくしゃに丸めて投げ捨て、はじめから書き直した。

〝ジュディスへ
バースのミス・トロワースはカミラをコンパニオンとして迎え入れたわけではなく、無給の使用人のように扱っていたようだ。でも、いい知らせもある。その後カミラを雇った家族はきちんと賃金を支払うつもりだったと――〟

これもだめだ。紙屑をまたひとつ車両の床に捨てた。

〝ジュディスへ

アンソニーの日記を読んでいる。朗報だ。これさえあればどうにかできるかもしれないと思っていたなんて、甘かった。英国と中国の条約に違反した人物はわかったが、その名前を見れば見るほど、彼らを訴えることができると考えていたなんてばかだったと思う。小規模の取引とはいえ、なかには政府高官もいる。彼らに責任を問えるとは思えない。

つまり――この話はもうやめよう。ところで、カミラはまだ見つからない、本当に残念だ……〟

だめだ。この話もできない。

〝ジュディスへ

四年前、カミラがどこにいたかわかったよ。運がよければ、まだそこで働いて――〟

〝ジュディスへ

数カ月ぶりにぐっすり眠れたよ。結局、ぼくが間違っていた。アンソニーの日記は必要なかった。もっといい計画が必要だ。ぼくは――〟

〝ジュディスへ
ぼくに最悪のタイミングで最悪のジョークを言ってしまうという残念な傾向があることに気づいていたかい？
というのも、カミラの消息を調べているんだが、何も報告できることはないから……シェイクスピアの最高の鶏殺しは誰だ？
だめだ。いくらぼくでもこれ以上続けられない。自分がいやになるから、手紙を書くのはあきらめるよ〟

結局、こうなった。

〝ジュディスへ
予定より仕事が長引いている。この前……〟

話した？　キスをした？

〝……会ったとき、きみがまだ問題をたくさん抱えているのはわかっていた。ぼくで役に立てることがあればなんでも言ってくれ。

アシュフォード侯爵
クリスチャン・トレント〟

ジュディスからの返事は、クリスチャンがサセックスではなく、ミセス・エドウィーナ・ヘースティングスが再婚後に移ったグロスターにいるときに届いた。

〝クリスチャンへ

こちらは変わりありません。あれからまだ五日しか経っていないし、それくらいのあいだならなんとかやれます。雨をしのぐ家も、パンもある。パンはおいしくないけれど、教育的健全さのために我慢しなければなりません。

手紙をありがとう。

二階の寝室の半分の女主人
ジュディス・ワース〟

〝ジュディスへ

ぼくたちは遅々として進歩しないようだね。壁を五〇センチ這いのぼったら、休んでいるあいだに滑り落ちてしまう。きみの力不足だと言っているわけじゃないよ。でも、個人的な経験から言うと、ひとりで問題を抱えこむより、友人に相談したほうが対処しやすい。試してみてくれ。

目にしたものすべてを支配する者(目を閉じているときは)
クリスチャン〟

〝ビルへ

そんなに言うなら、弟のことでアドバイスが欲しいの——どんなにくだらなくてもいいから。弟は自分を醜いアヒルの子扱いした少年たちのいる学校に戻る代わりに何をするか、いろいろ考え始めたの。

海軍に入るとか。

船かボートを所有するとか(そのふたつは違うみたい)。

それか、ただ家を出たいのかもしれないわ。弟と妹がそのことについて話しこんでいたの。だんだん心配になってきたわ。最近の若い白鳥は分別を持ちあわせていないのね。

何かアドバイスはある?

草々

左の池の藻のなかより

フレッド〟

〝親愛なるフレッドへ
残念ながら、若い白鳥には分別がない。だが幸い、計画を遂行することはめったにない。しばらくは好きなように夢を見させておけばいい。そのあとで、夢をかなえるためにしなければならないことを把握させるんだ。たぶん、書類仕事に追われるだろう。

敬具

ビル〟

〝クリスチャンへ
あなたの言うとおりだったわ。ベネディクトに交易路に関する本を読ませたら、難しすぎると文句を言っているの。ニュートンは正しかったみたい。静止している物体は静止し続ける。一二歳の少年は標準的な物体よりもさらに動きにくい。

万歳！

自分の悩みに気を取られて、あなたの仕事について尋ねるのを忘れていたわ。順調なの？
ジュディス〟

〝ジュディスへ
昨日は一日じゅう、ウォリックのすぐ北にある町に向かって歩いた。小川が氾濫して、その場しのぎで作ったいかだで乗り越えたけれど、駅で借りた馬はそうはいかなかった。結局、ぼくが会いたかった相手はトローブリッジにいるとわかったんだが、無駄な時間ではなかった。

氾濫した川にたくさんの鴨が浮かんでいて、きみのことを思い出しながら心地よい時間を過ごした。

きみの真鴨語法が恋しかったとジョークで伝えようと思ったんだが、いざ書いてみると何かが違った。悪口（マレディクション）。真鴨語法（マラード・ディクション）。しっくりこない。紙の上では伝わらないジョークもある。それでも書こうとしたのは、ぼくの賢さを笑ってほしかったから。あるいは、愚かさを罵倒してくれてもいい。

きみが喜んでくれるならどっちでもいい。

とにかく、トローブリッジの郊外にいるその人物に期待をかけている。長くはかからないだろう。それが終わったらロンドンに戻る。そのときまた話そう。

クリスチャン〟

夢を見てはいけないとわかっていた。

だが、ジュディスはメイフェアの通りを歩きながら、夢を見たがっていた。まるで心に気球を取りつけられ、三〇メートル上空に引きあげられたかのようだった。数週間打ち解けたやり取りをしたあと――数週間キスを思い出すまいとして見事に失敗したあと、昨夜遅くに、クリスチャンがまた手紙をよこした。

〝ロンドンに戻ってきた。きみに会いたい。明日の午後に家まで来てもらえるかな？迎えの馬車をやるよ〟

ジュディスは使いの少年に馬車をよこす必要はないと言った。〝きみに会いたい〟という言葉にぞくぞくする。足取りが軽くなった。うだるような暑い日に、涼しい風が吹いたようだった。クリスチャンがロンドンに帰ってきた日に自分に会いたがっていると思うと、節操もなく笑みがこぼれた。

〝だめよ〟理性の声が聞こえた。〝本気にしてはいけない。愚かなことだわ〟

だが、太陽は輝いていて、空は青かった。クリスチャンとの未来を思い描くのは愚かなことだけれど、いまの幸せを拒むのは、セント・ジャイルズで子どもたちが飢えに苦しんでいるからといって、おいしいパンを捨てるようなものだ。

いま目の前にあるものを楽しめるうちに楽しんでもいいはずだ。

ああ、パン。おいしいパン——味も食感も石炭を思わせる、かたくてほとんど嚙めない塊ではなく、あたたかくてイーストのいいにおいがしてバターを厚く塗ったパン——を思い出しても落ちこまないくらい、ジュディスは幸せだった。

笑顔でクリスチャンの家の玄関をノックした。執事のあとについて、にやにやしながら階段をあがった。そして、ドアが開いたとき……。

相手が笑っているから笑うということ、自分たちがつながっていて、相手の喜びが自分の喜びであるという感覚を思い出した。

クリスチャンに会いたかった。黒い髪は乱れているけれど……元気を取り戻したように見える。これまで見たこともないほど穏やかな顔をしていた。

ジュディスは微笑まずにはいられなかったし、クリスチャンもそれは同じだった。彼の笑顔なら何時間でも見ていられそうだ。

ひどく緊張していて、表情をコントロールできなかった。

「アシュフォード卿」ジュディスは会釈した。

「レディ・ジュディス」クリスチャンが彼女を見つめた。八年ぶりに再会したときと同じように。でもあのときは、こんなふうに笑っていなかった。

クリスチャンが机の前の椅子を勧めた。「何か食べる?」

「本物のパン」ジュディスは間髪いれずに答えた。

クリスチャンは目をしばたたいた。「スコーンでもビスケットでもなくて?」

ジュディスは目を閉じて首を横に振った。「本物のパンがいいわ。あたたかいパン。やわらかいのに表面はカリカリしていて。かぶりついて食べられるパンよ」

沈黙が流れた。目を開けると、クリスチャンがじっと見ていた。

「急に大のパン好きになったみたいだね」

「いま、テレサに罰としてパンを作らせているのよ」

「なるほど」クリスチャンは窮屈そうに首巻き(クラバット)を緩めた。

「この話はやめましょう」ジュディスは気取った口調で言った。「降参して罰を取りさげるつもりはないの。ここであなたのパンを食べるわ」

「ぜひぼくのパンを食べてくれ」クリスチャンがかすれた声で言った。

「バター付き?」ジュディスは無邪気に尋ねた。「熱々のパンが大好きなの。特に、新鮮なバターを優しく塗りつけたのが」

クリスチャンがうめき声をもらした。

ジュディスは秘密を打ち明けた。「パンにバターを塗ったあと、なめて――」

「ああ」クリスチャンがぴしゃりと額を叩いた。「わざとやっているだろう」

ジュディスは笑った。「あなたのバターをなめたいって言ったこと？　ええ、そうよ。昔はよく食べ物の話をしたじゃない。いましたら、なぜいけないの？」

「それは……」クリスチャンは天を仰いだ。「あの頃のきみは……若かった。あどけなかった」ごくりと唾をのみこむ。「イチゴを食べていた……」

「それがどうしたの？」ジュディスはそ知らぬふりで目をぱちぱちさせた。

クリスチャンは目を閉じた。「ある日の朝食で、きみはイチゴを味わっていた。じっくりと。ぼくは落ち着かない気分になった。すると、きみは椅子の具合が悪いのかときいた。そっちへ行って楽にしてあげると言った」

「覚えているわ」

「ぼくは……」クリスチャンがジュディスを見やった。「あのときもわざとだったのか？」

「勘弁して、クリスチャン」ジュディスは微笑んだ。「一九歳だったのよ、子どもじゃないわ。友達の半分はもう結婚していた。あの夏はあなたにキスしてもらおうと、ずっと誘っていたのよ」

クリスチャンが息を詰まらせた。

「あなたはとてもかわいかった」ジュディスは言葉を継いだ。「必死で口をつぐんでいた。

気づいているんだと思っていたわ」

「ぼくがどんなに居心地の悪い思いをしているかわかっていたら……」

「それでも、同じことをしたでしょうね」

目と目が合った。「あんなことはしてほしくなかった」

クリスチャンが呼び鈴を鳴らした。使用人がやってくると、パンとバターとレモネードを持ってくるよう命じた。

「ところで」クリスチャンが言った。「きみを呼んだのは、食べ物の話をするためではない」

「そうなの？」

「この二週間のあいだにぼくがしたことを話したかった」

ジュディスは彼を見あげた。

「カミラを捜しにバースへ行ったんだ」クリスチャンが言った。「ぼくがきけば、彼女の消息がわかると思って」

ジュディスはぞっとした。「でも、手紙ではサセックスにいるって。それから、ウォリックとか……」

クリスチャンは真面目な顔でうなずいた。「ほかにもいろいろな場所へ行った」

「それでも、カミラはここにいない」ジュディスはごくりと唾をのみこんだ。「ひょっとしてどこか……」その先を続けることはできなかった。期待してはいけない。

クリスチャンが首を横に振った。「そんなに悲観することはない。二カ月前までどこにいたかはわかった。いまどこにいようと、無事だと思う」

ジュディスの鼓動が高鳴り、喉がからからになった。「どこにいたの？」

「トローブリッジの郊外だ。そこの製粉工場にいた。どうやら無給で働いていたようだ」

ジュディスは思わず拳を握りしめた。

「旅をしていた牧師がカミラのことを知っていて、不憫に思って引き取ったそうだ」

「誰なの？」

クリスチャンが顔をしかめた。「それがはっきりしないんだ。Pで始まる名字なのはたしかだ。そんな目で見ないでくれ。英国国教会に記録があるはずだ。当てはまる牧師の数はそれほど多くない。しかも、あの地域を旅していたとなると、かなり限られてくる。ロンドンに戻ってきたのは、そのほうが簡単にカミラを捜せると思ったからだ。あとは時間の問題だ。適切な広告を出せばいい」

「どうかしら」ジュディスはよくわからなくなった。

「ジュディス」クリスチャンが身を乗りだした。「もう少しだ。二カ月前にカミラに会った人たちと話をしたんだ。彼女は元気だった。幸せそうだったとみんな言っていた。あとは、そのPで始まる牧師を捜すだけでいい。広告を出そう。きみの許可なしでは出したくなかった。でも、カミラを見つけるためだ。まだ希望を捨てちゃいけない」

「捨てていないわ」ジュディスは彼を見あげた。それどころか、希望を持ちすぎている。

「希望は持ち続けている」小声で言った。

「よかった。実はまだ続きがあるんだ。ミスター・エニスの件を弁護士に調べさせていると話しただろう。調査が完了した」

「どうだったの？」

「何も見つからない。先例はひとつもなかった」

「最悪ね。どうして笑っているの」

「それが答えだからだ」クリスチャンが言った。「きみがミスター・エニスをある程度信頼しているのはわかっているが、その調査結果を持っていって公表すると脅せばいい。〝あー〟は新しい法理論じゃない。罪の自白だ」

ジュディスはため息をついた。そんなことは信じたくなかった。いまでも信じたくない。

「訴訟を起こす必要もないと思うよ」クリスチャンが言う。「きみの問題は解決した」

問題は解決した。またひとり信頼できない人が増えたことで。

いまいましい（マラード）。

だが、人生とはそういうものだ。ジュディスはミスター・エニスを失った。でも、もしかしたら手に入れたものも……。

クリスチャンはまだ微笑んでいる。ジュディスは彼を見つめた。「クリスチャン。仕事で出かけたんだと思っていたわ」

「そうだよ」

「自分の用事で出かけたんだと思っていた。大事な用事で」

目と目が合う。ジュディスの胸が高鳴った。「そうだ」クリスチャンがゆっくりと言った。

ドアが開き、茶色の制服を着たメイドが入ってきた。「どうぞ、閣下」トレイを机に置いた。

パンだ。均等に厚く切り分けられ、ほかほかと湯気が立っている。焼き立てのパンがあるときに訪ねてきたなんて、運がよかった。

「ありがとう」クリスチャンが言うそばで、ジュディスはおなかの鳴る音が聞こえないことを願った。

ああ、パンが、本物のパンが注文して一〇分で出てくる世界なんて。

そういう世界で自分も暮らせるかもしれない。

けれど、いまはまだ、そのことについて考えたくなかった。

クリスチャンが彼女のほうへトレイを押しやった。「眺めてばかりいないで食べるといい」

ジュディスは多くを求めていた。カミラが帰ってくること。質問に対する答え。パン。

三つ目が目の前にある。もう我慢できなかった。ひと切れ手に取った。理想的な温度で、最高だ。

「うーん」目を閉じてにおいを嗅いだ。おいしいパンを言葉で表現するのは無意味だ。

「ぼくのことは気にせずどうぞ」クリスチャンが言った。

ジュディスはナイフを手に取った。「もちろん」やわらかくて塗りやすいバターをすくう。

「邪魔したら刺すわよ」

「そのナイフじゃ無理だ」

ナイフを置き、パンを口に運んだ。唾がわき、気持ちがはやった。

「幸い、切れ味の悪いナイフの扱いには慣れているの。ある程度の長さがあるものならなんでもめった切りにできるわ」

ひと口食べた。ああ、これこそパンだ。革のようなぱさぱさの胃もたれするビスケットと、垂涎（すいぜん）もののやわらかい本物のパンの違いは、小さな気泡だけだ。

空気っておいしいのね。

それに塩気が利いていて、あたたかくてさくさくしている。うめき声をもらした。

「ああ」クリスチャンが言う。「いっそのことぼくを刺してくれ」

ジュディスはにやりと笑った。「そっちへ行って楽にしてあげましょうか？」

「勘弁してくれ」クリスチャンがつぶやく。「二度も断ると思うか？　楽にしてくれ」

ジュディスはパンを置かなかった。それはできなかった。立ちあがって靴を脱ぐと、机の向こう側にまわった。クリスチャンはじっと座ったまま彼女を見つめていた。ジュディスはパンをもうひと口食べた。皮がキャラメル色に焼きあがっていて、ほのかに甘い。

クリスチャンが机の上のパンに手を伸ばした。

ジュディスはその手に手を置いた。「だめよ。これはわたしがもらったんだから、もうわたしのパンよ」

「そうなのか?」クリスチャンがつぶやく。「残念だな」

「ほかの人のパンを食べたいときはどうするの? 頼むんでしょう」

クリスチャンは彼女の唇を見つめたあと、ゆっくりと息を吐きだした。「味見してもいいですか?」

ジュディスは手に持っているパンを彼の口に近づけた。目と目が合い、クリスチャンが身を乗りだしてひと口食べた。

「おいしい」

「それでは言葉が足りない。最高だわ」

「まだまだだ」クリスチャンが彼女を見やった。「きみが分け前をきちんともらうまでは、なんであれ最高とは認めない」

「分け前」ジュディスはささやくように繰り返した。

「ずっときみに与えたかった」目と目が合うとふたりは笑ったが、これはジョークなどではなかった。

イブはこうして誘惑されたのだ。リンゴのせいではない——おいしいリンゴには目がないけれど。そんなありふれたものではない。興奮や、刺激や、それまで知らなかったあらゆるものへの期待にそそのかされたのだ。

「こっちに来て」クリスチャンが言った。「証明するから」

ジュディスは彼の膝に座った。クリスチャンが彼女の体に片腕をまわしたあと、パンを手に取った。「ほら」彼が差しだしたそれを、ジュディスはひと口食べた。

「そうだ」クリスチャンが言った。「全部食べて」

ジュディスは言われたとおりにした。食べ終えると、指についたバターもなめ取った。腰にまわされた彼の手に力がこもる。目と目が合うと、クリスチャンは額を合わせた。「味見してもいいかい、ジュディス？」

彼の息が唇にかかった。

「ええ」ジュディスは小声で答えた。「どうぞ」

クリスチャンは長いため息をついたあと、唇を合わせた。彼の唇はパンとレモネード、希望、欲望、純真の味がした。ジュディスがかつて信じ、その後抑えこんだすべてのものがよみがえった。

クリスチャンがキスをし、ジュディスはそれを求めた。クリスチャンが両手を彼女の肩に滑らせた。「触ってもいい？」

ジュディスは彼の手に手を重ね、胸元へ滑りこませた。「どこでもどうぞ」

クリスチャンがふたたびキスをした。ドレスの前ボタンを外しながら、唇を顎から喉、鎖骨へと滑らせていく。コルセットの紐を緩めてずらすと、シュミーズ越しにかたくなった乳首を探り当てた。

ジュディスはぞくぞくした。「ああ」ささやくように言う。「やめないで。そこよ。もっと」

クリスチャンは喜んでその敏感な場所を味わった――最初は唇で、次は舌先で。ジュディスは快感が込みあげるのを感じた。物足りなくて、彼の肩をつかんで膝にまたがった。かたくなった股間が押しつけられる。もっと彼を感じたかった。

「ジュディス」クリスチャンがつぶやく。「ああ、ジュディス」

「やめないで」

「もっと楽にしてあげよう」

彼の手がスカートの下にもぐりこみ、脚を撫でてあげた。ペチコートをかき分けて、脚のあいだの濡れた場所を探り当てた。そこをそっとさすり、徐々に力を込めていく。

触れることは信頼に基づく行為だ。自分をさらけだし、これを許すこと。彼を受け入れ、指を締めつけながら名前を叫ぶ。

触れることは信頼の行為で、ジュディスはどういうわけか彼を信頼するようになっていた。

心を解き放ち、快楽に身を任せた。

目を開けると、クリスチャンがかすかに笑みを浮かべながら彼女を見つめていた。

「もっと欲しい？」クリスチャンがきいた。

もっと。つまり彼をさらに求めるということ。ふたりのあいだにようやく信頼が生まれたばかりなのに、それは危険すぎる。

ジュディスは首をすくめた。「いまはこれ以上は無理」

クリスチャンがキスをした。

「あなたは、クリスチャン？」

クリスチャンがつらそうな笑みを浮かべた。「いまのところはこれで充分だ」

ジュディスは体を引き、彼の股間を撫でおろした。「本当に？　あなたが思っているほどわたしはうぶじゃないわよ、クリスチャン」

クリスチャンが息を吐きだした。「ああ、ちくしょう」

「どうしたの？」ジュディスはズボン越しにさすった。

「見返りは求めない。きみがお礼のつもりで――」

ジュディスはキスで彼の口をふさいだ。「知りたいの」

「これがどんなものか？」

「そうじゃなくて」ジュディスはふたたび股間をさすった。「あれだけのことがあったあとでも、また信頼しあえるかどうか知りたいの。少しでも望みがあるなら……」

クリスチャンが彼女の手に手を重ねて押しつけた。「それなら、続けて」うめくように言う。「頼む」

ジュディスはズボンのボタンを外し始めた。ひとつ、ふたつ、三つ。最後のひとつを外したあと、ズボンをめくって素肌に振れた。

クリスチャンが息をのんだ。「ああ、ジュディス」

信頼。かたくなった彼のものを人差し指で撫でおろす。信頼の行為には思えなかった——彼の手がジュディスの膝をつかむまでは。彼の荒い息遣いを聞き、股間がさらにかたくなるのを感じるまでは。かたいのに、脆弱だった。クリスチャンが彼女の腰を握りしめた。

これは信頼の行為だ。自らの快楽を他人に委ねること。それによってお互いに利益を得られると信じること。ジュディスはふたたび人差し指で撫でおろした。

「ああ」クリスチャンが彼女の手をつかんだ。「握ってくれ。こんなふうに」

これは信頼の行為。ジュディスが屹立したものを握りしめると彼はうめき声をあげ、腰を突きだした。ジュディスは彼の反応を喜んだ。自分がこの反応を引き起こしたのだ。

クリスチャンが愛撫する彼女の手に手を重ねた。ふたたびうめき声をもらす。

「どうしてほしい？」ジュディスはきいた。

「ここを」クリスチャンが自分の手で示した。「こんなふうに。ああ、そうだ」

彼のものがどんどん熱を帯びて大きくなってくると、ジュディスは誇りと達成感を抱き、喜びでいっぱいになった。クリスチャンがトレイの上のナプキンを取ってそこに射精した。

ふたりは長いあいだ見つめあった。

クリスチャンがジュディスの体に片腕をまわし、頭をもたせかけた。

あっという間の出来事だった。まだ話しあわなければならないことがたくさんある。けれど、クリスチャンの言うとおりだった。ジュディスの苦しみを理解できるのは彼だけだ。彼女は少しも後悔していなかった。

「前に」クリスチャンが彼女の頬に人差し指でそっと触れた。「期待させるなと言った」

ジュディスは息を吐きだした。

「あれは間違いだった。ぼくに希望をくれ。頼む」クリスチャンが彼女の手を握った。

これだけいろいろなことがあったあとでも、ジュディスは幻想を抱くことができた。ふたたびクリスチャンと恋に落ちることができると信じられたら、なんでも信じられる。

生まれたばかりの希望ははかなく思えた。これ以上話しあうのが怖かった。

それでも、ジュディスは彼にキスをした。「まだわからない」ささやくように言った。「もう少し待って」

21

ジュディスが家に帰ったとき、パンのにおいがした。

本物のパン。クリスチャンの家で出されたような、おいしいパンのにおい。これからはそんなパンを食べるたびに、彼のことを、キスや愛撫、希望を思い出すだろう。

どうしてこの家でそんなおいしそうなにおいがするのかわからない。

うまくいったの？　にわかには信じがたかった。

ジュディスは居間を通り過ぎてキッチンへ向かった。

焼きあがったパンの前に、テレサとベネディクトが立っていた。完璧な丸いパン。お店で買ったものでないとわかったのは、キツネ色ではなく焦げ茶色だったからだ。

失敗ばかりが繰り返されてきたこの場所で、そのパンは場違いに見えた。

「テレサ」キッチンに足を踏み入れた。「おいしそうだわ。いったいどうしたの？」

テレサがぱっと振り向いた。「ジュディス。ええと、昨日、水を加えすぎちゃって、処分するつもりだったんだけど、それが……」

ジュディスは驚いて目をしばたたいた。「汚れたボウルなんて見当たらなかったけど」

テレサがはねつけるように手を振った。「当然よ。洗い物をする時間ができるまで隠しておいたの。そこまでばかじゃないから」

「そう、それは……」よかった？　うれしい？　頭が痛い？　ジュディスはどう答えていいかわからなかった。

テレサがまくしたてるように続ける。「それで、今朝早くに見てみたら、びっくりしたの。ふくらんで、ねばねばしていてクモの巣みたいで、すごく気持ち悪かった」ジュディスを見つめる。「だから、叩いてつぶして、あとで捨てようと思っていたのよ」

「ああ……そう」

「もっと要領よく話さないとね！　それで、また片づけるのを忘れて、ものすごくふくらんで、全然こねなかったし、水も多すぎたけど、いつもひどい出来だから、それ以上悪くなることはないと思ったの。で、時間を節約するために、それをオーブンに放りこんだら……」テレサが両腕を広げた。「こうなった。きっとまずいだろうけど、見た目は悪くないでしょう。本物のパンに見えるわ」

「ああ、見える」ベネディクトがパンをつついた。「信じられない」

「あら、わたしも。これは奇跡ね。わたしの怠惰さと短気が、完璧なパンを生みだしたの」

ベネディクトがかぶりを振る。「それは違うと思う」

「そうね」テレサが眉根を寄せる。「どうしてこんなことが起きたのか考えるのはよしましょう。不気味だわ」

「そうだね」ベネディクトが顔をしかめた。「処女懐胎だ」

「それよ」テレサが同意した。「じゃあ、奇跡を試食してみる？」

ジュディスはナイフを手に取った。パンの皮は焦げ茶色だが、切ると湯気があがり、なかは白かった。ふわふわで、おいしいパンにだけ存在する気泡がある。

「こんなにうまくいくはずがない」テレサが言う。「おいしいパンへの道は平坦ではないとかなんとか、シェイクスピアも言っていたわ。たしかパンの話だったわよね」

「ええ」ジュディスはうなずいた。鶏の話もしたのだから、パンの話だってしたはずだ。

「よくよく考えてみたんだけど」テレサが眉をひそめた。「きっと悪い妖精がわたしのパンに魔法をかけたのよ。そのほうが納得がいくわ。ふたりともさがって。わたしがこの悪い妖精のパンを食べてみるから。もしそれでロバに変身しても、五〇ポンド以下では売らないでね」

テレサがパンの端を持ってかぶりついた。ものめずらしそうな表情で嚙んでのみこむ。すると、白目をむき、痙攣したあと、息を詰まらせてぐったりと床に倒れこんだ。

ジュディスははっとした。「ああ、大変、テレサ」あわててひざまずくと、テレサのコルセットを緩め、片手を唇に当てて息をしているかどうか確かめた。

テレサがぱっと目を開けた。「塩が必要よ」

ジュディスはぽかんと妹を見つめた。心臓が早鐘を打っている。テレサは死んだふりをしたのだ。気づくべきだった。

ジュディスはテーブルの上のタオルをつかんだ。「待って」起きあがろうとした妹の頭を片手で押さえつける。「そのまま横になっていて。何かおかしいわ。とても」

「何？」テレサが眉をひそめた。

「舌に何かついてる。見てあげる」

テレサがゆっくりと舌を突きだした。

「もっと」ジュディスは言った。「そこ――」心配そうな表情を浮かべると、テレサも不安そうに眉をあげた。ジュディスはタオルの下で指を曲げ、身を乗りだした。「ここよ」

さっと手を伸ばしてタオル越しに妹の舌をつかんだ。テレサは引き抜こうとしたが、がっちりとつかまれていて無理だった。

「ちょっと！　何しゅるの？」テレサが叫んだ。

「舌をつかんでいるの。あなたは文字どおりつかむことはできないと言ったわね。でも、できたわ。ほら」

テレサがジュディスの腕を叩いた。「じゅるいわ！」

「世の中は不公平なのよ」ジュディスは明るく言い、手を離した。

テレサが体を起こした。「お見事だったわ。そうやって舌をつかめるなんて思わなかった。わたしにもやらせて」

背後でベネディクトが首を横に振った。「そんなことより、パンがなくなっちゃうよ。すごくおいしい。塩が足りないけど……」突然、ぼんやりした顔をした。「そうだ」

「塩をかければなんでもおいしくなる」テレサがうなずいた。

ベネディクトが立ちあがる。「塩をかければなんでもおいしくなる」

「塩をかければなんでもおいしくなる」ジュディスは繰り返した。「いったいどうしたの？」

「だって」ベネディクトが晴れやかな笑みを浮かべた。「わからない？　塩をかければなんでもおいしくなるんだよ」

「ええ」ジュディスは言った。「それはみんなわかっているわ。でも――」

「塩をかければなんでもおいしくなる！」ベネディクトは拳を突きあげた。「テレサ、ジュディス、ようやく見つけたよ。わからない？　塩をかければなんでもおいしくなるんだ。もっとおいしくするにはどうしたらいい？」

ジュディスは眉根を寄せた。「さあ」

ベネディクトが甲高い声で言った。「もっと塩をかけるんだ！」

「デイジー！」翌朝、市場へ向かう途中で自分を待っている友人の姿を見たとき、ジュディスは飛びあがるほどうれしかった。「ここではもう会えないと思っていたわ」

デイジーと最後に会った日からしばらく経っていて、心配していたのだ。デイジーは眉をつりあげたあと、手袋をはめた手を差しだした。「女王陛下のご訪問が面倒で、信じられないくらい退屈だったの。国事に関する話が延々と続いて。あくびのしすぎで死ぬかと思ったけれど、危険なことはなかったわ」

「じゃあ、落ち着いたの？」

「母と部屋を共有しているの」デイジーが鼻を鳴らした。「海に近いから、新鮮な空気が体にいいと思うわ」

つまり、港に近いということで、新鮮な空気など望むべくもない。だが、友人が無事だったことに、ジュディスはほっとした。少なくとも、路上に放りだされたわけではなかった。その思いが顔に出ていたのだろう、デイジーがジュディスの手を取った。「大丈夫」小声で言う。「部屋は狭くなったけど、充分よ。あなたがくれたお金があるから、困ったときも安心だわ。心配しないで、ジュディス」

「するわよ」

「ありがとう」デイジーが手をぎゅっと握った。「でも心配して思い悩んでも何も変わらないわ。それより、笑わせてちょうだい」

「テレサがパンを作ったの」ジュディスは言った。

「まあ」デイジーがごっこ遊びを始めた。「立派なレディなのに？」

「まあ、昨日まではね。れんがを焼く練習をしているんだと思っていたのだけれど」ジュディスは一部始終を話して聞かせた——もちろん、子猫はペルシャ猫に、食器は高価な花瓶に変えて。パンは……粉飾する必要はない。充分豪華だ。市場へ着くまで、デイジーはずっと笑っていた。

「今日は小麦粉と塩と、ショウガをたくさん買わなければならないの」ジュディスは言った。

「金箔もでしょう？」

「それと、クエン酸マグネシウムもね。理由はきかないで」

それほど悲惨な状況ではないのだろう、デイジーはジャガイモとパセリだけでなく、豚すね肉も買った。

「ところで」帰り道、デイジーがからかうように言った。「あなたの侯爵の話を聞かせて」

「わたしの……なんですって？」クリスチャンの話はしたことがない。したかしら？

ああ、したのだった。

「あなたの侯爵よ」これもごっこ遊びの一環だと思わせるかのように、デイジーがその言葉を強調して言った。

「ああ、デイジー」ジュディスは首を横に振った。「彼の話はしたくないの」

「どうして？　この前、あなたを家まで送ってきたとクラッシュが言っていたわ」

「いつからクラッシュと話をするようになったの？」

デイジーが赤面した。「別に。失礼にならないように相手をしているだけよ。わかるでしょ。クラッシュはしつこいから」

「そうなの？　何をされたの？」

「わたしもしつこいわよ」デイジーが微笑んだ。「さあ、話して。ロマンスに飢えているのよ」

「デイジー」

「ロマンスじゃなくてもいいから」

「彼は――」ジュディスは言葉に詰まった。

これ以上嘘はつけない――嘘と見せかけて本当のことを言うことはできない。話してみてもいいかもしれない。ジュディスは友人を見やった。

「打ち明けたいことがあるの」

デイジーが微笑んだ。「ああ、打ち明け話って大好き！」

「真面目な話なの」ジュディスはかごをぶらぶらさせた。「彼は……本当に侯爵なの」言葉があふれでた。「名前はクリスチャン・トレント。第五代アシュフォード侯爵よ。兄の親友だった人で、ここに引っ越してくる前に結婚を申し込まれたの」

「ほらね」デイジーが言った。「きっとうまくいく。いまにわかるわ」

けたあと、自殺したの」

「やめて。励ましたりしないで」ジュディスはデイジーを見た。「あなたはわかっていないのよ。これは作り話なんかじゃない。わたしの父親はリニー伯爵。反逆罪で有罪判決を受けたあと、自殺したの」

デイジーが目をしばたたいた。

「ずっと黙っていた。あなたと出会った頃は、まだあまり時間が経っていなくて話す気になれなかったし、そのあとごっこ遊びをするようになってからは、何もかも嘘のように思えた。この前あなたは秘密を打ち明けてくれたのに、わたしはそうしなかった。ごめんなさい。本当にごめんなさい。説明するべき――」

「ええと、もちろん、全部知っているわよ」デイジーが言った。「わたしはばかじゃないし、噂は広まるから」

ジュディスは立ちどまった。「まあ。そうだったの。それは……そうよね」

デイジーが空を見あげた。「ついでに打ち明けると、クラッシュと親密な関係になっていたの。一年くらい前から。恥ずかしいわ。まさか……自分がそんな……」

ジュディスは咳払いをした。「ええと、そうだと思っていたわ。ふたりの気まずそうな様子を見て」

デイジーが肩をすくめた。「やっぱりね。隠し事はできないわ」

ジュディスは赤くなった。「ええと、親密な関係といえば、クリスチャンは本当に侯爵なの。わたしと結婚したがっていた。それで、この前……やっぱりいいわ。あなたに愚痴は言いたくない。くだらないし」

デイジーはかぶりを振った。「ねえ、ジュディス、それは違うわ。あなたはわたしの母の世話をしてくれる。わたしはあなたの弟と妹の世話をする。わたしは育った家を失ったことであなたに愚痴を言う。じゃあ、あなたが愚痴を言う相手は誰？」

ジュディスは両腕を広げた。「誰かいる？」

デイジーが鼻を鳴らした。「ばかね。友達には愚痴を言っていいのよ。友達はそのためにいるんだから」

まるでクモの巣みたいなパン生地をオーブンに放りこんだら、悪い妖精がそれをすばらしいものに変えてくれたかのようだった。

ジュディスは微笑んだ。「ねえ、あなたのことが大好きよ」

デイジーがふたたび鼻を鳴らした。「知っているわ。でも、ただじゃないわよ。もし彼と結婚したら、わたしをお茶に招待してね。金縁のティーカップで出して。お茶菓子と一緒に」

ジュディスは笑った。「それだけじゃなくて、カレーチキンと、一二月に温室で栽培されたキュウリのサンドイッチも出すわ」

「いいわね。それから、女王陛下に謁見したら、真実なんてどうでもいいから」デイジーが身を寄せた。「陛下もおならをすると言ってちょうだい」

つらいことばかりではない。ジュディスは笑い声をあげたあと、肩を友人の肩にぶつけた。

「するわよ」ジュディスは言った。「するに決まっているじゃない。すごくくさいの。バッキンガム宮殿で蠟燭をたくさん使うのは、明るくするためだけじゃないのよ」

22

ワースきょうだいは丸二日かけて、ベネディクトの計画の準備をした。ベネディクトが、彼いわく地形を偵察し、隠れ場にする茂みを慎重に選んだ。

ジンジャー・ジンジャー・ビスケットを焼くのに一二時間かかった。ジンジャー・ジンジャー・ビスケットはジュディスのオリジナルだ。普通のジンジャー・ビスケットはジンジャーパウダーを使う。だが、ジンジャー・ジンジャー・ビスケットはさらに、砂糖漬けのショウガを加える。舌がしびれるほどスパイシーで、いつもは砂糖をまぶすのだが、今回は違った。

今回はベネディクトが作業を監督した。ビスケットを焼いて冷ましたあと、ひとつを三等分した。ジュディスは味見をしてむせた。

「これだ」ベネディクトが咳をしながらうなずいた。「これこそ求めていたものだ。いままで塩をかければなんでもおいしくなると信じていたけど……」

「そんなに入れてないわ」テレサが言った。「でも、ビスケットが少なすぎるのかも？　これ以上まずく作ることはできないわ。パン作りの腕前が最悪なわたしでも」

ベネディクトはさらに、すばらしくおいしいレモネードを用意した。

「味見させて」ジュディスがこのために手に入れた瓶に移し替えていると、テレサが言った。

「だめよ」ジュディスは返した。「絶対にだめ」

これらのおいしそうに見えるものをバスケットに入れると、三人は六キロ離れた公園まで行った。広い公園で、クリケットもできる。たまたま三人の少年が遊んでいた。

「本当に大丈夫？」ジュディスは小声できいた。

ベネディクトがぐるりと目をまわした。「もう慣れてるから。それに今日は、ぼくが主導権を握っている」バスケットを持って歩いていると、少年たちがベネディクトに気づいた。

「よお！　ワースレス！」ひとりが叫んだ。少年たちが試合を放りだして近づいてくる。

近くの茂みに隠れていたジュディスは顔をしかめた。

「ワースレス、何しに来た？」

「たまたま通りかかっただけだ」ベネディクトが答えた。

「たまたま通りかかっただけだとさ！」黒髪を帽子の下に押しこんだリーダーらしき少年が言った。

「友達に会いに行くんだ」ベネディクトが言う。「お土産を――おい、放せ」別の少年に肘をつかまれた。「ぼくが何をしたって言うんだ」

「おまえは存在するだけでむかつくんだよ」黒髪の少年が言った。

三人目の少年がバスケットの蓋を開けた。「おっと」声の調子が変わった。「懲りないやつだ。ビスケットと、これは――レモネードか、ワースレス？」

ベネディクトは自分の役を完璧に演じていた。拳を握りしめて言う。「おまえたちなんかにやらないぞ、イタチ野郎！」

「イタチ野郎だと？　生意気な口利きやがって」

「それはぼくのものだ」黒髪の少年が言った。「ぼくが欲しいから。おまえがいやがるから」

ベネディクトが黒髪の少年の腹にパンチを見舞ったとき、ジュディスは思わず歓声をあげそうになった。少年は地面にくずおれた。ベネディクトが蹴ろうとすると、ほかのふたりに押さえつけられた。手の甲で顔を打たれ、肘をひねられ、腹を殴られたとき、少年が立ちあがった。

ベネディクトは顔に唾を吐きかけた。「いまに思い知らせてやる」

「やってみろよ」少年は笑みを浮かべた。「そのバスケットは迷惑料としてもらっていく。今度顔を合わせたらもっとひどい目に遭うぞ。失せろ」

ベネディクトは押しのけられ、よろめいた。

「行けよ」少年が追い払うように手を振った。「消えろ」

ベネディクトは背を向けて走りだした。だが、それほど遠くへ行かずに建物の陰に隠れた。

それから、こっそり戻って、茂みの陰にいるテレサとジュディスに合流した。

「大丈夫？」ジュディスは弟の顔に触れ、小声できいた。「血が出ているわ」

ベネディクトははねつけるように言った。「これくらいの血で騒がれて見逃したら――うわっ、あいつ、ひと口で食べたぞ」

テレサが指の隙間からのぞいた。「塩をかければなんでもおいしくなる」

ベネディクトは砂糖の代わりに、塩をたっぷり一カップ入れたのだ。少年たちがビスケットを吐きだして咳きこんだ。

「ほとんどなんでも、だ」ベネディクトが訂正した。「今度はレモネードに手をつけるぞ。まわし飲みしてる」

「あれには何を入れたの？」テレサがきいた。「まだ飲んでる。まずくないの？」

「味は悪くないよ」ベネディクトが言う。「でもあれは、飲んだら失禁するレモネードだ。いまにわかる」

三人は正座して待った。

「おいしいジンジャー・ジンジャー・ビスケットを食べない？」ジュディスはごちそうを詰めてきたバスケットを開け、ビスケットを配った。

ベネディクトの目の下にできたあざを見て、ジュディスは顔をしかめそうになるのをこらえた。また殴られた。でも、今日は笑っている。少年たちがクリケットの道具をほったらかして、悲鳴をあげながら逃げていくのを見て笑っている。

ベネディクトが立ちあがり、競技場に戻ってメモを置いた。昨晩書いたもので、ジュディスもそばで見ていたので、内容を知っていた。

〝ディーン、ラルストン、ヴィリディアンへ
ぼくは自分の価値を知っている。
おまえたちは？
誰かさんより〟

「これでよし」ベネディクトが手をすりあわせながら戻ってきた。「復讐の味は甘くない。しょっぱい。不正には復讐で応じるしかないって言うだろ。さあ、家に帰ろう」

ジュディスはまじまじと弟を見つめた。言うだろって、誰が言ったの？　同じ言葉を最近聞いたばかりだ。

クリスチャンから……アンソニーがいつも言っていたという言葉。ベネディクトがアンソニーの言葉を引用するはずはない。アンソニーが流刑に処せられたとき、弟はまだ四歳だったのだ。弟はアンソニーのことを覚えていない。ベネディクトが兄について知っていることは、全部ジュディスが話したことだ。

ただの偶然かもしれない。ほかの人から聞いたのかも。イートン校の言い習わしとか。ジュディスは片手を口に押し当てた。恐ろしい疑念、痛ましい希望がわいてきた。まさか。そんなのあり得ない。

すべてが順調だと思っていた。うまくいきすぎていると。

ジュディスの考えが正しいなら、すべてがよくなった。と同時に、ひどく悪くなった。

机に着き、片手に額を預けて〝あー〟と言っているミスター・エニスをふと思い出した。

「あー」ジュディスは言った。

「あー?」ベネディクトが眉をひそめてジュディスを見た。

ジュディスは弟を逃がさないよう手首をつかんだ。「帰らないわよ。まだ」

「どこへ行くの?」ジュディスに引きずられるようにして通りを歩きながら、ベネディクトがきいた。

「もう着いた?」背後でテレサの声がした。

「まだ散歩するのよ」ジュディスは言った。

というより、強行軍に近かった。ジュディスは弟の手をつかんで放さなかった。本当は耳をつかみたかったが、そんなことをしたら疑いを抱かせてしまう。

テレサはすでに疑っている。勝利を祝うピクニックをする予定だったのだが、そのごちそうが入ったバスケットを持ってあとからついてくる。

「どうして散歩するの？」テレサがきく。「どこへ行くの？　どうしていまなの？　ベネディクトがトラブルに巻きこまれているの？」そう言ったとき、期待するように目を輝かせた。

ジュディスの考えが当たっていれば、弟はとんでもないトラブルに巻きこまれている。

「散歩するのは、脚を伸ばす必要があるからよ。だから、集中して」

当たっているはずがない。もしそうだとしたら、つらすぎる。それでも……すべて納得がいく。ミスター・エニスのわけのわからない説明も、どうすることもできないと突っぱねられたことも。ようやく理解できる――ふたたび世界がひっくり返るような衝撃を受けるとしても。そうだとしたら、ジュディスはくずおれて泣きだすだろう。

殺人を犯してしまうかもしれない。

いまはそれが最良の選択肢だと思えた。

泣きながら人を殺せば、裁判で心神喪失と認められるかもしれない。みんなを殺し終えたら、ミスター・エニスにきいてみよう。

「愛しているわ、ベネディクト」歩道をずんずん歩きながら、自分に言い聞かせるために言った。弟を殺さずにすむように。

「待って」ジュディスが角を曲がると、ベネディクトは突然立ちどまった。「どうして弁護士のところへ行くの？」

これで確定した。ジュディスは弟の手首をつかんだまま言った。「どうしてかしら、ベネディクト。あなたはミスター・エニスに会いに来たことはないはずよね。どうしてここが事務所だと知っているの？」

ベネディクトがはっと息をのんだ。「えーと、それは、住所を知っているから。家に送られてくる手紙に書いてあるでしょ？」

「賢い子ね」ジュディスはにっこり笑ったものの、手の力は緩めなかった。「でも、嘘が下手だわ」

「わたしが助けてあげる」テレサが熱心に言った。「あのね――」

ジュディスの険しい表情に気づいて言葉を切った。「やっぱり無理かも」首を横に振った。

「ベネディクト、今度はあなたがパンをたくさん焼かなきゃね」

ジュディスは妹のほうを向いた。「テレサ、黙っていられないなら、舌を――」

テレサがあわてて口に手を当てた。

「それでいいのよ」ジュディスはさっそうと事務所に入った。

気の抜けた顔をした、眼鏡をかけた事務員が立ちあがった。「レディ・ジュディス」弟を見て顔をしかめる。「お坊ちゃんもいらっしゃったんですか。お会いできてうれしいです」

ジュディスは弟に向かって眉をつりあげた。「初めて会うのよね？」

ベネディクトがため息をついた。

「ミスター・エニスにどうしてもお尋ねしたいことがあるんです」ジュディスは言った。「お会いできますか？」

事務員はまず、ベネディクトを見て許可を求めた。

弟は肩をすくめた。「お遊びは終わりだ」悲しそうに言った。

「い、お遊びですって？」ジュディスはかっとなった。「よくも──よくも──」

ミスター・エニスが奥の部屋から出てきた。「おや、レディ・ジュディス。ベネディクトお坊ちゃんまで。こちらはきっとレディ・テレサですね」

「そうかもしれませんね」テレサは言った。「その問題について何年も考えていますが、まだ答えが出ないのです」

ミスター・エニスは困惑した表情を浮かべたあと、首を横に振った。「今日はどのようなご用件で？」

「ベネディクト」ジュディスは弟を前に引っ張りだした。「ベネディクトですよね？」

ミスター・エニスが作り笑いを浮かべた。「あなたの弟君ですか？　もちろん、あなたの弟君はベネディクトですよ。そうですとも」

ミスター・エニスはベネディクトよりも嘘が下手だ。

「そんなことを言っているのではありません。後見人は意思決定の権限を誰かに委ねたとおっしゃいましたよね。その誰かとは、ベネディクトだったんですね」

ミスター・エニスの顔がこわばった。「仮定の話ですか？　そうですね。その可能性はありますね。弟君本人が後見人になることはできませんので、顧問としての役割を果たすことになります。しかし、レディ・ジュディス、坊ちゃんはまだ一二歳ですよ。そんなとんでもない話がありますか？」

ベネディクトがこれほどみじめな顔をしていなければ、ミスター・エニスの言うことを信じたかもしれない。だが、ミスター・エニスはジュディスの考えを否定したわけではない。とんでもない話だと言っただけだ。そのとおりだ。

「まったくとんでもない話ですが」ジュディスは言った。「いまはそのことは置いておきましょう。ほかに話しあわなければならない問題があります。アンソニーは八年間行方不明です。そろそろ前に進むときです。きっぱりと死亡宣告すべきだったのです。ベネディクトが爵位を継ぐことができるように。アンソニーが死んでいるのなら、ベネディクトがリニー伯爵です」

「それは」ミスター・エニスは眉をひそめた。「うーむ」

「そこは」ジュディスは身を乗りだした。「〝あー〟じゃないですか」

「あなたは鋭いですね」ミスター・エニスはため息をついた。「そうです。わたしの正式な法的回答は〝あー〟です」

予想どおりの答えでも、腹が立った。「レディ・テレサには後見人がいます。それはわたしではありません。その後見人は裁判所を通して選任されたわけではないのに、あなたは無条件で認めた。それに、アンソニーの死亡を宣告するのに必要な書類を提出しようとしない」

高揚と混乱、そして怒りで気分が悪くなった。ああ、怒りのあまりおかしくなりそうだ。

「くそったれ（サン・オブ・ア・ルースター）」拳を握りしめる。「大っ嫌い。絶対、絶対許さないから」

「どうしたの？」背後でテレサがきいた。「誰のこと？　誰がトラブルを起こしたの？」

自分がされたことをテレサにしたりしない。絶対に。どんな理由があろうと、嘘をついて真実を隠したりしない。

「アンソニーよ」ジュディスは言った。「アンソニーは生きている」

テレサがぐるりと目をまわした。「もちろん生きてるわよ。いつもそう言ってるでしょ？」

「そうじゃなくて。本当に生きているのよ。ミスター・エニスと連絡を取りあっているの。わたしにはなんの連絡もなく、あなたたちのことをずっと任せっきりで――」

「ひとつ言っておきますと」ミスター・エニスがさえぎった。「連絡が取れるようになったのは、何年か前のことです」

「そして、い、い、い、ベネディクトを代理人にしたんですか？」

「はい。ですが」ミスター・エニスが眼鏡をつまんだ。「わたしが考えたことではありません。しかし、連絡先もわからない相手とはろくに話し合いもできません。問い合わせに答えていただくのに五、六カ月かかるうえ、ロンドンの新聞に暗号で載せなければならないのです。信じてください、レディ・ジュディス、わたしもこの状況には憤りを感じています。このうえなく厳しいメッセージを送っておきましたよ」ため息をつく。「届くのに五カ月かかるかもしれませんが」

「そんなに長くかかるのなら、レディ・テレサの信託財産に関する通知がわたしの家に送られてこなかったのはどうしてですか？　きっとアンソニーは……」ジュディスは言葉を切り、ベネディクトを見た。「きっと……」

ベネディクトが身をすくめた。「イートン校の最初の月に受け取ったよ」小声で言う。「計画があるとジュディスは言ったよね。ぼくが学校で友達を作る。そしてカミラやテレサを紹介する。うちに少しでもお金があれば、ふたりはまともな結婚ができるって」

「だから？」

「ぼくは……」ベネディクトはぐっと感情をこらえた。「ぼくは、思ったんだ。お金があることを黙っていれば……ジュディスは計画を考え直すかもしれない。ぼくは学校に戻らなくてすむかもしれないって」

「ああ、ベニー」ジュディスは弟に腕をまわした。ときどき忘れてしまう。ベネディクトは大人びたまなざしをしていて、大人びた笑い方をする。でも、まだ一二歳の少年なのだ。

「ぼくは戻らないよ」ベネディクトが強い口調で言う。「絶対に。何もかもいやなんだ。あの学校の人たちも。勉強も。じっと座って、もう誰も話さないラテン語を暗記するのも。たとえ殴られないとしてもいやだ。家族の運命がぼくにかかっているのはわかってるけど、アンソニーにもそう言われたけど、それでも無理なんだ」

「ベニー」ジュディスは弟を抱きしめた。「ごめんなさい。あなたにプレッシャーをかけてしまったわね。やりすぎだったわ。でも……」

〝話してくれればよかったのに〟と続けるつもりだった。ジュディスは話したのだ。学校に戻るつもりはないと、何度も言っていた。だが、ベネディクトは聞き流していた。

「アンソニーが生きていることを、教えてくれてもよかったのに」代わりにそう言った。

「でも、アンソニーが……うぅん、ジュディスの言うとおりだ。アンソニーはここにはいない。ジュディスに話すべきだった」ベネディクトがジュディスを見あげた。「怒ってる？」

「怒りに震えている。それでも、あなたを愛しているわ」

「ねえ」テレサが口を挟んだ。「罰としてパンを作らせるのよね」

ジュディスは弟を見つめた。ベネディクトが茶色の大きな目で見つめ返した。赤ん坊のときと同じ目。五歳のとき、塩をかければ本物のカブのサンドイッチになると言ったときの、大人びた目とも同じだ。

テレサに視線を移した。「たくさん作ってもらうわ」

ミスター・エニスが部屋を横切り、ファイルを開いた。そして、小さく折りたたまれた紙片を取りだすと、ジュディスに差しだした。「どうぞ、万一あなたに気づかれた場合に渡すよう頼まれていたものです」

ジュディスはそれを受け取り、ポケットに突っこんだ。

「大丈夫よ」テレサがベネディクトに言う。「テレサの優しい妖精パンの作り方を教えてあげるから。落ちこまないで」

「えっ？」ジュディスは首を横に振った。「ベネディクトじゃなくて、アンソニーの話よ。もしふたたび会うことがあれば、一生作らせるわ。短い生涯になるだろうけれど」

「ずるいわ」テレサが足を踏み鳴らした。「ベネディクトは何をしても許されるんだから！」

「ベネディクトにパンは作れない」ジュディスは言った。「あと一カ月半、あなたに作ってもらうわよ。ベネディクトにはシーツの洗濯をさせるわ」

「ええ！」ベネディクトがジュディスを見つめた。子犬のようなまなざしで。「洗濯？　でも……」

「ハハ！」テレサが笑った。「洗濯の刑！　パンより最悪」

「それから」ジュディスは言った。「今後どうするかじっくり考えてもらうわ。もう学校には戻らないんだから、新しい計画を考えないとね」

23

川は暗く灰色で、濁った水がゆっくりと流れている。ジュディスは手すりにつかまり、渦巻く油を見つめた。

弟と妹を家に連れ帰り、それぞれに洗濯とパン作りを命じたあと、また出かけた。考える時間が必要だった。だが、当てもなく街を歩きまわっても、心は落ち着かなかった。

アンソニーが生きていた。長いあいだそれを夢見ていたせいで、想像力が暴走し始めた。兄が生きて発見されることを何度も想像した。その幻想のなかで、アンソニーはインド洋に浮かぶヤシの木に覆われた島に打ちあげられる。そして、家に帰ってきて誤解を解き、潔白を証明する。

ジュディスを救う。

現実は、アンソニーは生きていて、裏切り者だった。八年前に、ジュディスの幸福を考えずに行動したことだけではない。家に帰らなかったことと、一二歳の弟を代理人にしたことで、合わせて三度も裏切った。

重荷を全部ジュディスに背負わせ、ほかに選択肢を与えなかった。それが一番腹立たしかった。

ジュディスは教会に入ると、硬貨を取りだし、蠟燭に火をつけた。まぶしい光が暗闇を押しのけた。

「どうして？　アンソニー、どうしてなの？」

息で光がまたたいた。

ジュディスはポケットから折りたたまれた手紙を取りだした。

「大嫌い」そう言ったあと、兄が恋しくて手紙にキスをした。「愛しているわ」

手紙を開いた。

〝ジュディスへ。すまない。自分のしたことを本当に、本当に申し訳なく思っている。実は、ここで長くは生きられないと思っている〟

「ここってどこ？」蠟燭は答えてくれない。

〝わかっている。ぼくを殺しても殺し足りないだろう。疑問に思っているはずだ。どうしてベネディクトなのかと。

答えは簡単だ。ぼくがいなくなったとき、ベネディクトは四歳だった。

おまえはぼくの裁判を傍聴していた。内容を理解できる年齢だった。父上のしていることを知っていて、それを止めなかったことを示す証拠があったから、ぼくは有罪になった。

経験から言えば、余計なことはあまり知らないほうがいい。だが、ぼくが生きていることを家族の誰かに知らせなければならず、ベネディクトがもっとも安全な選択肢だった。政治的な意味合いを一番理解していないから、罰せられる可能性が低い〟

納得のいく答えだった。

〝ぼくは毎日葛藤している。それでも、アンソニーの腎臓にパンチを食らわせたかった。悪いことをした。だが、ぼくたちは大勢の人にもっとひどいことをしたんだ。おまえなら、ぼくの後始末をする方法を見つけてくれると信じている。カミラとテレサとベネディクトにきっとうまくやってくれるだろう。

ぼくがいま何をしているか話すつもりはない。自己弁護するつもりもない。おまえに任せておけば安心だ。おまえは知らないほうが安全なんだ。

おまえがぼくのことをどう思っているかは想像がつく。侮辱されて当然だ。でも、毎晩、神の前に立って、『全力を尽くしたか』ときかれる夢を見るんだ。危険だから。

そのときが来たら、イエスと答えられることを願っている。

ぼくを捜さないでくれ。手紙も書くな。ぼくの存在を認めてはならない。ぼくが死んだら、必ず知らせが行くようにする。テレサが理解できる年齢になったら、ティースプーンに心から愛していると伝えてくれ。それから、プリは元気だと〟

やれやれ。アンソニーはありのままでいいのだといつもテレサを励ましていた。テレサの想像上の妹のことなど、ジュディスは忘れかけていた。これだけ年月が経っても覚えているなんて、いかにもアンソニーらしい。ジュディスは涙をぬぐった。「テレサはもうねんねじゃないのよ、アンソニー」

アンソニーは決して楽な道を選ばなかった。猫が花瓶を壊したと言えば、みんな罰を免れられるときでも、自分が正しいと思うことをした。その結果、誰が傷つくことになろうと。アンソニーは財産も名声も快適な生活もなげうった。その理由を説明する必要はない。クリスチャンが教えてくれた。

別の兄が欲しかったとは思わなかった。この兄が欲しい。二度と抱きしめることも、怒鳴りつけることもできない。蠟燭の炎に手をかざすと、手のひらがむずむずした。

兄が裏切り者だと認めるのはつらいことだった。正当な、やむを得ない理由があって国を裏切ったのだと認めるのはさらにつらい。兄はまたしても道義を選んだのだ。ジュディスにできることは、怒りを持ち続けるか……手放すかのどちらかだ。

ゆっくりと、苦痛を感じながらすべての怒りを手放した。「お兄様を誇りに思うわ」ささやくように言った。「人類の悲劇よりもルールを優先する兄なんて欲しくない」

ジュディスには行方不明の妹がひとりと、がむしゃらに死に向かっている不在の兄、新しい人生を必要としている弟、いくつパンを焼こうと普通にはなれない妹がひとりいる。

騎士もお城も魔法も存在しない。だが、笑いと愛はある。生きている限りそのふたつは欠かさないようにしよう。

ジュディスの人生そのものが昔話になった。喜びも悲しみも詰まっている。母親が子どもに話して聞かせるような物語ではないかもしれないけれど、それでもいい話だ。つらいことばかりではない。きっと。

ベネディクトがミスター・エニスに、姉たちの信託財産に関する情報を開示する許可を与えた。お金は無事だった。ベネディクトはイートン校に戻る代わりに何をするか考える。ジュディスはぜんまい仕掛けの新しいアイデアに取り組んでいる。ほかに望むことなどない。

ひとつだけ。

ひとつだけ足りないものがある。ジュディスは炎をじっと見つめた。クリスチャンはかつてアンソニーを破滅させ、また同じ立場に置かれたとしても同じことをすると言った。理論上の話だった。

もはやそうではない。クリスチャンがジュディスと結婚すれば、アンソニーが生きていることに気づくだろう。きっと質問攻めにする——どうしてベネディクトが爵位を継がないのか。弁護士はなんと言っているのか。アンソニーが生きていることを突きとめたら、どうなる?

アンソニーに勝ち目はない。兄は何をしているのか、ジュディスに教えるつもりはないと言っている。だがクリスチャンは容赦ないだろう。彼に質問をさせない唯一の方法は……。

ジュディスは揺らめく炎を見つめた。クリスチャンに質問をさせない唯一の方法は、そばにいないことだ。考えただけで胸が痛んだ。クリスチャンを心から信じている。それでも、アンソニーのことを打ち明けることはできない。

なじみのある、胸が締めつけられるような痛みが走った。父が死んだときや、アンソニーがプリマスで船に乗りこんだときにも感じた痛みだ。あのときは、クリスチャンのせいだと思っていた。だが、そうではなかった。

何も解決できていない。答えが見つからない。見つかるかどうかわからなくても、前に進まなければならない。ジュディスは息を吸いこんだあと、唇を噛んだ。これまで数々の試練を乗り越えてきた。これも乗り越えられる。

「わかったわ」蠟燭に向かって言った。「全力を尽くしてちょうだい、アンソニー。こっちはわたしに任せて」

自分ならできる。うまくやれる。

夫は持てなくても。

「見せたいものがあるんだろう」クリスチャンは言った。

ジュディスの家の屋根裏部屋は予想と違っていた。普通はクモの巣が張っていて、古着や不要な家具であふれているものだが、ここは明るく清潔で、テーブルが置いてある。黄銅板から加工した小さな歯車がある。屋根窓から差しこむ日差しのなか、黒と茶色の三匹の子猫が集まって寝ていた。

「いいものをあげる」ジュディスが言った。

「なんだろう?」

ジュディスがテーブルの上にある灰色の小さな丸いものを取って手のひらにのせた。なんだかわからない。ぜんまいを巻きあげる音がした。彼女は巻き鍵をテーブルに置いたあと、かがみこむとそれを床に置いた。

ネズミだ。キャンバス地と綿で作られ、針金のひげをつけたぜんまい仕掛けのネズミが、カーブを描きながらあっという間に走り去った。

三匹の子猫がぱっと顔をあげ、六つの目が喜びで見開かれた。そして、一二本の脚がすさまじい勢いでネズミを追いかけ始めた。

「ぜんまい仕掛けのネズミは、すでに大量に売られている」ジュディスが言う。「でも、とても安っぽい作りだから、一度飛びつかれただけで壊れてしまう。その点、これはすごく頑丈なの」

「なるほど」いいアイデアだ。

ジュディスは子猫を押しのけてネズミを拾った。「さあ、もう一度やってみせるわ」ぜんまいを巻きあげてから放した。子猫たちがふたたび走って追いかけ、必死でずたずたにしようとする。たしかに愉快な光景だ。

「ベネディクトが商売を始めると言っているの」ジュディスが報告した。「顔をしかめないで」

「顔をしかめてなんかいないよ。きみはそのことを隠すつもりだと思っていた」

ジュディスが肩をすくめる。「家族で話しあって決めたの。わたしたちは隠し事が多すぎた。自分ではない何者かのふりをするのはもうやめたの。わたしたちの家族には裏切り者がいる。茂みの陰に隠れて、妹たちを一生見下す男性が現れるのを願うか、そういう男性を全員拒むかのどちらかしかない。ベネディクトが家族でこのネズミを製造しようと言いだして、テレサが自分の信託財産を資本金とすることに同意したの」

自分は試されているのだろうか。この話を聞いても悲鳴をあげて逃げださないかどうか。そうだとしたら、無駄なことだ。「ぼくは人を拒むのが得意なんだ」クリスチャンは言った。「コツを教えるよ」

ジュディスはうつむいた。「ずっと家族をもとの道に戻そうと頑張ってきたの。イートン校とか、信託財産とか、社交シーズンとか、結婚とか——それが正しい道か疑いもせずに。生まれがどうであろうと、ベネディクトはクラブで葉巻を吸いながらぶらぶら過ごす紳士にはなれない。テレサはくすくす笑いながら社交会に顔見せするレディにはなれない――きっと退屈して舞踏室に火をつけるわ」

クリスチャンは彼女に一歩近づいた。「きみは？」

ジュディスはうつむいたまま息を吸いこんだ。そして、巻き鍵を手に取った。「わたしはレディにはなれない」

クリスチャンは彼女の手を取った。「どうして？　レディ・アシュフォードの椅子は空いているし、一度飛びつかれただけで壊れてしまうようなネズミしか作れない女性は、その席には座らせないよ。八年間、きみが座ってくれるのを待っていたんだ」

ジュディスは息を吐きだした。

「そのあいだ、ぼくの人生には穴が開いていた」クリスチャンは彼女の手のひらをさすった。「奇妙な形をした穴で、どうしたら埋められるかわからなかった。でも、いまならわかる。その穴は、イートン校に戻ろうとしないきみの弟の形をしている。反乱を率いることさえできそうなきみの妹の形をしている。一八匹くらいの猫と、何匹ものぜんまい仕掛けのネズミの形をしている」

ジュディスが彼の腕を握りしめた。見開いた目で彼を見あげる。

「きみの形をしている」クリスチャンはささやいだ。「強く、決してあきらめず、奇跡を起こすきみの形を」彼女の頬を撫でおろした。「きみがぼくを嫌うのは当然だが、ぼくは頑張るよ。きみがどうしてぼくを嫌っていたのか思い出せなくなるまで。だから、ジュディス、チャンスをくれないか？」

クリスチャンに別れを告げるのは、簡単なことだと思っていた。

〝よくやったわね。これで全部解決できたわ。取り返しのつかないことをしてしまう前に、もう会うのはよしましょう〟

けれどクリスチャンにじっと見つめられると、取り返しのつかないことをしてしまいたくなる。彼の優しさで世界を変えられるのなら、いますぐその腕に飛びこむだろう。だが、状況は変わらない。

ジュディスはつないだ手を見おろした。彼の手と比べると、自分の手が小さく見える。けれど、この手は部品を組み立てることができる。パン作りや、縫い物や、自分にできるとは思いもしなかったいろいろなことができる。どうにかやり遂げた。この男性との物語を夢見た少女から大きく成長した。

彼の胸を両手で撫であげるところを想像した、胸毛の生えた肌の感触を。その感触を味わう代わりに、この手を手に入れた。後悔はしていない。でも……すべてを終わりにする前に、自分が失おうとしているものを知りたかった。

「クリスチャン」

彼の暗くて底知れない瞳に吸いこまれそうになる。

ジュディスは知りたかった。いまを逃せば、一生知ることはできない。

だから、ずっとしたかったことをした。馬車で白鳥を轢きそうになって、クリスチャンの腕をつかんだときから――それは嘘だ。自宅の粗末なティーテーブルで彼と向かいあったときから。羊飼いの置き物をもらったときから。彼が微笑んでこれは不適切だと言い、ジュディスが暗くて底知れない瞳をのぞきこんでそれでもかまわないと伝えたときからずっと。

その瞳に吸いこまれたかった。

いまようやく、そうした。

つないだ手を離した。

クリスチャンが息を吸いこみ、ふたたびジュディスの手を取ろうとした。

目と目が合った。

「ごめんなさい」ジュディスは言った。

「いやだ」クリスチャンが一歩近づいてきた。

ジュディスは片手を彼の胸に置いた。「ひとりで悩みをたくさん抱えさせて。そばにいてあげられなかった」

彼の体温が感じられるくらいそばに寄った。

「謝らないで」クリスチャンが低い声で言う。「これからはずっとそばにいると言ってくれ」ジュディスはもう一方の手でクリスチャンの手を取り、自分の心臓に押し当てた。彼の指がかすかに震えた。

「残念だわ（アイム・ソーリー）。別の道を選べなかった」

クリスチャンがかぶりを振った。

「謝っているんじゃないの」彼の手の甲を親指で撫でおろした。「ただ、別の道を選べればよかったのにと思うだけ」

「ぼくもだ」クリスチャンはかすれた声で言い、身をかがめた。「ぼくもだ、ずっとそう思っている」

「いまだけなら、選べるかも」

「永遠に」クリスチャンの息がジュディスの唇にかかった。片手を彼女の腰にまわして引き寄せる。どちらが誘ったのかわからない、ただ、ぴったり嚙みあった歯車のように、ふたりがこうしてふたたび一緒にいることが正しいと思えた。

唇が重なり、指が絡みあう。ふたつの天体が重なるかのごとく舌が触れあうと、ジュディスの体に光が差した。これを、このすばらしいものを手に入れられるのだ。別の世界ではずっと。

「ジュディス」クリスチャンが唇を合わせたままつぶやいた。「ああ、ジュディス」

ジュディスは彼を受け入れた。決して手に入らない未来を。

数年後に、クリスチャンに鼻をすりつけられ、片手でそっと頬を包みこまれることはない。彼の荒い息遣いを感じることも、彼の指がコルセットの縁をかすめ、胸がどきんとすることもない。

優しく触れられ、別れの味がする唇を味わうこともない。

この先は思い出しか残らない。だから、忘れられない思い出を作ろう。

クリスチャンにキスをし、彼を受け入れる。彼はジュディスの人生に光を注ぐ明るい太陽だ。

「いまにわかるよ、ジュディス」クリスチャンがつぶやく。「これが本来あるべき姿なんだ──ぼくたちの。あきらめたらだめだ」

泣くわけにはいかない。涙を見せたら、クリスチャンはキスをやめるだろう。やめてほしくない。ジュディスはうつむいてクラバットをほどき始めた。

「ジュディス。何をしているの？」

「したいことをしているだけよ。いやなの？」

リネンのシャツに手を滑らせた。

「まさか」クリスチャンが目を閉じた。

「これは？」ジュディスはズボンに手を伸ばし、ボタンを探り当てた。

「ああ、ジュディス。いけないよ」

ジュディスは手を止めた。

「でも、止めない。果樹園でのあの夜のことをずっと考えていたんだ。あの日に帰って、取り返しのつかないことをできるのなら、なんでも差しだす」

「でも、そうなっていたら、わたしは自分を知らなかった」ジュディスは言った。「自分に何ができるか知ることはなかった。いまの自分を何物とも引き換えにしたくない」

「ぼくもきみを手放したくない。ぼくをそばに置いておくよう、きみを説得しなければならない」クリスチャンはまるですでに説得に成功したかのように、微笑んで言った。

ジュディスはボタンをひとつ外した。胸が痛んだ。自分が失おうとしているものを知るためだけにこんなことをしているわけではない。彼に説得してほしかった。説得してもらわなければならない。クリスチャンなら、キスで世界を変えられる。

「どうやって説得するつもり?」

クリスチャンがジュディスをソファに座らせた。「こうして」

ジュディスの脚を開かせてなめ始めた。巧みな愛撫に、ジュディスは叫び声をあげそうになった。

こらえきれなかった。「ああ」

「確かめて」クリスチャンが舌を動かしながらくぐもった声で言う。「自分が逃したものを。

それがどれほどつらいことか。耐えがたいことか」

ジュディスの脚をさらに押し広げ、指を割れ目に滑りこませた。ああ、そこ。舌と指で愛撫され、ジュディスはのぼりつめていった。

ほかのことはすべて頭から吹き飛んだ。

「ああ」ジュディスは繰り返した。「ああ」

クリスチャンはゆっくりと愛撫を続けた。敏感な部分を歯で挟み、唇をかすめさせ、舌で反応を確かめる。ジュディスは頭がからっぽになり、自分の名前すらわからなくなった。息もできない。

これだわ。これが知りたかったことだ。やがて、全身をこわばらせ、絶頂に達した。

クリスチャンが頭をあげ、得意げににやにやし、彼女の腰をそっと撫でた。

ジュディスはクリスチャンの屹立したものが太腿に当たるのを感じた。キスをされると、自分の味がした。

ふたたびズボンのボタンを探り当て、順に外していった。クリスチャンがドレスの紐をほどいた。ドレスを頭から脱がされた瞬間、ジュディスは布の海で溺れたような気がした。

次にクリスチャンの上着が、その次にジュディスのコルセットが脱がされた。互いに脱がせあい、あたたかい肌が触れあった。クリスチャンは体を押しつけ、むさぼるようにキスをした。

ジュディスはかたいものが押しつけられるのを感じた。クリスチャンが両手で彼女の頬を挟み、深いキスをした。

「もうやめよう」クリスチャンが優しく言う。「ここでやめておいたほうがいい。これ以上はあとに取っておこう」

今日しかないのだ。ジュディスは目を閉じた。「やめないで。お願いだから」

クリスチャンが彼女の腰をつかんだ。「ジュディス、きみが欲しくてたまらない」

ジュディスは彼の目を見つめた。「わたしもあなたが欲しい。ずっと欲しかった」

クリスチャンが顔を伏せて胸の先端を口に含んだ。ジュディスはあえいだ。これ以上の喜びを味わえるなんて思わなかった。

クリスチャンの手が腰をなぞった。屹立したものがゆっくりとなかに入ってくる。その満ち足りた一体感に、ジュディスは泣きそうになった。

クリスチャンが片手をジュディスの頬に当てた。

「大丈夫?」

「ええ」ジュディスは両手を彼の腰に置いた。「大丈夫。とてもすてきだわ。やめないで」

クリスチャンがにやりとした。「わかった」

ジュディスが両手で胸を撫であげると、クリスチャンは息を吐きだした。体が押しつけられる。これが夫婦が〝一体となる〟ということなのだ。ある意味では、ふたりはひとつだった。体と体が結びついている。唇を重ね、クリスチャンの吐いた息をジュディスが吸いこみ、クリスチャンをジュディスに変える。

それでも、ジュディスは自分のすべてをクリスチャンに捧げることができなかった。ふたりを引き離すものはそれだ――すべてを与えあうことができないこと。

彼を受け入れ、唇や胸にキスをされても、両手でヒップをつかまれても、彼の息が荒くなっても――それでもふたりは別の人間だ。

求めるものも違う。

それぞれの家族がいる。

「ほら」クリスチャンが言う。「あと少しだ」

敏感な場所を指で愛撫され、ジュディスはあえぎながら、これが終わらないことを願った。先ほどよりも激しい絶頂に達した。クリスチャンが喉の奥でうめき、繰り返し腰を打ちつけた。

そして、終わりを迎えた。ふたりは長いあいだしゃべらなかった。

クリスチャンの胸が波打ち、肌が汗でうっすら光っている。ジュディスは彼を抱きしめた。放したくない。いまはまだ。

だが、時を止めることはできない。ようやく体を引くと、ふたりのあいだには何もなかった。あとは、別れの言葉を言うだけだ。

24

快楽の余韻が消え、体を離して布切れでぬぐったあとで、クリスチャンはおかしなことに気づいた。ジュディスが黙りこんでいる。

彼女を抱き寄せようとすると、その目に喜びと悲しみの入りまじった感情が浮かんだ。

「あなたとこうなれてうれしいわ」ジュディスが言った。

クリスチャンもうれしかった。しかし――。

「うれしいという言葉では言い足りない」ジュディスの手を取った。「ぼくはうれしくない、ジュディス」彼女は手を握り返さなかった。抱き寄せても、抵抗はしなかった。ひたすら受け身だった。

数分前は完全に正しいと感じていたことが、なんだか間違っているように思える。ジュディスのにおいがする。素肌に触れている。こんなふうに一緒にいる。

それなのに、彼女がまるでここにいないような感じがするのはなぜだろう。

ジュディスは目を開けて天井を見つめている。

「少し圧倒されている」クリスチャンは言った。

「わたしも」彼女の声は小さくて、そのあとにまだ続きがあるような感じがした。

クリスチャンは待った。

ジュディスが息を吸いこんだ。「別れるのはつらいわ」

やっぱり、ジュディスはクリスチャンのもとを去ろうとしている。「そんなこと言うな」彼女を抱きしめた。「ずっとそばにいてくれ、ジュディス」

ジュディスが彼の腕をつかんだ。痛くないくらいにしっかりと。

「ごめんなさい。本当にごめんなさい」

そのときようやく、ジュディスが結婚するつもりで体を許したわけではなかったことに気づいた。そんなことは考えていなかった。別れを告げるためにクリスチャンをここへ連れてきたのだ。

クリスチャンは息が苦しくなった。「どうして?」

〝行くな〟そう言いたかった。〝どこにも行くな〟

ジュディスはクリスチャンを抱きしめ返す代わりに、膝を抱えた。彼を見ようともしない。

「結婚について思うところがあるの」ようやく口を開いた。「誓いを立てるとき――」

「ぼくたちなら大丈夫だ」クリスチャンは急いで言った。「どんな問題でも解決できる」

ジュディスが彼を見た。「いいから聞いて。病めるときも健やかなるときも、富めるときも貧しいときも、敬い、従うと約束する。つまり、結婚したら相手を第一に考えると誓うということよね」

クリスチャンは心がずっしりと重くなるのを感じた。

「もし」ジュディスが静かに言葉を継ぐ。「時間を巻き戻せるとしたら、アンソニーのことを黙っている？」

黙っていると答えたかった。心から。クリスチャンが黙っていれば、ただ傍観していれば、ジュディスの父親は自由の身になっていただろう。彼女は社交界にデビューし、クリスチャンと結婚して、いま頃子どもたちに囲まれていただろう。ああ、その光景がありありと目に浮かんだ。

しかし。

黙っていなければならなかったとしたら、目覚めるたびに、ジュディスの兄が——クリスチャンの親友が反逆者だと思い出すことになっただろう。その事実は決して忘れられなかった。アンソニーがクリスチャンの家族を、子どもたちを脅かすようなことをしていたら、とても耐えられないだろう。ジュディスとの生活が不当に手に入れたものだと知っているのだから。

嘘や偽りを基盤にした結婚生活はもろい。

「いや」ようやく言った。「黙っていない」

ジュディスがうなずいた。「だからってあなたのことを責めたりしないわ。もう」悲しそうに微笑む。「あなたはほかにどうすることもできない。でも、結婚したら、相手を第一に考えなければならないと思うの」

「前は……」

「過去の話じゃないの」ジュディスが目をそらした。「問題はそこなのよ、クリスチャン。わたしはあなたを第一に考えることはできない。ベネディクトとテレサがいるから。カミラは居場所すらわからない。家族のことを第一に考えなければならないの」

「わかっている。それでいいよ」

「いつか、ベネディクトがアンソニーは正しかったと考えて、自分も……」ジュディスが首を横に振った。「そうなったらどうする？」

クリスチャンは答えられなかった。彼女が望むような答えは言えなかった。代わりにこう返した。「ジュディス、誰もきみの期待には応えられない」

「あなたにきいているの」ジュディスが小声で言った。

ジュディスが身を任せた理由が、いまならよくわかる。クリスチャンは彼女にとって禁断の果実だった。

クリスチャンは怒りがわいてくるのを感じた。禁断の果実になどなりたくない。

ジュディスが立ちあがった。「結婚って、わたしにとっては特別なものなの。ほかの誰よりもあなたを優先すると誓うこと。あなたを愛しているわ、クリスチャン——愛しているからこそ、嘘だとわかっていながら誓うことはできない」

「嘘を本当にするほどには愛していないってことだね」クリスチャンは言った。ジュディスは彼の目を見たが、返事をしなかった。

その必要はない。答えは明らかだ。

ジュディスは裸で彼の前に立った。クリスチャンは彼女を抱きしめて二度と放したくなかった。だが、無理な話だ。

身を切られるようにつらい。美しい夢から目覚めて、全部幻だったと気づいたかのようだった。

ジュディスがドレスに手を伸ばした。

「手伝うよ」クリスチャンは言った。

夢から覚めたのなら、選択肢はふたつしかない。ベッドにもぐりこんで偽りの記憶を繰り返し呼び起こして、それを現実と思いこもうとするか。男らしく厳しい現実と向きあうか。

クリスチャンはドレスのボタンを留めた。それから、ズボンと上着を身につけた。そろそろ帰る時間だと言われたので、家を出た。

大丈夫だ。

クリスチャンは執務室の窓辺に立ち、公園を見おろしながら自分に言い聞かせていた。背後で紙をめくる音がする。

「実に興味深い」代理人のローレンスが言った。「もう一度ききますが、これはなんのリストですか？」

クリスチャンは秘密にしていた。「そこに載っている人たちと話をしたいだけだ。居場所はつかめたか？」

「はい」

「聞かせてくれ」

欲しいものはアンソニーの日記だけだと、自分に言い聞かせていた。アンソニーが報いを受けるべきだと考えていた人物のリストを作って、できることをしたかった。だがいまは、それでも満足できないかもしれないと思い始めている。

ジュディスに許してもらえないのなら、何をしようと満足できない。見返りを求めてこんなことをしているわけではないと、ずっと自分に言い聞かせていた。過去の誤りを正したいだけだと。

そしていま――ワース家はうまくやっている。クリスチャンはカミラを捜すのを手伝った。広告を出した。ジュディスの弁護士に関する真実を突きとめるのに力を貸し、金は一家に返された。

ワース家はうまくやっている。クリスチャンは夢に悩まされなくなった。まだ夢は見るが、そのあとまた眠れるようになってきている。ほかに何を望むというのだ？

〝彼女だ〟心の声が聞こえた。

「リストの三六名のうち」クリスチャンの背後でローレンスが言った。「二九人の情報を入手しました」

「続けてくれ」クリスチャンは言った。「ちゃんと聞いている」

ふたたびジュディスに心を奪われたのは、驚くことではない。彼女のことがずっと好きだったし、会わないあいだに彼女は……さらに美しく有能で、自信にあふれたすばらしい女性になっていた。クリスチャンのことなど必要としなくなっていた。

「ひとり目」ローレンスが言葉を継ぐ。「ミスター・アラン・ワイルディングは亡くなっており、経営していたワイルディング運輸は倒産しました。ふたり目。ミスター・ジェフリー・クローソンはブリストルで困窮生活を送っています」

リスト。いまでもリストは慰めになる。ジュディスを忘れる方法のリストを作れるかもしれない。一から一〇まで。一……うーん。

なんのアイデアも浮かばなかった。二から一〇まで、似たような発声を考えなければならない。〝えーと〟とか。〝エヘン〟とか。〝あー〟でなければなんでもいい――あれは法的なごまかしに使うものだ。

「三人目。パーマストン卿は数カ月前にお亡くなりになりました。四人目。ミスター・ライル・ウィルソンは破産して自殺しました」

クリスチャンはあり得ないリストを作ろうとしていた。計算の仕方や幼少期を忘れないのと同じで、ジュディスを忘れることなどできない。彼女を断ち切るしかない。

「五人目。ミスター・ウィリアム・ショアディッチ」

「当ててみせよう」クリスチャンは言った。「落ちぶれた暮らしをしている」

「債務者監獄に入っています」

妙だ。どうもおかしい。

クリスチャンは振り返った。ちゃんと聞いていたのだ。「まだ商売を続けている者は何人いる?」

ローレンスは眉をひそめた。「五、六人です」

おかしいどころではない。

クリスチャンは腕の毛が逆立つのを感じた。一瞬、古い夢の切れ端がよみがえった。船の上から手を伸ばす自分の姿が鮮明に脳裏に浮かんだ。アンソニーの手だと思ってつかみ、自分の顔を目にした。

息を吐きだした。「おかしいと思わないか?」

「詳しい調査をしていないのでなんとも言えませんが、何かおかしい気がします。なんのリストなんですか？」

「投資を頼んできた会社の取引先のリストだ」クリスチャンは手を差しだした。「調査を続行する必要はない。投資はやめておくのが賢明だろう」

ローレンスは微笑んで書類を渡した。「そうですね」

おかしなことになった。少しでも分別があれば、ここでやめておくだろう。これ以上疑問を抱かない。リストを燃やしてこのことは忘れるのだ。

それにしても……異常だ。これだけ大勢が破滅し、死んでいる。こんなの……あり得ない。想像を絶する。

信じられない。

まるで誰かが同じリストを持っていて、計画的に破滅させて……。

クリスチャンは息をのんだ。まさに、誰かが同じリストを持っていて、最悪の人物に計画的に復讐しているかのようだ。

ジュディスには手段がないし、そもそもアンソニーの日記からこのようなリストが作れることに気づいていない。彼らの名前を知っているのはあとひとりだけだ。

「まさか」クリスチャンは突然膝に力が入らなくなった。

ローレンスが咳払いをした。「閣下？」

クリスチャンは夢を思い出した。

〝きみは誰だ？〟アンソニーはきいた。

クリスチャンはわからなかった。手を伸ばして自分の手をつかんだ。そのままつかみ続けるか放すか迷った。

かつてはすべてをめちゃくちゃにしたが、それ以外に選択肢はなかった。同じことを繰り返したくない。だが、ほかにどうすればいい？

ジュディスを思い出した。ようやく引きだした笑顔。ぜんまい仕掛けのネズミ。妹がスコーンを焦がして、うんざりしたように首を振っていた。クリスチャンに永遠の別れを告げたときのまなざし。

すると、突然、判断力がよみがえった。

「大丈夫ですか、閣下？」ローレンスが眉をひそめている。

クリスチャンはうなずいた。大丈夫だ。ようやくすべてがはっきりした。

一、母と話をしなければならない。

二――「レディ・ジュディスに手紙を書いてくれ。話がしたいと。至急」

25

「リリアン、母上」

応接間にふたりを集めるのに一時間かかり、女性が紅茶を、クリスチャンがサンドイッチとレモネードを飲み食いするのにさらに一五分かかった。

「突然呼びだしたのに来てくれてありがとう」

リリアンが彼の手をぎゅっと握った、「ずっと心配していたのよ、クリスチャン。わたしがデビューしたとき、あなたはとてもよくしてくれた。来るに決まっているでしょう」

「ぼくは何もしていない」クリスチャンは微笑んだ。「とにかくありがとう。最近のぼくが扱いにくいということは自覚している。今日集まってもらったのは、ふたりの助けが必要だからだ。それから、報告したいことがある」

母とリリアンが身を乗りだした。

「ああ、よかった」母が微笑んだ。「ようやくお医者様に診てもらう気になったのね？　すぐに呼びに――」

「違います」クリスチャンはレモネードのグラスを置いた。「母上、申し訳ない。ぼくは母上にひどい仕打ちをした」

「えっ？」母が眉をひそめた。「そんなことをされた覚えはないけれど」

「したんです」クリスチャンはテーブル越しに手を伸ばして母の手を取った。「子どもの頃からずっと、母上に嘘をついていました。優しい嘘だと思っていたが、嘘は嘘だ」

「あなたはまだ二九歳よ。いったいどんな秘密を……」母は黙りこんだ。

「アヘンチンキです」クリスチャンはそう言ったあと、母の顔にゆっくりと混乱の表情が浮かぶのを見守った。「ぼくがアヘンチンキを拒んだのは、頭がぼんやりするからでも、夢がひどくなるからでも、味が嫌いだからでもない。子どもの頃に中毒になったからです。イートン校にいたときに死にかけたこともある。呼吸が止まったんです」

母が息をのみ、手を引こうとした。クリスチャンはしっかりと握りしめた。

「それを……のんでいたとき、ぼくは依存していた。アヘンに支配された。安全に服用することなんてできなかった」

母は震える手でカップを置いた。「そんな……なんて言ったらいいのか、クリスチャン、いまの気持ちを言葉で表せないわ、本当にごめんなさい」

「謝らないでください」クリスチャンは手を伸ばして母の震える手を握った。

「これだけはわかってちょうだい。わたしはそんなつもりじゃ……」

「わかっています、母上。ぼくを愛しているから、ぼくを救うためにやったんですよね。このことを話すつもりはなかった——母上を信用していないからではなくて、ぼくが母上を愛しているということを疑ってほしくないから。母上は決してぼくを見捨てなかった」片腕を母にまわして引き寄せた。「愛しています。感謝しています。でも……気休めの嘘をつき続けるのがいやになったんです」

母は震えながら笑った。「いいのよ、クリスチャン。英国社会は気休めの嘘で成り立っているの。ほかにどんな話をすればいいの？」

「そうですね」クリスチャンは微笑んだ。「ひとつありますよ。ジュディス・ワースと結婚したいと思っているんです。それで……ぼくの人生に、というより英国社会に、気休めの嘘をつく余裕はなくなるでしょう」

家族にも受け入れられないかもしれない。リリアンはずっと黙りこんでいる。やがて、クリスチャンを見て言った。「ジュディス・ワース？　リニー伯爵のご令嬢のこと？　あの、ジュディス・ワース？」

「そう。あのジュディス・ワースだ」

リリアンが息を吸いこんだ。「クリスチャン。わかっているわよね。彼女は社交界から締めだされたのよ。お父様は——お兄様は——」

「わかっているよ」クリスチャンは言った。「社交界なんてどうでもいい。実を言うと、彼女もいろいろ忙しいから、社交界のことなんかかまっていられないと思うよ。ぼくにとって大事なのは家族だ。彼女がプロポーズを受け入れてくれたら、母上たちも彼女を受け入れてくれるかい？」

永遠とも思える長い時間が過ぎた。母はうつむいている。リリアンがカップをテーブルに置いたあと、ドレスの袖を引っ張った。

ようやくリリアンが顔をあげた。「彼女はあなたを幸せにしてくれる？」

「最高に」

リリアンはしっかりとうなずいた。「ばかね。あなたを幸せにするためならなんでもすると言ったでしょう。忘れたの？」

「ああ」クリスチャンは言った。「覚えているよ」

「それなら、早くプロポーズしに行きなさい。何をぐずぐずしているの？」

「その前に」クリスチャンは母とリリアンに腕をまわして抱きしめた。「ありがとう」

翌日、クリスチャンはジュディスをハイド・パークに呼びだした。

ジュディスは先に来ていた。手をうしろで組み、サーペンタイン池のほとりを行ったり来たりしている。ときおり落ち着かなげにボンネットのつばに触れた。

並んで泳ぐつがいの白鳥を見て、両手をぎゅっと握りしめる。その切望のまなざしに、クリスチャンははっとした。彼女も苦しんでいるのだ。

クリスチャンも切望に駆られながら、帽子に手をやり、ジュディスに近づいた。彼女が振り返った。大きな目に苦悩の色が浮かんでいる。傷ついた人の目だ。

彼女は来てくれた。クリスチャンはそこに希望を見いだした。顎を持ちあげて目を合わせると、ジュディスは息をのんだ。

クリスチャンは微笑んだ。「よお、フレッド。調子はどうだ?」

ジュディスが目を細めた。「やめて。あなたの白鳥の恋人の役は演じないわよ。こんなときに。よりによってハイド・パークで」

クリスチャンが人差し指をジュディスの唇に近づけると、彼女は口をつぐんだ。「ぼくの話を聞いてくれ。リストを作ったんだ。リストはなんでも解決してくれる。本当だ」

ジュディスが乾いた笑い声をあげた。「まさか。そんなわけないわ」

「このリストは絶対だ」クリスチャンはうぬぼれた笑みを浮かべた。「いいかい。一、きみはぼくを信用していない」

ジュディスがたじろいだ。

「ぼくはきみを責めない」クリスチャンは声を落とした。「自分のしたことはわかっている。きみがどう思っているかも。ぼくもきみの立場だったら、ぼくを信用しない。アンソニーがどうなったか、ぼくは知っている。信用は勝ち取るもので、期待するものではない」

アンソニーの話になっても、ジュディスは身を引かなかった。「それで、二番だ」クリスチャンは身をかがめて彼女の目をのぞきこんだ。「きみがぼくをふたたび信じられるようになるためには、ぼくが信頼できる人間になるしかない。それしかないんだ」

「あなたは信頼できる人よ」ジュディスはそう言いながらも、うつむいて目をそらした。

「本当よ、クリスチャン。ただ――その―……」

「きみの言いたいことはわかっているよ」クリスチャンは優しい声で言った。「それがリストの次の項目だ。C、アンソニーは生きている」

ジュディスが体をこわばらせた。息も止めている。目を見開いてクリスチャンを見あげた。

「大丈夫だよ」クリスチャンは言った。「心配いらない。ぼくたちはこの問題を乗り越えられる」

ジュディスがかぶりを振る。「そうじゃなくて、その前に、一、二、Cって言ったでしょう。何か変よ。ものすごく変だわ」手袋を脱いで、クリスチャンの額に手を当てた。「熱はないみたいだけど」

クリスチャンはその手をつかんだ。親指でかすかな脈を感じた気がした。

「ないよ。ぼくが間違ったのはそれだけじゃない、ジュディス。ぼくはたくさんのことを黙っていた――そのことにいま気づいた。気休めの嘘をつきすぎて、嘘をついているという自覚もなかった。八年前、ぼくはきみや、きみの家族ではなく、自分が楽になることを選んだ。薬のことで母を安心させるために嘘をついた。いろんな……」クリスチャンは首を横に振った。「前に進むためには、アンソニーのことを黙っていられるようになるしかないと思う」

「でも――」

クリスチャンは彼女の手を握りしめた。「それに、ぼくに何が言える？　もうアンソニーのことは何も知らない。ぼくが何をしようと、何を選ぼうと、世界は不完全なままだ。今日の大英帝国の問題をすべて解決することはできない。ぼくにできることは、忠誠を尽くす相手を選ぶことだけだ。それで、ぼくのリストの順番がめちゃくちゃだったことに気づいたんだ」

「めちゃくちゃ？　あなたが？　あり得ないわ」ジュディスは体を引かなかった。

クリスチャンはうなずいた。「もう何年も、ぼくのリストは順番がおかしかった。ぼくはずっと、リストは一から始まると思っていたんだ。ぼくが間違っていた。ゼロから始まるのに、それを飛ばしていた」

ジュディスが手をひっくり返して、指を絡みあわせた。「ゼロはなんなの？」

「ゼロ」クリスチャンは答えた。「きみだよ、ジュディス」

ジュディスがゆっくりと息を吐きだした。

「ずっとつじつまが合わなかったのは、ぼくが一から一〇まで並べようとしていたからだ。それが間違いだった。きみがぼくのすべてのリストの始まりなんだ。きみがゼロで、ぼくの心の基盤だ。きみがぼくのことを一番に考えられないことはわかっている」

ジュディスの目が見開かれ、輝いた。「クリスチャン」

「きみは自分のことも優先できない。猫を拾ってくる妹と、まだ行方がわからない妹がいるから。道に迷っている弟もいる。きみが自分のことを一番に考えられないのはわかっている。だから、ぼくが代わりにそうするよ」

ジュディスが震える息を吐きだした。「クリスチャン、あなたに背を向けたとき、それは間違いだとわかっていた。それだけはしたくなかった。ごめんなさい。あなたを信じるべきだったわ」

「これからは信じて」クリスチャンは彼女を引き寄せた。「心から信頼できないとしたら、きみが世間からそれだけの仕打ちを受けてきたせいだ。ぼくが変えてみせる」

「あなたに世間を変えることはできないわ」ジュディスはそう言いながらも、彼の目を見つめた。

「すべてを変えることはできないかもしれない。どうしても正せないことはあるだろう」

クリスチャンは彼女の手首から肘へと撫であげた。「完璧な世界にすることはできない。正しくないことが多すぎる。でも、少しは変えられる。ぼくは約束するよ。完璧な夕日があり、完璧な子猫がいる世界を」

「完璧なサンドイッチも」ジュディスが言った。

「完璧な散歩も。完璧なオペラのアリアも」

「完璧なパンも」

「やらなければならないことがたくさんあるな」クリスチャンは言った。「でも……一緒にやろう。不完全なものを分類して、完璧にできる小さなことを見つけるんだ。完璧なイチゴとか」

「完璧な……結婚も？」ジュディスがおずおずと微笑んで、クリスチャンを見あげた。

「ああ」クリスチャンは彼女の腰に腕をまわした。「でもその前に、完璧なキスはどうかな？」

「そうね」ジュディスが歩み寄り、顎をあげた。「いいわよ」

エピローグ

一年二カ月後

ジュディスはベッドで目を覚ました。

秋のはじめで、すでに暖炉に火を入れている。頬に熱気が当たり、薪の燃えるにおいがする。階下の厨房からパンの焼ける香りもかすかに漂ってきた。

だが、それらは、腰にまわされたクリスチャンの手のぬくもりに比べればどうということもない。彼はすでに起きていて、ジュディスにそっと触れていた。これも彼が約束したささやかな完璧だ。

クリスチャンがもう一方の手を肩に置き、体を寄せた。ジュディスはぬくもりに包まれた。

「おはよう」クリスチャンがささやく。ひげの伸びた顎がジュディスの肩をこすった。

「おはよう」

「早起きしたんだ。猫を全部、部屋から追いだすために」

「うーん。一匹もいないの?」

「ああ。静かだろう」

ようやく頭がすっきりしてきた。「ああ、大変。テレサは何をしていると思う?」

「何をしていようと、二〇分後にはやめているさ」クリスチャンは微笑んだ。「ほら、ぼくがちゃんと目を覚まさせてあげる」

クリスチャンが上掛けをめくった。一瞬、ひんやりしたあと、ジュディスは彼の両腕に包みこまれた。唇が触れあった。

「うーん。ミントティーを飲んだでしょう」

「ああ」クリスチャンがふたたびミントの味がするキスをした。ジュディスは彼に身を委ね、腕や体を撫でまわされる感覚に浸った。

クリスチャンが唇を顎まで這わせた。

「愛しているわ」ジュディスは言った。

「よかった」クリスチャンの手が乳房の周りを撫でた。「ぼくの不埒な計画がうまくいっている」

「ああ、やめて」ジュディスは怯えたふりをすることすらできなかった。「どんな不埒な計画の餌食になっているの?」

「こういう計画だ。一、きみの理性を奪う」彼の親指が乳首をかすめると、欲望をかきたてられた。

「気に入ったわ」ジュディスはあえぎながら言った。「しばらく一番を続けましょう」

クリスチャンが乳首を口に含んだ。「こんなふうに？」

「そう」ジュディスはささやき、手を伸ばしてクリスチャンを体の上に引き寄せた――その必要もなかったのだが。クリスチャンが彼女を組み敷き、体を押しつけた。

ジュディスは彼の寝巻の下に両手を滑りこませた。「二番は？」息を切らしながらきく。

「二番は何？」

「きみがまだ考えることができるうちは、二番はない」クリスチャンの目がいたずらっぽく輝いた。

「無理よ。本当に」

クリスチャンが眉をつりあげた。「嘘をつくな。ジュディス。いまも考えているだろう」

ジュディスは少し考えてから言った。「ずるいわ。あなたがくだらないリストを作ったからってだけで、わたしは考えることをやめないわよ。あなたのリストは生理学的に不可能よ。脳の血液が全部ほかの場所へ行くわけじゃないわ。欲望に駆られたからって、そのせいで二番に進めないなんておかしいわ。修正して」

「二」クリスチャンはすらすらと言った。「一番を修正する。きみが楽しめるように」

「それでいいわ。あなたがわたしを楽しませてくれるのなら」

クリスチャンがキスをした。先ほどより長いキスを。ナイトガウンの裾をつかんでめくった。

「うーん」

「いいね。〝うーん〟はほぼ頭を使っていない。きみは不可能だと言ったが」

「修正したでしょ」

「うーん」クリスチャンがふたたびキスをし、ジュディスは微笑んだ。

「三」ジュディスは言った。「あなたに考えることをやめさせる」クリスチャンを押しやって仰向けにさせ、またがる。胸に両手を置いて、かたい筋肉を感じた。「わたしの勝ち」

クリスチャンが微笑んだ。「甘い敗北だ」

クリスチャンがなかに入ってきた。ジュディスは濡れて準備ができていた。彼がうめき声をもらす。最高だった。

ふたりはそれ以上しゃべらなかった。クリスチャンが両手でヒップをつかみ、ジュディスを急きたてる。リストのことなど忘れて、ジュディスは身を任せた。

最後のほうは、もはや何も考えられなかった。けれど、それをクリスチャンに教える必要はない。

事を終えると、クリスチャンはキスをし、ジュディスの髪をもてあそんだ。それから、朝食をとりに下へおりることにしぶしぶ同意し、従者を化粧室に呼んだ。ジュディスもメイドを呼んだ。

メイドがジュディスに上靴を履かせているとき、クリスチャンがそばに来た。

「言い忘れていたことがひとつある。不埒な計画を立てた理由だ。いまきみは、ぼくを好ましく思っているから、昨日テレサに猫をもう七匹飼うことを許したと聞いても気にしないよね？」

「えっ？」ジュディスはぞっとし、クリスチャンをまじまじと見つめた。「まさか。信じられない」

クリスチャンはにやにやした。

「ああ」ジュディスは彼をにらんだ。「嘘だったのね。真に受けたわたしがばかだったわ」背後のベッドに手を伸ばした。「今回はあなたの勝ちかもしれないけれど、アシュフォード卿、あなたのリストにはまだ続きがあるのよ。わたしがあなただったら、そんなに余裕綽々（しゃくしゃく）ではいられないわ」

「そうなのか？」クリスチャンが眉を上下に動かした。「五番目は何かな、レディ・アシュフォード？」

ジュディスは枕をつかんだ。

「五……」ジュディスは小声で言い、彼に手招きした。「五は……」

枕を振りあげ、クリスチャンの顔面を叩いた。「嘘つきには死を！」

「枕はやめろ！」クリスチャンが腕をあげた。「それだけはやめてくれ」

ジュディスはもう一度叩いた。その瞬間、枕の縫い目が破けた。羽毛が飛び散り、ふたりの頭に降り注いだ。

ジュディスはクリスチャンを見つめたあと、ドレスについた羽根をゆっくりと払い落とした。「そんなに強く叩いたつもりはなかったのに」

「これがどういうことかわかるだろう？」

「いいえ……」ジュディスははっと気づき、あわてて言った。「やめて。それは――」

「英国一の鶏殺しは誰だ？」

「――言わないで」間に合わなかった。

クリスチャンが身を乗りだし、ジュディスの肩についた羽根を払い落とした。「きみだ」優しく言う。「きみだよ。先に下へ行っている。髪が羽根だらけだ。どうにかしたほうがいい」

エピローグのその後

完璧なパン。完璧な燻製(くんせい)ニシン。家庭内の猫の数は……まあ、一九匹もいるけれど、月ごとの増加率は比較的低いし、我慢できる。

玄関をノックする音がしても、ジュディスはほとんど気に留めなかった。話し声がかすかに聞こえてきた。

その声にはっとした。誰だかわかったわけではない。ただ、ものすごく懐かしい感じがした。

「いますぐ通してちょうだい」女性が言う。「裏口にまわる必要なんてないわ。レディ・ジュディスと話がしたいだけよ。大事な話なの」

「レディ・アシュフォードです」執事が言った。「気安く呼ばないでいただきたい」

ジュディスはクリスチャンに握られていた手をさっと引き抜き、廊下に駆けだした。「待って！」

玄関に立っている女性は靴を履いていなかった。ドレスの裾がすりきれ、どろどろに汚れている。

それでも、誰だかわかった。あの目。あの顎。あの鼻。これだけ時が経っても、妹の本質は変わっていなかった。

「カミラ？」声がうわずった。やっと、やっとだ。カミラを捜し、広告を出した。月日が経つにつれて、打つ手がなくなっていっても、希望を捨てなかった。

それは間違いではなかった。妹がここにいる。

いつの間にか、テレサが背後にいた。「カミラ？」

ジュディスはカミラを抱きしめた。「いったいどこにいたの？」

「さあ」クリスチャンもやってきた。「入って。体を拭いて、何か食べたほうがいい」

カミラがジュディスの目を見つめた。「ジュディス、助けてほしいの」

「なんでも言って」

カミラが深呼吸をした。「結婚したの」

いつものごとく、みんながいっせいに話し始めた。

「えっ？」

「誰と？」

「いつ？」

「愛した人と結婚したの？」ジュディスはきいた。

カミラの顎が震えたが、一瞬のことだった。彼女はきっぱりと言った。「そんなことはどうでもいいの。あのね、婚姻を無効にしたいの――ううん、しなければならないよ。ジュディスしか頼れる人がいないの」

訳者あとがき

『ニューヨーク・タイムズ』や『USAトゥデイ』のベストセラー作家、コートニー・ミランのヒストリカル・ロマンス最新シリーズをお届けします。

ジュディスは伯爵の娘で恵まれた暮らしを送っていましたが、一九歳のときに父親が反逆罪で有罪判決を受けたあげく自死し、兄のアンソニーも罪に問われて流刑に処せられてしまいます。ワース家は財産を没収され、それから八年間ずっと、長女のジュディスが妹と弟の面倒を見てきました。ぜんまい仕掛けの設計をして稼いだお金を貯めて弟をイートン校に入れ、妹たちがまともな結婚ができるよう信託財産を設けます。ところが、そのお金の行方が確認できないという問題が発生し、誰か力のある人の助けが必要になり、ジュディスはかつて結婚を約束していた侯爵のクリスチャンに連絡します。クリスチャンはアンソニーのイートン校時代の同級生で、毎年夏をワース家で過ごしていた家族ぐるみの友人でした。それなのに、彼こそ有罪の証拠を示し、ジュディスの父と兄を破滅に追いやった張本人なのです。

ジュディスは二度と会いたくなかったのですが、社交界から締めだされ、親戚にも見放されたいま、ほかに頼れる人はいませんでした。

クリスチャンはジュディスの父親の葬儀の日に、彼女に結婚を断られたあともずっと、彼女のことを忘れられずにいました。何度も手紙を送っても無視され続けていたのですが、八年後に初めて、力を貸してほしいというジュディスからの手紙が届きます。クリスチャンは親友だったアンソニーの有罪を確信していましたが、たとえ罪でも正しいことをしたのかもしれないという疑念が生じ、深く苦悩していました。そして、アンソニーの日記を読んで真相を突きとめようと考え、日記と引き換えにジュディスを助けると約束します。

ヒロインのジュディスは何不自由ない暮らしをしていたにもかかわらず、手に職をつけ、つらいひとりで家族を守ってきたとても強い女性です。クリスチャンは少し変わっていて、つらい過去を抱えているけれど、冗談ばかり言って明るくふるまっています。登場人物それぞれが心の傷を抱えていながらも、おいしそうな食べ物と猫がたくさん出てくるユーモアたっぷりの作品です。

ここで著者あとがきから、裏話をふたつご紹介しましょう。

クリスチャンが子どもの頃イートン校の同級生に仕返しをしたエピソードは、著者が創作したわけではなく、『カリフォルニア工科大学の伝説（Legends of Caltech）』に載っている実際にあったいたずらだそうです。

テレサの優しい妖精パン――こねないパンのレシピは、『ニューヨーク・タイムズ』のレシピのサイトで見ることができます（http://cooking.nytimes.com/recipes/11376-no-knead-bread）。

本書はワース家とその周辺の人々を描いたワース家物語シリーズの第一作で、現時点で四作品が出版されています。一・五作目という位置付けとなる次作の『Her Every Wish』では、本書にも登場したジュディスの親友、デイジー・ホイットローとクラッシュの物語が描かれています。そして、二作目の『After the Wedding』には、疎遠になっていたジュディスの妹、カミラがヒロインとして登場します。

さらに、著者初のコンテンポラリー・ロマンスとなる〝サイクロン・シリーズ〟も好評発売中です。今後も目が離せません。

二〇二〇年六月

ライムブックス

忘(わす)れ得(え)ぬ恋(こい)の誓(ちか)いに

著 者　コートニー・ミラン
訳 者　水野麗子(みずのれいこ)

2020年7月20日　初版第一刷発行

発行人　成瀬雅人
発行所　株式会社原書房
〒160-0022東京都新宿区新宿1-25-13
電話・代表03-3354-0685　http://www.harashobo.co.jp
振替・00150-6-151594
カバーデザイン　松山はるみ
印刷所　図書印刷株式会社

落丁・乱丁本はお取替えいたします。
定価は、カバーに表示してあります。
 ISBN978-4-562-06535-6 Printed in Japan